I0148293

I.

10692

ALEXANDRE DUMAS

IMPRESSIONS DE VOYAGE

ÉDITION NOUVELLE REVUE PAR L'AUTEUR

ILLUSTRÉE PAR COPPIN, LANCELOT, J.-A. BEAUCÉ, STAAL, ETC.

PUBLIÉE PAR DUFOUR ET MULAT

TROISIÈME PARTIE

SUISSE — III

MARESCQ ET Cie, ÉDITEURS

MALMENAYDE ET DE RIBEROLLES, LIBRAIRES

5 — RUE DU PONT-DE-LODI — 5

PARIS — 1854

IMPRESSIONS DE VOYAGE

SUISSE — III

PARIS. — IMPRIMERIE SIMON RAÇON ET COMP., RUE D'ERFURTH, 1

IMPRESSIONS
DE VOYAGE

PAR

ALEXANDRE DUMAS

ÉDITION NOUVELLE REVUE PAR L'AUTEUR

ILLUSTRÉE PAR COPPIN, LANCELOT, J.-A. BEAUCÉ, STAAL, ETC.

PUBLIÉE PAR DUFOUR ET MULAT

TROISIÈME PARTIE

SUISSE — III

PARIS

CHEZ MARESCQ ET Cⁱᵉ, ÉDITEURS

5 — RUE DU PONT-DE-LODI — 5

1854

2400.

IMPRESSIONS DE VOYAGE

ÉDITION NOUVELLE REVUE PAR L'AUTEUR.

TROISIÈME PARTIE

HISTOIRE DE L'ANGLAIS QUI AVAIT PRIS UN MOT POUR UN AUTRE.

Lorsque la voiture fut relevée, le cocher prit les chevaux par la bride, et les conduisit en main. L'Anglais, Francesco et moi, marchâmes en avant, et, comme le chemin était plus commode pour deux jambes que pour quatre roues, nous arrivâmes à Steni-bach un quart d'heure avant l'équipage. Nous employâmes ce quart d'heure à chercher un charron pour réparer le dommage arrivé à la calèche de notre gentleman. Mais le charron était un personnage inconnu, un mythe fantastique, un être de raison à Stenibach, où, de mémoire d'homme, aucune voiture précédions le retour avait occasionné à son passage un étonnement général. L'Anglais, qui paraissait fort timide, était tout abattu de sa déconvenue ; son visage devenait alternativement pâle et cramoisi, sa langue embarrassée continuait de balbutier ; enfin tous les signes d'une gêne extrême étaient chez lui si visibles, que je commençais à craindre que ce ne fût ma présence qui la lui causât. Aussi m'empressai-je de lui dire que, s'il n'avait pas autrement besoin de nous, nous étions prêts à prendre congé. Il fit alors, pour nous retenir, quelques efforts si maladroits, que je fus d'autant plus confirmé dans mon opinion, et que, le saluant, je continuai ma route.

Je m'arrêtai à Winkel. J'avais fait à peu près sept ou huit lieues de France, et je n'étais pas fâché de me reposer un instant. J'envoyai Francesco à la recherche d'une carriole quelconque pour me brouetter jusqu'à Lucerne, qui était encore éloignée de deux ou trois milles d'Allemagne, qui équivalent à quatre ou cinq lieues de France. Pendant qu'il courait le village, je commençai mes perquisitions dans l'hôtel, et je découvris à grand'peine une gélinotte, que l'aubergiste comptait probablement garder pour une meilleure occasion, et qu'il ne me céda que parce que, pour couper court à la contestation, je me mis à la plumer moi-même. Ce rôti, joint à des œufs accommodés de deux manières différentes pour varier l'entremets, m'offrait encore la perspective d'un dîner assez confortable.

Au moment où on le dressait dans la salle à manger, mon Anglais arriva avec sa voiture à moitié démantibulée, et, entrant dans la première pièce, il demanda si on pouvait lui donner à dîner ; ce à quoi l'hôtelier répondit qu'il venait d'arriver un Français qui avait tout pris. Cette nouvelle parut porter à notre gentleman un coup si douloureux, que j'oubliai à l'instant la manière peu gracieuse dont il m'avait remercié de la peine que j'avais prise en remettant sur pied sa voiture, et que, allant à lui, je lui offris de partager mon festin. Après être devenu tour à tour cinq ou six fois pâle et cramoisi, après s'être essuyé la sueur qui, malgré un air assez frais, coulait de ses cheveux sur son front, mon original accepta, et se mit à table avec une gaucherie si grande, que je commençai à croire qu'il n'avait pas l'habitude de prendre ses repas de cette manière ; pendant que je cherchais dans mon esprit à deviner celle qu'il pouvait avoir adoptée, Francesco rentra, et me dit en italien qu'il n'avait point trouvé la moindre charrette.

— Ainsi, m'écriai-je, nous allons être obligés de continuer notre route à pied, hein ?

— Oh ! mon Dieu ! oui, fit Francesco.

— Que le diable emporte ce pays ! on n'y trouve rien que ce qu'on y apporte ; et encore, continuai-je en montrant la voiture de l'Anglais, qu'on était en train de raccommoder, ce qu'on y apporte s'y casse !

— Mais, dit mon convive, si j'osais...

— Quoi, monsieur ?

— Vous offrir une place dans ma calèche.

— Osez, pardieu !...

— Vous accepteriez ?

— Comment, si j'accepterais ! mais avec reconnaissance.

— Je voulais vous en parler ce matin, continua l'Anglais, lorsque je vous ai rencontré ; mais j'étais si embarrassé...

— De quoi ?

— De ma position.

— Comment ! parce que vous aviez versé ? Eh bien ! mais c'est un malheur qui peut arriver au plus honnête homme du monde, quand il est dans de mauvais chemins ; il n'y a pas de quoi être embarrassé pour cela.

— Ah ! je vous remercie de me mettre à mon aise ; cela me fait du bien.

— Comment ! je vous intimide ! vous êtes bien bon, par exemple ! voulez-vous ôter votre habit ?

— Je vous remercie, je n'ai pas trop chaud.

— Vous suez à grosses gouttes.

— C'est que mon potage était bouillant.

— Il fallait souffler dessus ou attendre.

— Vous aviez déjà mangé le vôtre, et je voulais vous rattraper.

— Oh ! nous avions le temps ! Que ne me disiez-vous que vous vouliez marcher d'ensemble ? je vous aurais attendu ; mais vous comprenez donc l'italien ?

— Parfaitement.

— S'il vous était égal de le parler avec moi, au lieu de votre anglais dont je comprends un mot sur quatre, hein ?

— Je n'oserais pas.

— Voyons, essayez : *Volete ancora un pezzo di questa pernice ?* Eh bien, qu'avez-vous donc ?

— Rien, rien, dit l'Anglais devenant cramoisi, — et, frappant du pied, — rien.

— Mais si, vous vous étranglez. Attendez, attendez, je vais vous frapper dans le dos : là .. la... buvez par là-dessus, buvez... bien ; ça va mieux, n'est-ce pas ?

— Oui.

— Eh bien ! qu'est-ce que vous avez eu ? voyons.

— Votre question m'a surpris.

— Elle n'avait rien d'inconvenant, cependant ; je vous demandais si vous vouliez encore de la gélinotte.

— Oui ; mais vous me demandiez cela en italien, j'ai voulu vous répondre dans la même langue, et ça m'a fait avaler de travers.

— Dites donc, je vous conseille de vous défaire de cette timidité-là ; ça doit être gênant, à la longue.

— Je vous en réponds, monsieur, me dit l'Anglais d'un air profondément triste.

— Eh bien ! mais il faut vous guérir.

— C'est impossible ; depuis que je me connais, je suis comme cela ; j'ai fait tout ce que j'ai pu pour vaincre cette malheureuse organisation, et j'ai fini par renoncer même à l'espoir. C'est pour cela que je voyage ; j'ai fait tant de bévues en Angleterre, que j'ai été obligé de quitter Londres ; mais, comme vous voyez, ma malheureuse timidité me suit partout ; elle est cause que ce matin je vous ai fait une impolitesse ; qu'en commençant de dîner j'ai avalé mon potage trop chaud, et que, tout à l'heure, j'ai manqué de m'étrangler en voulant vous répondre en italien ; ce qui était cependant bien facile. Ah ! je suis bien malheureux, allez !

— Vous êtes riche, ce me semble?

— J'ai cent mille livres de rentes.

— Pauvre garçon !

— Oui ; eh bien ! j'en donnerais soixante-quinze mille, voyez-vous, quatre-vingt mille ; je donnerais tout pour être un homme comme un autre : eh bien ! avec ce que je sais, je me créerais une existence honorable, je me ferais une réputation peut-être, tandis que, avec mes cent mille livres de rentes et ma bêtise, je mourrai du spleen.

— Oh ! bah !

— C'est comme je vous le dis. Vous ne savez pas, vous ne pouvez pas savoir ce que c'est que d'être convaincu qu'on a une valeur égale au moins à celle des autres hommes, et de voir des gens, sur lesquels on a la conscience de sa supériorité, l'emporter sur vous en toutes choses, passer pour instruits, et vous pour ignorant ; pour spirituels, et vous pour imbécile ; vous écarter des maisons dans lesquelles ils s'impatronisent, et où quelquefois vous auriez eu grande envie de rester. Plus tard, allez, si j'ose vous conter mes chagrins, vous comprendrez ce que j'ai souffert avec mes cent mille livres de rentes, que le diable emporte! puisqu'elles ne m'ont jamais rien apporté que des déboires et des humiliations.

— Contez-moi la chose tout de suite, cela vous soulagera.

— Je n'ose pas encore.

— Allons donc! vous vous maniérez.

— Regardez-moi, et voyez comme je deviens pourpre rien que d'y songer.

— Effectivement, vous avez l'air d'un coquelicot.

— Eh bien! voyez-vous, quand je sens que je deviens comme cela, ce que j'ai de mieux à faire, c'est de me sauver.

— Ne vous sauvez pas, je courrais après vous.

— Pourquoi faire ?

— Pour savoir votre histoire ; j'en fais collection.

En ce moment l'hôte entra. Le dîner était fini, la calèche raccommodée ; je demandai la carte. L'Anglais tira une bourse pleine d'or de sa poche, et la tourna et la retourna entre ses mains.

— Qu'est-ce que vous faites là ? lui dis-je.

— Eh bien ! mais il me semble...

— Il me semble que je vous ai invité à vous mettre à ma table, et que, puisque je suis l'amphitryon, c'est à moi de payer ; d'ailleurs je veux pouvoir me

vanter d'avoir donné à dîner à un homme ayant cent mille livres de rentes.

— Très-bien, mais à la condition que vous souperez avec moi.

— Comment ! mais avec le plus grand plaisir : seulement vous me permettrez de me charger du punch.

— Et pourquoi cela ?

— Parce que je veux le faire de manière à ce qu'il vous délie la langue. Vous êtes-vous jamais grisé ?

— Jamais.

— Eh bien! essayez-en, c'est un remède excellent contre le spleen.

— Vous croyez?

— En vérité.

— Je n'oserai jamais.

— Vous êtes plus beau que nature, parole d'honneur ! Allons, allons, en calèche !

— Allons, en calèche, dit l'Anglais d'un air dégagé, et au grand galop jusqu'à Lucerne !

— Non, non ! au pas, si cela vous est égal ; je n'ai pas l'habitude de verser, moi, ça troublerait ma digestion.

— Eh bien! au pas, soit, j'aime beaucoup aller au pas.

Nous nous établîmes le plus confortablement possible au fond de la calèche ; Francesco monta avec le cocher sur le siège, et nous nous mîmes en route.

En arrivant à Lucerne, nous étions liés, l'Anglais et moi, d'une amitié touchante ; il ne rougissait presque plus en me regardant, et il s'était même hasardé à me faire une ou deux questions.

Nous descendîmes au Cheval-Blanc. La première chose que je fis fut pour m'informer près du père Franz de l'état de Jollivet : il allait on ne peut mieux, le médecin répondait de lui. Aucune des deux balles n'avait pénétré dans la poitrine : l'une avait glissé sur une côte, et était sortie près de la colonne vertébrale ; l'autre avait seulement effleuré les pectoraux. Je regardai autour de moi, et je ne vis pas Catherine ; je n'eus pas l'indiscrétion de demander où elle était, et je remontai à ma chambre, qui était restée libre. Quant à mon compagnon de voyage, il resta derrière moi pour commander le souper.

Il y a dans toutes les auberges suisses une chose excellente, qu'on chercherait inutilement dans celles de France ; ce sont des bains, ce grand et délicieux remède à la fatigue, et cela est d'autant plus hospitalier, que je ne me suis jamais aperçu que les indigènes eussent la moindre velléité de prendre leur part de cette jouissance qu'ils réservent exclusivement pour les étrangers ; quant à moi, ma baignoire était habituellement mon cabinet de travail ; j'écrivais mes notes quotidiennes pendant l'heure que j'y passais, et je ne répondrais pas que l'état de bien-être dans lequel je me trouvais en me livrant à cette occupation n'ait pas influé sur la teinte de

Je vis tous les marmitons en l'air.

bienveillance pour les hommes, d'admiration pour les choses, que je retrouve aujourd'hui encore depuis la première jusqu'à la dernière page de mon album.

J'étais passé de mon bain à mon lit, et j'y dormais le plus profondément du monde, lorsqu'on vint me réveiller pour me dire que le souper était prêt. Je fus quelque temps à me remettre; j'avais complètement oublié l'Anglais, sa voiture et son souper, et j'avoue que, pour le moment, j'aurais tout autant aimé qu'on ne m'en fît pas souvenir.

Cependant je me levai et je descendis; en traversant la cuisine, je vis tous les marmitons en l'air, toutes les broches en route et toutes les casseroles en révolution; je demandai s'il y avait une noce dans l'hôtel, et si, dans ce cas-là, on pourrait y aller valser; mais on me répondit que tous ces préparatifs étaient à notre intention. J'eus un instant l'idée que mon nouvel ami, pour me faire honneur, avait invité le conseil municipal de Lucerne; mais je fus détrompé en entrant dans la salle à manger : il n'y avait que deux couverts.

On nous servit un dîner de quinze personnes, et comme, malgré notre bonne volonté, nous ne pûmes

C'était une jolie enfant, blonde et rose, à la tête de chérubin. — Page 7.

guère en manger que le tiers, notre desserte dut, pendant deux ou trois jours, défrayer l'hôtel du Cheval-Blanc.

L'Anglais supporta assez courageusement l'assaut; il était évident qu'il commençait à se faire à moi; il avait bien rougi encore en me revoyant, mais peu à peu cette rougeur, qui ne lui était pas naturelle, avait disparu de ses joues. A la fin du dîner, lorsqu'on apporta le punch, il était donc tout à fait revenu à son état naturel, et, grâce à quelques verres de vin de Champagne que je l'avais décidé à boire, il commençait à parler à peu près comme tout le monde parle; je vis que le moment était venu d'aborder les affaires sérieuses.

— Eh bien! lui dis-je en lui versant un verre de punch, et ce spleen, qu'en avons-nous fait? Il me semble qu'il est resté au fond de notre seconde bouteille de vin de Champagne?...

— Oui, me répondit mon hôte avec l'accent profondément mélancolique d'un homme qui commence à se griser; oui, si vous étiez toujours là, je crois qu'il finirait par battre en retraite et que je pourrais peut-être en être débarrassé à l'avenir; mais le passé... le passé existerait toujours.

— Il est donc bien terrible, le passé?

— Ah! fit l'Anglais en poussant un soupir.

— Allons, allons, confessons-nous!

— Versez-moi encore un verre de punch.

— Voilà! et parlez doucement, s'il vous plaît, que je ne perde pas un mot de la chose.

— Si j'osais, dit l'Anglais, hésitant..

— Quoi! encore?

— J'essayerais de vous raconter cela en français.

— Comment, en français? vous savez donc le français?

— Je l'ai appris du moins, me répondit-il, changeant d'idiome, et me donnant la preuve en même temps que l'assurance.

— Ah çà! mon cher ami, vous êtes polyglotte au premier degré, et vous me laissez éreinter à vous bredouiller l'italien que je parle à peine, et l'anglais que je ne parle pas du tout, quand vous savez le français comme un Tourangeau! Dites donc! il me semble que vous me faites aller avec toutes vos histoires de timidité, de misanthropie et de spleen! Je vous préviens que, de ce moment, je rentre dans ma langue maternelle, et que je n'en sors plus; d'ailleurs, c'est à vous de parler, et je vous écoute. Tout ce que je peux faire pour vous, c'est de vous verser un verre de punch. Là! maintenant, vous n'en aurez plus qu'à la fin de vos chapitres. A votre santé! et que Dieu vous délie la langue comme au jeune Cyrus! Savez-vous le persan?

— J'allais l'apprendre, me répondit sérieusement mon Anglais, lorsque j'ai eu le malheur d'hériter de mon oncle ces malheureuses cent mille livres de rentes qui sont cause de tous mes chagrins...

— Commençons par le commencement : Il y avait une fois... Maintenant, à votre tour.

— D'abord, il faut que vous sachiez mon nom.

— Cela me fera plaisir.

— Je m'appelle Williams Blundel. Mon père était un petit fermier des environs de Londres, qui, n'ayant pas reçu grande éducation, avait regretté toute sa vie d'être resté dans son ignorance native. Aussi, au lieu de faire de son fils un bon garçon de charrue, comme cela était raisonnable et naturel, il lui vint la fatale idée d'en faire un savant : en conséquence, il m'envoya à l'Université avec l'intention de me faire entrer dans les ordres. Mon arrivée fit sensation : j'ai toujours été long et mince, j'ai toujours eu les cheveux couleur de filasse; enfin, quoique habituellement pâle, à la moindre émotion, ma figure s'est toujours épanouie comme une pivoine : je fus accueilli par les rires et les chuchotements de mes camarades, et de ce jour commencèrent mes infortunes. La certitude que j'étais un objet de dérision pour mes condisciples, la conscience de ma gaucherie et de ma timidité, enfin ce besoin de solitude, qui en était la conséquence, furent cause que, sur dix années que je restai à l'Université, je ne partageai aucun des jeux qui sont la récompense

du travail des enfants : loin de là, je passais mes récréations en études; de sorte que mes camarades, qui ne pouvaient pas comprendre la cause qui me retenait dans la classe, tandis qu'ils jouaient dans le préau, croyant que je n'agissais ainsi que pour capter la bienveillance de mes maîtres, m'accusaient d'hypocrisie, tandis que bien souvent je pleurais toutes les larmes de mon corps en écoutant avidement leurs cris de plaisir, et me faisaient payer en plaisanteries cruelles les triomphes que j'obtenais sur eux.

Je supportai d'abord toutes ces tribulations avec constance et résignation; mais enfin, au bout de dix-huit mois ou deux ans, cette existence devint intolérable, et je serais mort, je crois, si le hasard ne m'avait envoyé une consolation.

Les fenêtres de notre classe, élevées de six pieds au-dessus du sol, afin qu'aucun objet extérieur n'apportât de distraction aux études des écoliers, donnaient sur un jardin consacré, comme le nôtre, aux récréations d'une institution, mais celle-là était une institution de demoiselles. Pendant que j'entendais des cris bruyants d'un côté, j'entendais parfois de doux chants de l'autre. Cependant, comme je l'ai dit, dix-huit mois s'écoulèrent sans que j'eusse l'idée de regarder par cette fenêtre, et de distraire mes pénitences volontaires par le spectacle de la récréation de mes jeunes voisines, et, quand cette idée me fut venue, quelque temps encore son exécution n'amena pour moi d'autre plaisir qu'une distraction machinale qui engourdissait momentanément le souvenir de mes douleurs. Cependant peu à peu cette distraction me devint nécessaire : à peine le professeur, prenant lui-même son congé d'une heure, avait-il fermé la porte de la classe, où je demeurais alors toujours seul, que je posais les bancs sur la table, les chaises sur les bancs, et que, grimpant au sommet de cet échafaudage, je plongeais mes regards distraits sur cet essaim de jeunes filles, qui sortait de sa ruche et venait bourdonner jusque sous les murs de ma prison; alors je sentais que la nature s'était trompée en faisant de moi un homme; que, si j'eusse été d'un sexe différent, tous mes défauts étaient des vertus; ma faiblesse physique devenait de la grâce, ma gaucherie de la pudeur; il n'y avait que mes cheveux jaunes et ma figure tantôt pâle et tantôt cramoisie qui n'allaient à rien; mais, au moins encore, ces jeunes filles avaient-elles des voiles sous lesquels elles cachaient la leur.

Leur récréation commençait et finissait un quart d'heure avant la nôtre, et c'était pour moi une règle : aussitôt qu'elles rentraient les unes après les autres, que j'avais vu la robe bleue de ciel de la dernière disparaître derrière la porte, je descendais de mon piédestal, je remettais chaque chose à sa place, et, lorsque mes camarades et les maîtres rentraient, ils me retrouvaient courbé sur mes livres et ne fai-

La nouvelle arrivée était assise au pied d'un arbre entre deux autres petites filles.

saient aucun doute que je n'eusse point interrompu mon travail.

Il y avait déjà deux ou trois mois que je me procurais chaque jour cette distraction ; je connaissais de vue toutes ces jeunes filles, j'étais au fait de leurs habitudes, et je dirais presque de leurs caractères : c'était pour moi comme des fleurs vivantes sur un riche tapis ; mais, cependant, toutes encore m'étaient aussi indifférentes les unes que les autres, et mon affection se répandait sur elles comme sur des sœurs.

Un jour, je vis, parmi tous ces jeunes visages que je connaissais, un visage nouveau et inconnu : c'était celui d'une jolie enfant blonde et rose, à la tête de chérubin. Ce charmant petit visage était tout baigné de larmes ; la pauvre enfant venait de quitter sa famille et croyait ne jamais pouvoir s'en consoler. Le premier jour, ses jeunes compagnes voulurent vainement la distraire : la blessure était encore trop fraîche, elle saigna tout ce sang du cœur qu'on appelle des larmes. Je fus profondément ému de cet épisode dans mon roman ; je voyais un point de ressemblance entre cette pauvre petite et moi : je pensais que, comme moi, elle allait mener une vie triste et isolée, et, sachant ce que j'avais souffert, je la plaignais de ce qu'elle allait souffrir.

Le lendemain, je grimpai au haut de ma pyramide avec plus d'empressement que je n'avais l'habitude de le faire. Mon regard embrassa dans un seul instant tout le jardin : les jeunes filles jouaient comme d'habitude, et la nouvelle arrivée était assise au pied d'un arbre, entre deux autres petites filles qui, pour la consoler, avaient apporté devant elle leurs plus jolis ménages et leurs plus riches poupées. La pauvre recluse ne jouait pas encore, mais elle ne pleurait déjà plus. Toute sa récréation se passa à écouter les consolations de ses deux amies, auxquelles elle donna la main pour s'en aller. Le lendemain, son joli visage ne conservait plus que de faibles traces de tristesse, et elle commença de partager les jeux de ses compagnes ; enfin, huit jours ne s'étaient pas écoulés qu'elle avait oublié, avec la légèreté de l'enfance, ce nid maternel hors duquel, faible oiseau, elle avait cru qu'elle ne pourrait pas vivre.

Il n'y avait donc que moi dont la malheureuse organisation ne savait trouver que des chagrins où les autres découvraient des plaisirs. Ma tristesse et ma timidité s'augmentèrent encore de cette certitude, et je continuai de mener l'existence douloureuse que j'avais commencée, et dont je n'avais pas la force de sortir.

Cependant, un rayon doré et joyeux venait d'éclairer un coin de cette existence. Dans mes vingt-quatre heures sombres, j'avais une heure de soleil : c'était l'heure pendant laquelle les jeunes filles venaient jouer sous mes fenêtres. La dernière arrivée, que j'entendais appeler Jenny, était maintenant aussi folle et aussi rieuse que ses compagnes, et, quoique je lui eusse su mauvais gré d'abord de ne pas conserver cette tristesse qui l'unissait plus intimement à moi, j'avais fini par lui pardonner son bonheur. Chaque jour j'attendais cette heure de la récréation avec impatience. A peine était-elle arrivée, que je reprenais mon poste accoutumé. J'aurais pu dire que je ne vivais que pendant cette heure, et que tout le reste du temps j'attendais la vie.

Le mois des vacances arriva : je le vis venir presque avec effroi ; c'étaient six semaines pendant lesquelles je ne verrais pas Jenny. L'idée de rentrer dans ma famille, qui m'aimait tant, de revoir mon père, qui, depuis la mort de ma pauvre mère, avait concentré toutes ses affections sur moi, n'était qu'un faible soulagement à ce chagrin. Seul, au milieu de la joie qu'amenait parmi les écoliers cette importante époque, je restai triste et pensif. Cependant, j'étais loin de me douter du surcroît de chagrin qui m'attendait ; j'avais toujours présumé que l'époque des vacances des deux pensionnats était la même, et je calculais le nombre de jours que j'avais encore à voir Jenny lorsque, un matin, en montant sur mon échafaudage accoutumé, je trouvai le jardin vide.

Je n'y compris rien d'abord : je crus que l'heure avait été avancée pour moi et reculée pour elles ; j'attendis, croyant à chaque instant que cette porte, qui donnait ordinairement passage à toute cette volée de colombes, allait s'ouvrir comme d'habitude. Elle resta fermée, le jardin demeura désert : je compris la vérité, mon cœur se serra, des larmes silencieuses coulèrent de mes yeux. Ne pouvant plus calculer l'heure par la rentrée des pensionnaires, je restai là à pleurer ; de sorte que, quand la porte s'ouvrit pour la seconde classe, je fus surpris, baigné dans mes larmes, au haut de mon échafaudage.

En voulant descendre rapidement, le pied me manqua ; je tombai la tête sur l'angle d'un banc : on me releva évanoui, et l'on me transporta à l'infirmerie, la tête ouverte par cette blessure dont vous me voyez encore la cicatrice.

Mes maîtres m'aimaient en raison inverse de la haine que me portaient mes camarades : j'étais pour eux un enfant doux, patient et travailleur ; jamais je n'avais encouru une punition pour paresse, espièglerie ou désobéissance. La facilité que j'avais à apprendre et à retenir leur faisait espérer que je serais un jour la lumière de l'Église. Quant à cette malheureuse timidité qui menaçait mon avenir de sa funeste influence, n'allant pas eux-mêmes dans le monde, ils ne pouvaient prévoir combien elle me serait fatale lorsque je serais forcé d'y aller, de sorte qu'ils ne faisaient rien pour m'en corriger. Mon accident causa donc une douleur générale dans le professorat, les soins les plus empressés me furent prodigués, et, grâce à ce concours de bienveillance

En voulant descendre rapidement, le pied me manqua. — PAGE 7.

BIBLIOTHÈQUE IMPÉRIALE
IMPR.

générale, je pus prendre mes vacances en même temps que les autres écoliers.

J'arrivai chez mon père : le pauvre homme, qui n'avait que moi au monde, voyait en moi l'idéalité de la perfection ; d'ailleurs, les notes de mes professeurs étaient si bienveillantes, qu'il lui était permis de se laisser entraîner à une pareille erreur ; il me trouva grandi et embelli, pauvre père ! Ma réputation de savant m'avait précédé dans la ferme. Tous les garçons, les valets et les domestiques, ne m'appelaient que le docteur, et mon père, pour me rendre digne de ce titre par l'apparence comme je

l'étais déjà par le fait, me fit confectionner un habit noir, un gilet noir et une culotte courte noire, couleur qui semblait faite exprès pour exagérer encore la longueur de ma taille et l'exiguïté de ma personne.

Cependant je continuais d'être triste et pensif au milieu des paysans et des domestiques. Je cessais bien d'éprouver au même degré qu'avec mes égaux ou mes supérieurs cet embarras et cette honte qui étaient le caractère distinctif de mon organisation, mais je ne pouvais oublier la petite tête blonde de Jenny, qui tous les jours, à la même heure, venait m'apparaître. Cette heure, je la passais ordinaire-

Je le pris pour un général, et je le saluai jusqu'à terre. — Page 11.

ment seul, soit dans ma chambre, soit au pied de quelque arbre, soit au bord de quelque ruisseau. On devine qu'elle était tout entière consacrée au souvenir du jardin. Je le revoyais avec ses gazons, ses arbres, ses fleurs et toute cette joyeuse enfance qui le peuplait. Enfin mon père, me voyant toujours préoccupé, résolut de me conduire à Londres pour me distraire. Notre ferme n'était distante de la capitale que de dix-huit lieues. On mit le cheval à la carriole, et en un jour et demi le voyage fut accompli.

Là recommencèrent mes tribulations. Mon père n'avait pas manqué, pour me faire honneur, de m'affubler du costume qu'il m'avait fait faire, et qui, depuis longtemps, n'était plus de mode à Londres, même pour les personnes âgées. Tous les enfants que je rencontrais portaient un habit analogue à leur âge, moi seul semblais une caricature grotesque d'une autre époque. Je sentis bien que j'étais profondément ridicule, et cela redoubla encore ma gaucherie; je ne savais que faire de mes jambes si minces et de mes bras si longs; ma figure passait, dix fois en un quart d'heure, de la pâleur la plus blême au cramoisi le plus foncé. Quant à mon père, il ne voyait rien de ce qui se passait en moi, et il se tenait à quatre pour ne pas arrêter les passants et leur dire : — Vous voyez bien ce grand et beau garçon-là, il n'a que quinze ans, n'est-ce pas? eh bien! c'est déjà un puits de science.

Le second jour de notre arrivée, nous traversions Regent-Street pour nous rendre à Saint-James; je produisais mon effet accoutumé sur tout ce qui m'entourait, la sueur me coulait du front, selon mon habitude, lorsque, à travers le nuage dont la honte couvrait ma tête, je crus, dans une voiture qui venait à nous, reconnaître Jenny : c'était bien la même petite tête blonde et rosée, le même teint blanc, le même regard limpide. La vision approchait, il n'y avait plus de doute, c'était elle, c'était Jenny... je m'arrêtai, ne pouvant plus continuer : il me sembla que tout mon sang s'élançait à mon visage... je tendis les bras vers la voiture, en criant d'une voix étouffée : «Jenny!... Jenny!...» Sans m'entendre, elle m'aperçut, et, me montrant aussitôt à son père, qui était près d'elle : «Ah! papa, s'écria-t-elle en riant, regarde donc ce petit garçon tout noir comme il est drôle...» Et la voiture passa, entraînée par le galop de deux chevaux magnifiques, emportant ma vision et me laissant le cœur profondément percé de l'effet que j'avais produit sur la jeune fille, qui, sans s'en douter, avait acquis une si grande influence sur ma vie.

Cette rencontre fut le seul événement remarquable qui arriva pendant mes vacances. Le temps fixé pour leur durée s'écoula, et le jour vint de repartir pour l'université. Mon père ne manqua pas d'ajouter à mon trousseau le maudit costume noir qui m'avait été si fatal, je repartis pour continuer cette éducation dont l'auteur de mes jours avait été privé, et sur laquelle il comptait tant pour donner à son fils une considération de laquelle, grâce à son ignorance, il n'avait jamais joui.

Je fus accueilli par mes maîtres avec le même empressement, et par mes camarades avec la même antipathie. Nous rentrâmes en classe, et, comme d'habitude, à l'heure de la récréation, chacun se précipita dans la cour, moi seul restai courbé sur mon pupitre. A peine la porte fut-elle fermée, que je recommençai à rétablir mon échafaudage; cependant mon cœur battait horriblement. Les vacances de la pension contiguë à la nôtre étaient-elles finies? et, si elles l'étaient, Jenny était-elle revenue? Je restai quelque temps debout sur ma table, et n'osant monter; enfin je me décidai, j'arrivai au faîte de ma pyramide, je jetai les yeux vers le jardin : je respirai, des larmes coulèrent de mes joues; Jenny était au milieu de ses compagnes, elle était revenue; j'avais devant moi dix mois de bonheur.

Cinq ans s'écoulèrent ainsi, pendant lesquels mon éducation s'acheva. Je savais le grec comme Homère, et le latin comme Cicéron; je parlais parfaitement le français, l'italien et un peu l'alle-

mand; j'étais de première force en mathématiques et en algèbre. Toutes ces choses réunies, et plus encore mon malheureux caractère, m'avaient déterminé à suivre la carrière du professorat. Le directeur de la pension où j'avais été sept ans m'offrit de m'associer à son entreprise, et, sauf l'agrément de mon père, j'acceptai, ne me rendant pas compte au fond du cœur que la véritable cause qui influait sur cette détermination était le désir de continuer de voir Jenny, qui ne m'avait jamais vu, elle, que le jour malencontreux où mon aspect grotesque avait excité son hilarité.

Tous ces projets faits et arrêtés dans ma tête, je partis pour prendre mes dernières vacances d'écolier, et ne devant reparaître dans l'institution qu'avec le titre de maître.

Mais, comme vous dites, vous autres Français, l'homme propose, et Dieu dispose.

— Sommes-nous à la fin du premier chapitre? interrompis-je.

— Justement, me répondit sir Williams.

— Eh bien! alors, un verre de punch; cela vous donnera la force d'aborder les situations terribles que je prévois dans l'avenir.

Sir Williams poussa un soupir et avala un verre de punch.

— J'arrivai à la ferme de mon père avec la résolution bien arrêtée de mettre à exécution le projet que je viens de vous raconter, lorsque deux événements inattendus changèrent complètement l'état de mes affaires : mon pauvre père mourut, et il m'arriva un oncle des Indes.

J'avais très-rarement entendu parler de cet oncle, que tout le monde croyait mort depuis longtemps, et qui arriva justement pour fermer les yeux de son frère. Comme il y avait trente ans que mon père et lui s'étaient quittés, sa douleur ne fut pas grande; quant à moi, j'étais inconsolable. Bien des fois cependant j'avais souffert de l'ignorance de mon père, de la position inférieure qu'il occupait dans la société, et de la mise et des habitudes patriarcales qu'il avait conservées; mais, ce digne vieillard mort, le côté matériel disparut, et, en face de cette ombre si dévouée et si aimante, tout autre souvenir s'effaça. Je me rappelai alors avec une douleur poignante les moindres sujets de peiné que je lui avais donnés, et, chaque fois qu'un nouveau souvenir de ce genre se représentait à ma mémoire, je fondais en larmes. Mon oncle ne comprenait rien à cette douleur exagérée; mais comme, selon lui, elle était l'indice d'un bon cœur, et qu'il n'avait aucun parent au monde, il porta sur moi le peu d'affection qu'il était capable de distraire de la somme d'amour qu'il se réservait pour lui même. Un jour, que j'étais plus triste encore que d'habitude, il m'offrit de faire avec lui une promenade. Je le suivis machinalement; mais, préoccupé que je le fusse, je le vis cependant prend re la route d'un château distant

Vue de Londres.

d'une lieue et demie de notre ferme, et qui était resté, parmi mes souvenirs d'enfance, une espèce de palais de fée que je voyais toujours resplendissant à travers le voile mouvant des grands arbres qui s'élevaient autour de lui. Arrivé à une petite porte du parc, je vis mon oncle tirer une clef de sa poche et ouvrir cette porte. Je l'arrêtai en lui demandant ce qu'il faisait.

— J'entre, me dit-il.

— Comment! vous entrez; mais ce château...

— Est à un de mes amis.

— Mais, mon oncle! m'écriai-je en devenant cramoisi, mais je ne le connais pas, votre ami, moi; je ne suis pas préparé à voir un grand seigneur... Je vous laisse, je m'en vais... je me sauve.

— Allons donc! allons donc! dit mon oncle en m'attrapant par le bras; tu es fou, je crois. Le propriétaire de ce château est un brave homme sans façon, comme moi, qui te recevra à merveille, et dont tu seras content, je l'espère.

— Impossible, mon oncle, impossible. Je vous supplie... Mais, que faites-vous? — Mon oncle fermait la porte derrière nous. — Je suis dans un négligé... — Mon oncle mettait la clef dans sa poche. — Et s'il y avait des dames, mais j'en mourrais de honte! — Mon oncle marchait devant en sifflant le *God save the king*. Force me fut donc de le suivre; mais je sentis mes genoux se dérober sous moi; le sang me monta à la figure, et je ne vis plus les objets qui m'environnaient qu'à travers un nuage. En arrivant sur le perron, j'aperçus un grand monsieur en habit vert resplendissant de broderies, avec d'énormes épaulettes au cou et un sabre au côté. Je le pris pour un général, et je le saluai jusqu'à terre. Mon oncle passa devant lui sans se découvrir, me laissant confondu de son impolitesse. Cependant ce monsieur en habit vert ne parut pas blessé de cet oubli; il se mit à notre suite et entra dans le château avec nous. Dans le vestibule, nous trouvâmes un autre monsieur dont le visage était noir, mais dont le costume oriental était si riche, qu'il me rappela un des trois mages qui apportèrent les présents à l'enfant Jésus. Je cherchais déjà dans ma mémoire de quelle manière on abordait les rajahs de l'Inde; et j'allais mettre les genoux en terre et m'incliner en joignant mes deux mains au-dessus de ma tête, lorsque mon oncle ôta sa redingote et la jeta sans façon sur les bras du sectateur de Vichnou. Cette dernière action troubla toutes mes idées; je ne savais pas où j'étais; je vivais mécaniquement, je croyais faire un rêve. Mon oncle marchait toujours, et je le suivais. Enfin nous arrivâmes à un charmant pavillon, se composant d'un appartement complet de la plus grande élégance.

— Que penses-tu de ce logement? me dit mon oncle.

— Mais, répondis-je tout ébloui, je pense que c'est une demeure royale.

— Ainsi il te convient?

— Comment, mon oncle?

— Tu l'habiterais volontiers, je veux dire.

Je restai sans répondre, la bouche ouverte et la tête complétement perdue. Mon oncle prit naturellement mon silence admiratif pour un consentement.

— Eh bien! continua-t-il en me frappant sur l'épaule, cet appartement est le tien.

— Mais, mon oncle, fis-je, rappelant toutes mes forces, mais à qui donc ce château?

— A moi, pardieu!

— Vous êtes donc riche, mon oncle?

— J'ai cent mille livres de rentes.

Pour le coup, je sentais que mon cerveau était prêt à sauter; j'appuyai mon front sur le marbre de la cheminée. Quant à mon oncle, enchanté de l'effet inattendu qu'il avait produit sur moi, il se retira en me disant que, si j'avais besoin de quelque chose, je n'avais qu'à sonner, et que son chasseur et son nègre étaient à mes ordres.

Si je vous ai donné une idée de la timidité de mon caractère, vous pouvez vous représenter ma situation : je restai une demi-heure accablé sous le poids d'un événement aussi imprévu, puis enfin je me levai. Au premier pas que je fis dans la chambre, je vis un individu reproduit par trois ou quatre glaces immenses; et, je l'avouerai en toute humilité, plus je le vis, plus je le trouvai indigne d'habiter le lieu où il se trouvait. Non-seulement ma mise était celle d'un paysan, mais encore, comme malgré mes vingt et un ans je grandissais toujours, mes vêtements, qui avaient été faits au commencement de l'année précédente, étaient devenus trop courts, mes manches avaient cessé d'être en proportion avec mes bras, et mon pantalon avec mes jambes. Quant à mon gilet, il laissait, comme un pourpoint d'Albert Durer ou d'Holbein, voir non-seulement ma chemise, mais encore les pattes de mes bretelles; tout cela était bien, tout cela était bon, tout cela était naturel dans la pauvre petite ferme de mon père; mais, dans ce palais magique, tout cela présentait, avec les objets dont j'étais entouré, une anomalie tellement révoltante, que je cherchais un endroit où me fuir moi-même, et qu'à peine l'eus-je trouvé que je m'y blottis comme un lièvre dans son gîte, et qu'une fois blotti je restai là à songer.

Je ne sais combien de temps je demeurai ainsi; enfin le chasseur, que j'avais pris pour un rajah, vint m'annoncer que le dîner était servi, et que mon oncle m'attendait; je descendis : heureusement il était seul; je respirai.

A la fin du repas, lorsqu'on lui eut apporté son punch, et que son nègre lui eut allumé sa pipe, il congédia les domestiques, et nous restâmes seuls. Pendant quelque temps, mon oncle, qui paraissait préoccupé, aspira et poussa sa fumée sans rien dire, mais tout à coup, rompant le silence :

— Eh bien ! Williams? me dit-il.

Je n'étais pas préparé, je bondis sur ma chaise.

— Eh bien ! mon oncle? balbutiai-je...

— Il faut enfin que nous parlions un peu de toi, mon enfant. Quand je suis venu, ton pauvre père avait assez à s'occuper de lui. — Je me mis à pleurer. — De sorte que je ne pus pas lui demander ce qu'il comptait faire de toi. Eh bien ! voilà que tu sanglotes! allons donc, toi qui sors du collège, tu devrais être ferré sur la philosophie. Hier, c'était mon pauvre frère; demain, ça sera moi ; dans huit jours, toi, peut-être ; il faut prendre la vie pour ce qu'elle vaut et pour ce qu'elle dure, vois-tu ; toutes tes larmes ne feront pas revenir le pauvre Jack Blundel ; ainsi, crois-moi, essuie tes yeux, bois un verre de punch, prends une pipe, et causons comme deux hommes.

Je remerciai mon oncle, quant au punch et à la pipe ; mais j'essuyai mes yeux, et je m'efforçai de ne pas pleurer.

— Maintenant, me dit mon oncle en jetant sur moi un regard de côté ; voyons, quels sont tes plans d'avenir :

— Mais, dis-je, je voulais me consacrer à l'éducation, et je crois que les études que j'ai faites me rendent capable de cette sainte mission.

— Ta, ta, ta,.dit mon oncle ; ce langage-là était bon quand tu étais le fils d'un pauvre fermier ; mais maintenant tu es le neveu d'un riche nabab, et cela change bien la thèse. Je n'ai pas d'enfant, et, bien merci! comme je ne compte pas me marier, je n'en aurai probablement jamais ; tout ce que je possède te reviendra donc. Ce serait une chose curieuse que de voir un maître d'école ayant cent mille livres de rentes; tu comprends que cela ne se peut pas? Voyons, cherchons au-dessus de cela, monsieur le gentleman.

— Que voulez-vous, mon oncle? je ne puis vous dire, moi ; je ne suis qu'un pauvre savant, qui ne connais pas le monde, qui ne suis bon à rien qu'à mener une vie de travail et d'études, et, avec votre permission, je crois que ce que j'ai de mieux à faire, c'est d'en revenir à mes premières idées.

— A tes premières idées ! mais tu es fou, mon ami : avec ta fortune ou avec la mienne, ce qui est la même chose, tu peux, selon que tu seras avare ou vaniteux, aspirer aux plus riches partis de Londres, ou bien t'allier à quelque famille noble et ruinée, qui t'apportera de la considération.

— Moi, mon oncle, moi me marier ! m'écriai-je.

— Et pourquoi pas? As-tu fait des vœux?

— Moi, me marier !... je pourrais me marier... je pourrais épouser .. Je m'arrêtai... Le nom de Jenny était sur mes lèvres... C'était la première fois que je concevais l'idée d'un pareil bonheur... Posséder cette blonde et charmante jeune fille, qui, depuis six ans, était tout pour moi ! épouser Jenny ! Jenny

être ma femme ! cela était possible! Mon oncle me disait qu'avec sa fortune je pouvais aspirer à tout. Rien que l'espoir, c'était déjà plus de bonheur que je n'en pouvais supporter. Je sentis que j'étouffais, que j'allais me trouver mal ; je me précipitai hors de l'appartement, et je m'élançai dans le jardin, cherchant de la fraîcheur et de l'air. Mon oncle crut que j'étais fou ; mais, pensant que, lorsque ma folie serait passée, je reviendrais, il demanda d'autre tabac et d'autre punch, bourra pour la deuxième fois sa pipe, remplit pour la sixième fois son verre, et continua de boire et de fumer.

C'était un homme de grand sens que mon oncle. Quand j'eus fait deux ou trois fois le tour du parc en courant et en me livrant à mes rêves, je rentrai un peu plus calme, et je le retrouvai assis à la même place, achevant sa troisième pipe et son deuxième bol, et aspirant et expirant sa fumée avec le même calme et la même volupté.

— Eh bien! me dit-il, veux-tu toujours être instituteur ?

— Mon oncle, lui répondis-je, quoique ce soit ma vocation réelle, je crois que Dieu a décidé qu'il en serait autrement ; mais, continuai-je, j'ai vu quelquefois passer devant moi de ces jeunes gens qu'on appelle du monde, et qui sont faits pour aller dans la société et plaire aux femmes; et je vous avouerai, mon oncle, que, plus je me les rappelle, plus je les crois d'une autre espèce que moi et susceptibles d'un perfectionnement que je ne puis atteindre...

Mon oncle se mit à sourire.

— Vois-tu, Williams, me dit-il lorsque l'accès fut passé, toute la différence qu'il y a entre eux et toi, c'est qu'ils ont la tête pleine de termes de chasse, de course et de paris, et toi de mots hébreux, grecs et latins. Quand tu auras oublié ce que tu sais pour apprendre ce qu'ils savent, tu feras un cavalier tout aussi inutile, tout aussi impertinent, et, par conséquent, tout aussi présentable que pas un d'entre eux. Laisse-moi faire seulement, je me charge de diriger ton éducation.

Je remerciai mon oncle de ses bontés pour moi, et, comme huit heures venaient de sonner à la pendule, je lui demandai la permission de remonter à ma chambre, n'ayant pas l'habitude de veiller plus tard. Mon oncle me fit signe de la main que je pouvais me retirer, ralluma sa pipe, qui s'était éteinte pendant son accès d'hilarité, et sonna le rajah pour avoir un troisième bol de punch.

On devine facilement que, si je me retirai dans mon appartement, ce n'était pas pour dormir. Je passai une partie de la nuit à rêver les yeux ouverts, et, quand le sommeil vint, il continua les rêves de ma veille. Le lendemain, je fus réveillé, sur les neuf heures du matin, par un monsieur fort élégant, qui, conduit par le valet de chambre de mon oncle, entra dans ma chambre suivi de son groom, qui portait un paquet.

Parmi cette troupe, il y avait une femme qui se maintenait à la tête des chasseurs. — Page 13.

— Le tailleur de monsieur, dit le valet de chambre.

Je regardai la personne qu'on m'annonçait sous ce titre, et j'avoue que, si je n'avais pas été prévenu, je n'aurais jamais cru qu'un homme d'un extérieur aussi distingué professât une condition si humble. Je doutais même encore de ce qu'avait dit le valet de chambre, lorsque l'homme au groom, voyant que je le regardais sans bouger et sans dire un mot, crut qu'il était de son devoir de m'adresser la parole.

— J'attends le bon plaisir de milord, me dit-il.

— Pour quoi faire? lui répondis-je.

— Pour lui essayer différents habits que je lui apporte tout faits, et pour prendre la mesure de ceux qu'il me fera l'honneur de me commander.

— Eh bien! dis-je, ayez la bonté de les poser là, je les essayerai.

— Milord n'y pense pas, me dit le tailleur; il faut que ce soit moi-même qui juge de la manière dont ils iront. Si le pantalon était d'un pouce trop étroit ou trop large, si le gilet ne descendait pas juste à son point, et si l'habit faisait un seul pli, je serais un homme déshonoré.

— Mais, continuai-je avec hésitation... je vais donc être forcé de me lever ?...

— Milord n'est forcé à rien, mon devoir est d'attendre qu'il soit prêt ; j'attendrai. Et, en effet, il resta debout et attendit.

Comme je vis qu'effectivement il était décidé à attendre et que je n'osais lui dire de passer dans une chambre à côté, je me décidai, quoi qu'il m'en coûtât, à descendre du lit devant lui : il ne jeta qu'un coup d'œil rapide sur moi, et, se tournant vers son groom : « Le n° 1, dit-il, milord est de première taille. » Le groom tira un costume noir complet. Le tailleur me l'essaya : on eût dit qu'il était fait pour moi, tant il allait miraculeusement à ma longue personne. Puis, m'ayant pris immédiatement les mesures nécessaires pour m'exécuter toute une garde-robe, il se retira. Je le reconduisis jusqu'à la porte en le remerciant de la peine qu'il avait prise.

Je rentrai dans ma chambre fort empressé de voir quel changement mon nouveau costume avait apporté dans mon individu. Je n'étais pas reconnaissable, et je commençai à croire que mon oncle avait raison, et que, si jamais je parvenais à dompter cette malheureuse timidité qui était la source de toutes mes peines, j'arriverais à être un homme comme un autre.

J'étais, je dois l'avouer, assez content de mon examen, lorsque le valet de chambre rentra, suivi d'un gentleman en tenue complète de bal : comme je n'étais pas préparé à cette visite de cérémonie, elle commença par me troubler prodigieusement, et je ne savais si je devais avancer vers l'étranger, lorsque le valet de chambre annonça :

— Le maître de danse de monsieur !

Le nouveau venu vint à moi avec une grâce parfaite, jeta un coup d'œil complaisant sur l'écolier qu'il allait avoir à former, et, arrêtant un regard appréciateur sur la partie inférieure de ma personne :

— Je suis enchanté, milord, me dit-il, d'avoir été choisi pour faire l'éducation d'une aussi belle paire de jambes.

Je n'étais pas habitué à m'entendre faire des compliments sur mon physique ; aussi, celui-ci me démonta-t-il complétement. Je voulus répondre, je balbutiai ; j'essayai de faire un pas, et j'emmêlai si bien l'une dans l'autre ces belles jambes qui faisaient l'admiration de mon maître, que je pensai tomber de tout mon long ; il me retint.

— Bien ! dit-il, bien ! Je vois que nous n'avons reçu aucun principe. Cela vaut mieux : nous n'aurons pas de mauvaises habitudes à rompre.

— Le fait est, répondis-je, qu'à l'exception de ce que j'ai les genoux et la pointe des pieds un peu en dedans, je crois que, quant au reste du corps, je ne manque pas... je possède... je...

— Bon ! bon ! s'écria mon optimiste, je vois que milord n'a pas la parole facile ; tant mieux ! cela prouve que l'intelligence s'est portée aux extrémités, c'est que ma science approfondie des mathématiques me fut d'un prodigieux secours pour conserver mon équilibre et garder le centre de gravité dans les cinq positions. Quand mes pieds sortirent de l'instrument de torture dans lequel ils firent leur apprentissage, ils se refusaient, littéralement, à porter mon corps, si mince qu'il fût, et je boitais des deux jambes lorsque je descendis dans la salle à manger, où mon oncle m'avait fait prévenir qu'il m'attendait pour déjeuner.

— Ah ! ah ! me dit-il en me regardant des pieds à la tête, te voilà, Williams ! Sur mon honneur, tu as l'air d'un véritable dandy ; on voit déjà, à tes pieds, que tu as pris une leçon de danse ; il n'y a plus que tes bras qui sont toujours bêtes ; mais, sois tranquille, avec quelques leçons d'armes, cela se passera.

— Comment ! mon oncle, vous voulez que j'apprenne à tirer l'épée ? et pourquoi faire ?

— Pour te battre si on se moque de toi, pardieu ! — Il me passa un frisson par tout le corps. — Est-ce que tu ne serais pas brave, par hasard ?

— Je ne sais pas, mon oncle, répondis-je, je n'ai jamais pensé à cela.

— Enfin, si on insultait une femme que tu aimasses, que ferais-tu ?

— Si on insultait... j'allais nommer Jenny ; je me retins. — Oui, oui, mon oncle, je me battrais ! soyez tranquille, répondis-je vivement.

— A la bonne heure ! Mais tu as fait de l'exercice ce matin, tu dois avoir faim, déjeunons.

Nous nous mîmes à table. Nous venions de prendre le thé lorsque le maître d'armes arriva. C'était un des plus renommés de Londres. Il ne parut pas d'abord aussi content de mes bras que le maître de danse l'avait été de mes jambes ; mais je fis tant d'efforts à la seule pensée que peut-être un jour Jenny serait insultée devant moi et que j'aurais le bonheur de la défendre, qu'il me quitta moins mécontent que je n'avais osé l'espérer.

J'étais, comme vous le voyez, en bon chemin d'amélioration, lorsqu'un matin que mon oncle ne descendait pas à son heure habituelle, je montai dans sa chambre et le trouvai mort dans son lit.

Il avait été frappé, pendant la nuit, d'une apoplexie foudroyante.

Sir Williams, s'arrêta à ces mots, et, cette fois,

je ne lui versai pas un verre de punch ; je lui tendis la main.

— Cette mort fut un coup terrible pour moi, continua sir Williams après un instant de silence. Je ne pensai pas un instant à l'immense fortune dont elle me rendait maître ; je ne vis que l'isolement auquel elle me condamnait. Mon oncle, sans me faire oublier mon père, l'avait remplacé près de moi : n'était peut-être le seul homme qui, par son originalité, pouvait me guérir de la terrible maladie morale dont j'étais attaqué ; lui mort, le mal était incurable, et, pour être tout entier à ma douleur, je donnai congé au maître d'armes et au maître de danse.

Il faudrait avoir ma fatale organisation pour comprendre à quel point je me trouvai seul et isolé ; je n'avais jamais de ma vie su donner un ordre, et ce furent le général et le rajah, comme mon pauvre oncle les appelait depuis ma méprise, qui continuèrent à mener la maison ; cependant, comme c'étaient deux bons domestiques, parfaitement dressés, tout marcha comme d'habitude, et je n'eus malheureusement à m'occuper de rien que de vivre ; de sorte qu'au bout de deux ou trois mois, à l'exception de ma mise, j'étais redevenu le même homme qu'auparavant.

Le château, que mon oncle avait acheté tout meublé, était muni d'une fort belle bibliothèque ; c'était là que je passais une partie de ma journée. Parfois aussi je prenais un Homère ou un Xénophon, j'allais me coucher et lire sur la lisière d'un petit bois qui formait la limite de mes propriétés ; et souvent je m'oubliais tellement dans le siége de Troie, ou dans la retraite des Dix Mille, que le rajah ou le général était obligé de venir m'y annoncer que le dîner était prêt.

Un jour que j'étais assis, comme d'habitude, au pied de mon arbre, lisant un de mes auteurs favoris, je fus tiré de ma préoccupation guerrière par un bruit de cor qui résonna à quelque distance de moi ; je levai la tête, et, au même instant, un renard passa à quelques pas, se glissant dans les herbes. Au même instant, j'entendis les aboiements des chiens qui venaient de retrouver sa piste, et je vis paraître le limier, puis toute la meute. Ils passèrent à l'endroit même où le renard avait passé ; et, comme j'augurais qu'ils ne tarderaient pas à être suivis à leur tour par les chasseurs, je me retirai pour ne pas me trouver sur leur route, lorsque j'entendis le cor à cent cinquante pas à peine de moi, et que, de la lisière d'un bois voisin de celui où j'étais, je vis déboucher toute la chasse, emportée par le galop des chevaux.

Parmi cette troupe, il y avait une femme qui se maintenait à la tête des chasseurs, menant son cheval avec l'habileté d'une parfaite amazone ; elle était vêtue d'une longue robe collante partout, et la tête couverte d'un petit chapeau d'homme, autour duquel flottait un voile vert. Je regardais avec étonnement cette hardiesse, dont, tout homme que j'étais, je me sentais si loin, lorsque, en s'approchant du côté où j'étais, une branche accrocha son voile et son chapeau tomba. Je vis alors cette tête rosée et ces cheveux blonds qui m'étaient si connus ; je sentis mes jambes s'affaiblir, je m'appuyai contre un arbre .. C'était Jenny : elle passa comme une vision sans s'arrêter, et laissant à un piqueur le soin de ramasser son chapeau, tant elle était ardente à cette course. En une seconde, tout avait disparu, et, n'étaient les aboiements des chiens, le bruit du cor et les cris des chasseurs, j'aurais cru que je venais de faire un rêve. Tout à coup, en reportant les yeux de l'endroit où j'avais cessé de la voir à celui où elle m'avait apparu, j'aperçus au bout d'une branche un lambeau de voile vert ; je m'élançai vers lui, et, grâce à ma longue taille, je parvins à l'atteindre ; je le pris, je le baisai, je le mis sur mon cœur : j'étais heureux comme jamais je ne l'avais été.

En ce moment j'aperçus le rajah qui venait me chercher. Je m'étais oublié selon mon habitude ; mais, cette fois, tout le monde en eût fait autant. Nous retournions ensemble au château, lorsqu'en passant près d'une haie nous aperçûmes, de l'autre côté de cette haie, un homme étendu, et, près de lui, un cheval traînant sa selle ; je reconnus à l'instant l'uniforme des chasseurs que je venais de voir passer. Celui-ci s'était écarté de sa route, et, comme il franchissait tout, ainsi que dans une course au clocher, il n'avait pas vu un saut-de-loup qui était de l'autre côté de la haie, avait voulu le franchir, son cheval s'était abattu, et il était resté évanoui sur la place. Nous le ramassâmes aussitôt, et, comme nous n'étions qu'à quelques pas du parc, nous le transportâmes au château. Aussitôt arrivés, je renvoyai le rajah chercher le cheval, et j'ordonnai au général de se mettre en quête d'un médecin.

Heureusement les soins du docteur étaient peu nécessaires : aux premières gouttes d'eau que je lui avais jetées au visage, et aux premiers sels que je lui avais fait respirer, le jeune chasseur était revenu à lui, de sorte que, lorsque le médecin arriva, il trouva son malade sur pied. Soit qu'il jugeât précautionnellement la chose nécessaire, soit qu'il voulût utiliser son voyage, le docteur n'en fit pas moins une saignée, en recommandant au chasseur deux ou trois heures de repos. J'offris aussitôt à mon hôte d'envoyer un courrier chez lui pour calmer l'inquiétude que pourraient concevoir ses parents. Comme il demeurait à deux heures de chemin à peine, il accepta, écrivit à sa sœur qu'ayant perdu la chasse il était resté à dîner dans un château voisin, et la pria de rassurer son père, si toutefois il avait conçu quelque crainte. La lettre terminée, il la plia, écrivit l'adresse, et me la remit. En la donnant au général, qui devait la porter, je lus machinalement la suscription, elle portait le nom de Jenny Burdett : ce jeune homme c'était son frère !... La lettre s'é-

Son cheval s'était abattu, et il était resté évanoui sur la place. — PAGE 15.

chappa de mes mains... je balbutiai une excuse... et je sortis sous prétexte d'ordres à donner.

Lorsque je rentrai, je trouvai sir Henri tout à fait bien ; mais, par compensation, c'était moi qui étais fort mal. La manière dont je l'avais rencontré, la crainte que j'avais éprouvée que l'accident ne fût sérieux, le plaisir que j'avais ressenti en voyant que je m'étais trompé ; tout cela m'avait fait oublier un instant ma timidité ; mais elle était revenue plus forte que jamais en apprenant quel lien étroit de parenté unissait sir Henry à celle qui depuis si long-

temps absorbait toutes mes pensées. Cependant, soit politesse, soit préoccupation, sir Henry ne parut s'apercevoir de rien, et, tout le temps du dîner, il fit les frais de la conversation avec cette facilité élégante que j'aurais donné la moitié de ma fortune et de ma vie pour posséder. Puis, vers les neuf heures du soir, il se retira, s'excusant de l'embarras qu'il m'avait causé, en me demandant la permission de revenir me remercier de mon hospitalité.

Lorsqu'il fut parti je respirai ; toute notre conversation de deux heures, confuse dans ma tête,

Je trouvai sur le perron le général et le rajah. — Page 19.

commença à se classer. D'après ce qu'il m'avait dit de sa famille, je vis que sir Thomas Burdett possédait à peu près deux cent mille livres de rentes ; ce qui, en supposant, selon toutes les probabilités, qu'il en gardât la moitié pour lui, faisait trente à trente-cinq mille francs de dot à chacun de ses trois enfants. Du côté de la fortune, je pouvais donc aspirer à la main de miss Jenny, c'est-à-dire être aussi heureux qu'un homme, à mon avis, pouvait l'être sur la terre ; d'un autre côté, sir Henry m'avait laissé entrevoir que son père, retenu habituel-

lement trois mois de l'année dans son fauteuil par la goutte, et habitué, pendant ce temps d'épreuve, à être distrait par la société de ses enfants, tenait à les marier, autant que possible, dans son voisinage. Comme on l'a vu, nos deux châteaux n'étaient qu'à cinq ou six milles de distance, et, sous ce rapport comme sous l'autre, il m'était donc permis de conserver quelque espoir. Malheureusement, seul comme je l'étais, il me fallait faire toutes les démarches moi-même, et je sentais qu'à la seule idée de me trouver en face de Jenny, de lui parler, de lui donner le bras, soit pour la conduire à table, soit pour la mener à la promenade, j'étais tout prêt à défaillir ; d'un autre côté, si je ne me présentais pas, Jenny étant l'aînée des filles de sir Thomas, un prétendant plus hardi que moi pouvait être plus heureux. Alors Jenny m'échappait, Jenny devenait la femme d'un autre ; cette seule idée était capable de me rendre fou. Je passai une partie de la nuit entre des velléités de courage et des accès d'abattement. Enfin, sur les deux heures du matin, écrasé de plus de fatigue que si, comme Jacob, j'avais passé mon temps à lutter avec un ange, je parvins à m'endormir.

Je fus réveillé par le rajah, qui entra dans ma chambre pour me remettre une lettre ; je l'ouvris avec un sentiment pressentimental : elle était de sir Thomas ; il avait appris l'accident de son fils, les soins que je lui avais donnés ; s'il n'avait pas beaucoup souffert encore de son dernier accès de goutte, il serait venu lui-même me remercier ; mais, désirant le plus tôt possible s'acquitter de ce qu'il regardait comme un devoir pour toute sa famille, il m'invita à dîner pour le lendemain.

J'aurais lu mon arrêt de mort que je ne serais pas devenu plus pâle. La lettre échappa de mes mains, et je retombai sur mon oreiller, si accablé, que le rajah crut que je me trouvais mal. Je lui demandai d'une voix éteinte si le courrier attendait ma réponse, il me répondit qu'il était parti ; cela me rendit quelque courage : je n'étais plus obligé de prendre une résolution instantanée.

La journée se passa dans les alternatives de force et de faiblesse : je me disais bien que cette invitation allait au-devant de tous mes désirs, et qu'elle comblerait de joie tout autre homme se trouvant à ma place et dans les mêmes sentiments ; qu'elle m'introduisait naturellement dans la maison, et cela sous un excellent aspect, celui d'un service rendu ; mais aussi je savais que, chez les femmes surtout, le sentiment qu'elles conservent d'un homme dépend presque toujours de la manière dont il se présente à la première entrevue. Or, je ne me dissimulais pas que, si j'avais quelques qualités essentielles, ce n'était malheureusement pas de celles qui sautent aux yeux : loin de là, pour être estimé ce que je valais véritablement, j'avais besoin d'une investigation profonde et d'une longue intimité. Je me rappelai combien peu m'avait été favorable le coup d'œil que Jenny jeta sur moi lorsqu'elle m'avait rencontré, il y a six ans, avec mon costume de docteur ; il n'y avait, certes, aucune crainte qu'elle me reconnût, elle avait probablement oublié cette circonstance ; mais moi, je me souvenais de tout, et ce souvenir, c'était pis qu'un remords.

Enfin l'heure du dîner vint. Je me mis machinalement à table ; mais je ne pus manger. Je pensai que le lendemain, à la même heure, je serais chez sir Thomas, en face de Jenny, et qu'alors mon sort se

déciderait pour un malheur ou pour une félicité éternelle, et cela sur une gaucherie ou une maladresse que je me verrais faire, et que cependant je ne pourrais pas m'empêcher de faire. Un pareil état n'était pas supportable. Je demandai une plume et de l'encre : j'écrivis à sir Thomas qu'une indisposition subite me privait de l'honneur d'accepter son invitation ; j'appelai le général et je lui ordonnai d'aller porter cette lettre ; mais à peine fut-il sorti avec elle, que je sentis ma poitrine se serrer. Je montai dans ma chambre, je me jetai sur mon tapis et je me mis à pleurer.

Oui, à pleurer, à verser des larmes amères, des larmes d'adieu au bonheur dont je n'étais pas digne puisque je ne me sentais pas la force de le cueillir sur l'arbre de la vie ; des larmes de douleur, car cette occasion perdue de voir Jenny, je ne la retrouverais peut-être jamais ; des larmes de honte, enfin, car je sentais qu'il était honteux à un homme d'être ainsi l'esclave de sa sotte timidité et de sa misérable faiblesse.

Je passai une nuit affreuse : je formai vingt projets tous plus ridicules les uns que les autres. Je voulais écrire à Jenny directement, lui avouer mon amour, lui raconter ma faiblesse, lui dire qu'il n'y avait que deux chances pour moi au monde, vivre près d'elle, et vivre éternellement heureux, ou vivre loin d'elle et mourir dans le désespoir. Oh ! je sentais qu'une lettre pareille, je la ferais douloureuse, éloquente, passionnée ; je sentais que je l'écrirais avec mes larmes. Mais comment lui faire remettre une pareille missive ? Puis, une fois remise, si Jenny la prenait du côté ridicule, j'étais un homme perdu ; je ne pouvais plus me présenter devant ses parents, devant elle ; mieux était encore d'attendre les événements, qui semblaient m'avoir pris sous leur protection et pouvaient me conduire à bien : le hasard est souvent notre meilleur ami, et je résolus de m'en rapporter au hasard.

La journée se passa ainsi, ramenant avec elle un peu de courage. Plus l'heure à laquelle j'aurais dû me rendre chez sir Thomas approchait, plus je trouvais ma terreur de la veille ridicule et exagérée. Il me semblait que, si je n'avais pas refusé son invitation, j'aurais eu le courage de m'y rendre. Puis, quand sonnèrent dix heures du soir, je me dis qu'à cette heure tout serait fini, que j'aurais vu Jenny et ses parents, que je serais un ami de la maison pouvant y retourner à ma fantaisie, que sans doute Jenny m'aurait dit un mot encourageant ; enfin, que peut-être à cette heure je serais au comble de la joie, au lieu d'être un des hommes les plus malheureux de la terre. Le résultat de ce raisonnement fut une résolution formelle d'accepter la première invitation qu'on me ferait. Sur ce, je baisai le lambeau de son voile, et je me couchai.

Cette victoire sur moi-même me donna une nuit tranquille ; je m'éveillai calme et presque heureux.

La journée était magnifique ; aussi, à peine eus-je déjeuné, que je pris mon Xénophon, et que, par mon sentier habituel, je gagnai mon arbre : j'étais plongé au plus profond de ma lecture, lorsque je me sentis toucher sur l'épaule. C'était sir Henry!

— Eh bien ! mon cher philosophe, me dit-il, toujours sauvage et retiré? Je vous préviens qu'il y a conspiration contre votre misanthropie, car ne pensez pas que personne de nous ait cru à votre indisposition.—Je voulus balbutier quelques excuses.

— Non, continua sir Henry, vous nous avez pris pour des gens à grande cérémonie ; vous vous êtes trompé ; et la preuve, c'est que je suis vêtu aujourd'hui moi-même vous dire exprès qu'on vous attendait sans façon à dîner.

— Comment! m'écriai-je. Moi! Aujourd'hui !

— Oui, vous, aujourd'hui, et je vous préviens qu'on ne recevra pas vos excuses, qu'on vous attendra jusqu'à ce que vous veniez, et que, si vous ne venez pas, on ne dînera pas. Voyez si vous voulez prendre sur vous de faire jeûner toute une famille.

— Non, certainement, répondis-je, — je fis un effort, — et j'irai... ajoutai-je en soupirant:

— A la bonne heure, dit sir Henry, voilà qui est parler. Que lisiez-vous donc là? un roman de Walter Scott, des poésies de Thomas Moore, un poème de Byron?

— Non, répondis-je, je lisais... — Je ne sais quelle mauvaise honte me retint au moment où j'allais prononcer le nom du grand capitaine, pour lequel cependant j'avais une vénération presque divine ; de sorte que je tendis le livre. Sir Henry y laissa tomber un regard.

— Du grec! — s'écria-t-il. — Eh! mon cher voisin, comment voulez-vous que je lise cela? — Depuis que je suis sorti du collège, Dieu merci! je n'ai pas jeté les yeux sur un seul de ces grands hommes dont la collection a pensé me faire mourir d'ennui, à commencer par le divin Homère et à finir par le sublime Platon, de sorte que je puis dire, sans fatuité, que je me crois maintenant incapable de distinguer l'alpha de l'oméga. — Je voulus me lever. — Non, non, ne vous dérangez pas, continua sir Henry, je ne fais que passer.

— Comment! m'écriai-je, ne m'attendez-vous pas? ne retournons-nous pas ensemble chez vous? ne me présentez-vous point à votre famille?

— Ne m'en parlez pas, me répondit sir Henry ; je suis au désespoir de vous ne soyez pas venu hier; mais j'ai aujourd'hui un combat de coqs, dans lequel je suis engagé pour une somme considérable. On m'attend, et je n'y puis manquer ; mais soyez tranquille, je ferai diligence, et j'arriverai pour le dessert.

Si je n'avais pas été assis, je serais tombé. Tout mon courage m'était venu de l'idée que j'entrerais dans le salon de ces dames avec sir Henry. J'avais compté sur un introducteur, et voilà que j'étais obligé de me présenter moi-même, ne connaissant de toute la maison que Jenny... Je laissai tomber mon Xénophon avec un sentiment profond de découragement. Sir Henry ne s'en aperçut pas, et, avec la même facilité qu'il m'avait abordé, il prit congé de moi, me laissant consterné de la promesse que j'avais faite et qu'il n'y avait plus moyen de rétracter.

Je restai ainsi une heure accablé, anéanti ; puis je songeai tout à coup que j'avais le temps à peine de m'habiller si je voulais arriver chez Thomas à l'heure du dîner. Je me levai vivement et je revins en courant vers le château. Je trouvai sur le perron le général et le rajah, qui, m'ayant aperçu de loin, étaient venus au-devant de moi, fort inquiets de l'allure que j'avais prise, et qui ne m'était pas habituelle. Ils m'avaient cru poursuivi par quelque chien enragé, et accouraient à mon aide.

Je montai à ma chambre et retournai toute ma garde-robe ; enfin je jetai mon dévolu sur un pantalon café-au-lait; sur un gilet de soie brochée et sur un habit vert-bouteille : c'était un choix de couleurs qui me semblait des plus harmonieux ; et, lorsqu'elles furent assemblées sur ma personne, je fus assez content de leur ensemble. J'ordonnai alors au rajah d'aller faire seller mon cheval, enchanté d'avoir un moment de solitude pour répéter devant ma glace le salut que m'avait appris mon maître de danse. Je vis avec satisfaction que je le possédais encore assez agréablement pour m'en servir avec bonheur, si je ne perdais pas la tête au moment de le faire. Cependant je ne fus que médiocrement rassuré par cette répétition, car je ne me dissimulais pas quelle distance infinie il y a entre la théorie et la pratique. J'en étais à mon sept ou huitième essai lorsque le rajah rentra et me dit que le cheval était sellé. Je jetai les yeux sur la pendule ; il n'y avait plus moyen de reculer, l'aiguille marquait quatre heures; j'avais cinq milles à faire, et ma science de l'équitation n'était pas assez grande pour me permettre, aussi pressé que je fusse, une autre allure que celle du pas allongé ou du petit trot. Je rappelai, en conséquence, tout mon courage, et je descendis d'un pas assez délibéré, en essayant de siffler un air de chasse et en me fouettant les mollets avec ma cravache.

— Je prévois, dis-je, interrompant le narrateur, qu'il va se passer de telles choses, qu'un verre de punch n'est pas de trop pour vous donner la force de les raconter.

— Hélas! dit sir Williams en tendant son verre, quelque chose que vous prévoyiez, vous n'approcherez jamais de la vérité!...

J'enfourchai donc assez courageusement mon poney, continua sir Williams, et je me mis en route. Pendant la première heure, la préoccupation que me causait naturellement la nécessité de conserver

Je sautai naturellement par-dessus mes mains, comme un enfant qui joue au cheval fondu. — Page 22.

mon équilibre ne permit pas trop à mon esprit de s'occuper de soins étrangers ; mais, à mesure que je pris mon aplomb, mon inquiétude me revint, plus cruelle que jamais : de temps en temps, cependant, j'étais rappelé au soin de ma sûreté personnelle par un mouvement plus vif de ma monture. Cela tenait à ce que, mes études de danse ayant radicalement vaincu la disposition naturelle que j'avais à tenir mes pieds en dedans et m'ayant jeté dans l'excès contraire, mes talons faisaient, avec le ventre de ma monture, un angle aigu dont les éperons formaient l'extrême pointe ; il en résultait que, si peu caracoleur que fût mon cheval, il se fatiguait cependant à la longue de ce chatouillement continuel, et prenait parfois un temps de trot, mouvement qui avait pour résultat de chasser toute pensée étrangère à la situation précaire dans laquelle il me mettait. Mais, à peine avions-nous repris une allure un peu plus douce, que la réaction s'opérait, et que le danger à venir, bien autrement terrible que le danger passé, se dressait devant moi plus menaçant, à mesure que j'approchais du terme de mon voyage.

Je ne voulus entendre à rien, je me jetai à plat ventre sur le plancher, et, tirant un mouchoir de batiste. — Page 23.

Tout à coup, au détour de la route, j'aperçus, à un quart de lieue devant moi, à moitié caché par un massif d'arbres verts, le château de sir Thomas. En même temps une cloche sonna, je crus que c'était celle du dîner. L'idée d'avoir à m'excuser d'un retard produisit sur moi un tel surcroît d'anxiété, qu'oubliant que je ne tenais à mon cheval qu'en vertu d'une espèce de transaction par laquelle je m'étais engagé à ne pas le frapper et lui à ne pas courir, je lui appliquai en même temps mes éperons au ventre et ma cravache sur le cou. L'effet produit par cette crânerie fut aussi prompt que la pensée : sans ménagement et sans transition, mon poney, dont l'ardeur était depuis longtemps contenue, prit immédiatement le galop; au bout de cent pas, je perdis un étrier, au bout de deux cents pas je perdis l'autre : je lâchai aussitôt la bride, et, m'accrochant des deux mains à la selle, je parvins, grâce à cette manœuvre, à conserver mon équilibre; mais, tout entier à cette préoccupation, je ne distinguais plus rien autour de moi. Les arbres couraient comme des insensés, les maisons tournaient comme des folles. Je voyais cependant au milieu de tout cela le château de sir Thomas, qui semblait venir au-devant de moi avec une rapidité incroyable. Enfin le tourbillon qui m'emportait s'arrêta tout court, de sorte que, continuant le mouvement d'impulsion que j'avais reçu, je sautai naturellement par-dessus mes mains, comme un enfant qui joue au cheval fondu. Je me crus perdu; mais, en ce moment, je sentis que je glissais doucement sur un plan incliné, et je me trouvai sur mes deux jambes, aux grandes acclamations de lady Burdett et de sa fille, qui, m'ayant aperçu de loin, et charmées de l'empressement que je paraissais mettre à me rendre à leur invitation, étaient accourues à la fenêtre à temps pour me voir exécuter mon dernier tour de voltige.

En me sentant sur un terrain solide, je repris quelque courage; si peu que je comptasse sur mes jambes, j'avais toujours la conscience qu'elles étaient plus disposées à m'obéir que celles de mon quadrupède. Je rappelai donc mes esprits, et, levant les yeux, j'aperçus devant moi sir Thomas Burdett: cette vue me donna la force fiévreuse que doit donner à un condamné l'aspect de l'exécuteur. Je marchai courageusement à lui, et, les premières paroles de politesse échangées, il n'y avait plus à dire, il fallait payer d'audace. J'enfilai d'un pas rapide une suite d'appartements dont les portes étaient ouvertes, et qui conduisaient à la bibliothèque, où m'attendait lady Burdett; je l'aperçus debout, Jenny était près d'elle. J'entrai dans la chambre, puis, arrivé à la distance que je crus convenable, j'assemblai mes jambes à la troisième position, et, reportant le pied droit en arrière, je le posai de toute la lourdeur de ma personne et avec toute la force de mon aplomb géométrique sur le gros orteil gauche du baron, qui jeta un grand cri : c'était justement celui où il avait la goutte ; je me retournai rapidement pour lui faire mes excuses ; mais sir Thomas me rassura aussitôt par son air calmé et digne, et j'admirai la force stoïque que lui donna sa bonne éducation pour supporter ce pénible accident. — Nous nous assîmes.

L'air gracieux de lady Burdett, la figure angélique de miss Jenny, la conversation facile de sir Thomas, me remirent un peu, et je commençai à hasarder quelques paroles. La bibliothèque où nous étions était nombreuse et richement reliée ; je compris que le baronnet était un homme instruit, j'avançai quelques opinions littéraires qu'il partagea complétement, et je m'étendis alors sur la magnifique collection de classiques grecs que publiait en ce moment le libraire Longmann. Au milieu de l'éloge que j'en faisais, j'aperçus sur un rayon une édition de Xénophon en seize volumes : comme la plus complète que je connaissais n'en formait que deux, cette nouveauté bibliographique excita si vi-

vement ma curiosité, qu'oubliant ma honte habituelle, je me levai pour examiner avec quelles matières inconnues on avait pu remplir les quatorze volumes de supplément. Sir Burdett, comprenant mon intention, se leva de côté, pour me prévenir que ce que je voyais n'était qu'une planche rapportée sur laquelle on avait cloué des dos de reliure, pour ne pas interrompre la symétrie de la bibliothèque. Je crus qu'il voulait, au contraire, m'offrir un de ces volumes, et, désirant lui en épargner la peine, je me précipitai sur le tome huit, et, quelque chose que pût me dire le baronnet, je tirai si bien, que j'entraînai la planche, laquelle, en tombant sur une table, fit choir à son tour un encrier de porcelaine dont le contenu se répandit aussitôt sur un magnifique tapis turc. A cette vue, je poussai un cri de détresse ; en vain sir Thomas Burdett et ces dames m'assurèrent-ils qu'il n'y avait pas de mal, je ne voulus entendre à rien, je me jetai à plat ventre sur le plancher, et, tirant un mouchoir de baptiste, je m'obstinai à étancher l'encre jusqu'à la dernière goutte. Cette opération terminée, je mis mon mouchoir dans ma poche, et, ne me sentant point la force de regagner mon fauteuil, je me laissai tomber sur celui qui était le plus proche de moi.

Une plainte étouffée qui sortit de dessous le coussin, au moment où je pesais dessus de toute ma lourdeur, me causa une nouvelle alarme. Sans aucun doute, je venais de m'asseoir sur un être animé, et il était évident que cet être, quel qu'il fût, était trop soigneux de sa conservation pour me laisser ajouter impunément le poids de ma personne à celui du coussin sous lequel il était allé chercher un asile. En effet, mon siège fut bientôt agité de mouvements convulsifs pareils à ceux qui secouent le mont Etna lorsque Encelade se retourne. Certes le mieux eût été de me lever aussitôt et de laisser la retraite libre à l'animal que je comprimais d'une façon si abusive ; mais en ce moment la fille cadette de sir Thomas entra inquiète et préoccupée, en demandant à sa sœur si elle n'avait pas vu Misouf. Je compris à l'instant même que j'étais assis sur l'animal égaré, car moi seul pouvais donner de ses nouvelles ; mais j'avais tardé trop longtemps à me lever pour me lever à cette heure. Un baronnet boiteux, un tapis taché, un chat ou un chien, car je ne connaissais encore l'animal que par son nom et non par son espèce, un chat ou un chien, dis-je, estropié pour le reste de ses jours, c'était pour une personne seule trop de méfaits en dix minutes ; je me décidai à dérober au moins à tous les yeux mon dernier crime. La position extrême où je me trouvais me rendit féroce. Je me cramponnai sur les bras de mon fauteuil, et, mon poids naturel, j'ajoutai toute la pression musculaire dont le désespoir me rendait capable. Mais j'avais affaire à un ennemi résolu de me disputer chèrement son existence ; aussi la résistance devint-elle digne de l'attaque ; je

Je posai le pied sur le gros orteil gauche du baron qui jeta un grand cri.

IMPRESSIONS DE VOYAGE.

sentais l'animal, quel qu'il fût, se replier, se rouler et se tordre comme un serpent. Au fond du cœur, je ne pouvais m'empêcher de rendre justice à sa belle défense; mais, s'il combattait pour sa vie, je combattais pour mon honneur, je combattais sous les yeux de Jenny. Je sentais que les forces commençaient à manquer à mon adversaire, et cela redoublait les miennes. Malheureusement, la dignité qu'était obligée de conserver la partie supérieure de ma personne m'ôtait une partie de mes avantages; je fis une fausse manœuvre. Mon ennemi parvint à dégager une patte, et je sentis quatre griffes, quatre épingles, quatre aiguillons, m'entrer dans les chairs. J'étais fixé : c'était un chat.

Soit satisfaction de savoir à quel ennemi j'avais affaire, soit puissance sur moi-même, il fut impossible aux assistants de deviner sur mon visage ce qui se passait vers la partie opposée de ma personne; la douleur que m'avait causée la griffe de Misouf déchargeait même ma poitrine d'un grand poids. Ce n'était plus un être faible et sans défense que j'égorgeais injustement, c'était un ennemi qui m'avait blessé et dont je me vengeais en toute justice; ce n'était plus un lâche assassinat que je commettais, c'était un duel franc et loyal, dans lequel chacun employait les armes qu'il avait reçues de la nature, et où le vaincu ne pouvait s'en prendre qu'à lui-même de sa défaite. J'éprouvai alors tout ce que peut donner de force, dans une situation critique, la conscience de son droit; je me sentis, comme Hercule, la puissance d'étouffer le lion de Némée; je fis un dernier effort de pression, et je m'aperçus avec joie qu'il était couronné d'un plein succès; les mouvements cessèrent, le calme se rétablit : mon ennemi était mort ou dompté. En ce moment, un domestique annonça qu'on était servi; cinq minutes plus tôt, j'étais perdu.

Le sentiment de ma victoire me donna une espèce d'exaltation, grâce à laquelle j'eus le courage d'offrir le bras à lady Burdett. Nous traversâmes les appartements dans lesquels j'avais déjà passé, et nous arrivâmes sans encombre à la salle à manger. Lady Burdett me fit asseoir entre elle et miss Jenny, à qui je n'avais pas encore eu le courage d'adresser la parole, et sir Thomas et miss Dinah, son autre fille, s'assirent en face de nous. Quoique, depuis l'aventure du Xénophon, mon visage fût resté rouge comme un tison ardent, je commençai cependant à me remettre et à sentir que je rentrais dans une température confortable, lorsqu'un nouvel accident vint de nouveau me faire monter la rougeur au front. J'avais respectueusement placé le plus près possible du bord de la table l'assiette pleine de potage que lady Burdett venait de m'offrir, lorsque, en m'inclinant pour répondre à un compliment que miss Dinah me faisait sur le bon goût de mon gilet, je pesai sur l'assiette, qui, faisant immédiatement la bascule, renversa sur moi tout ce qu'elle

contenait d'un bouillon si brûlant, que personne encore n'avait osé en porter une cuillerée à sa bouche. La douleur m'arracha un cri; le potage avait inondé mon pantalon et coulait jusque dans mes bottes. Malgré le secours de ma serviette et de celles de lady Burdett et de miss Jenny, qui s'empressèrent de venir à mon aide, l'effet du liquide bouillant fut prodigieux : j'avais la partie inférieure du corps comme dans une fournaise : mais, me rappelant la puissance que sir Thomas avait eue sur lui-même lorsque je marchai sur son pied goutteux, je renfonçai mes plaintes, et je supportai ma torture en silence, au milieu des éclats de rire étouffés des dames et des domestiques.

Je ne vous parlerai pas de mes gaucheries pendant le premier service : la saucière renversée, le sel répandu sur la table, un poulet que l'on me passa à découper par déférence ou par trahison, et dont je ne pus jamais trouver les joints, continuèrent à donner à sir Burdett et à sa famille une idée avantageuse du convive qu'ils avaient admis à leur table. Enfin le second service arriva; c'était là que m'attendait la troisième série des malheurs à laquelle je devais définitivement succomber.

Parmi les plats du second service, on avait apporté un pudding au rhum tout allumé; lady Burdett avait en l'adresse de m'en servir une portion sans qu'il s'éteignît, et j'étais en train d'alimenter, à l'aide d'un morceau piqué au bout de ma fourchette, et bien imbibé d'alcool, la flamme qui brûlait sur l'autel placé devant moi : en ce moment, miss Dinah, qui semblait avoir juré ma perte, me pria de lui passer un plat de pigeons qui était près de moi. Dans mon empressement à lui obéir, je me hâtai de fourrer le morceau de pudding tout enflammé dans ma bouche; autant aurait valu y mettre les charbons ardents de Porcie : il n'y a pas de paroles pour vous faire comprendre une pareille agonie; mes yeux sortaient de leur orbite; je poussai une espèce de rugissement nasal, qui devait être déchirant à entendre. Enfin, en dépit de ma résolution, de mon courage et de ma honte, je fus forcé de rejeter sur mon assiette la cause première de mon tourment. Sir Thomas, sa femme et ses filles, éprouvaient, je le voyais bien, une compassion réelle pour mon infortune, et y cherchaient quelque remède, car j'avais l'intérieur de la bouche complètement brûlé; l'un proposait de l'huile d'olive, l'autre de l'eau, une troisième, et c'était encore miss Dinah, affirma que le vin blanc était ce qu'il y avait de mieux en pareille circonstance. La majorité se réunit à cette opinion. Aussitôt un domestique m'apporta un verre plein de la liqueur demandée; par obéissance plutôt que par conviction, je portai le verre à ma bouche, et je le remplis machinalement : je crus avoir mis du vitriol sur mes brûlures; soit mauvaise plaisanterie, soit erreur, le sommelier m'avait envoyé un verre de la plus forte

Pour cette fois, personne n'y tint plus. — Page 25.

eau-de-vie. Sans aucune habitude des liqueurs fortes, je ne pouvais avaler le gargarisme infernal, qui cependant brûlait mon palais et ma langue. Je sentis que, malgré moi, j'allais rejeter l'eau-de-vie comme j'avais rejeté le puddiug. Je portai mes deux mains à ma bouche, et je les croisai convulsivement sur mes lèvres; mais le liquide, repoussé par les convulsions de la nature, s'élança violemment à travers mes doigts comme à travers le crible d'un arrosoir, et aspergea les dames et tous les plats de la table. Des éclats de rire partirent à l'in-

stant de tous côtés; vainement sir Thomas réprimanda ses valets, et lady Burdett ses filles. Je comprenais moi-même qu'il était impossible de ne pas éclater, et cette conviction ajoutait encore à mon martyre; la sueur de la honte me monta au front : je sentais une goutte d'eau couler de chacun de mes cheveux : je perdis alors complétement l'esprit. Pour mettre fin à cette intolérable transpiration, je tirai mon mouchoir de ma poche, et, sans me souvenir ni sans voir qu'il était tout trempé de l'encre du Xénophon, je m'essuyai le visage, qui fut à l'in-

Catherine jeta un cri, et alla se jeter, à moitié évanouie, sur le lit de Jollivet. — Page 27.

stant barbouillé de noir dans toutes les directions. Pour cette fois, personne n'y tint plus : lady Burdett se renversa en pâmoison sur sa chaise; sir Thomas tomba en convulsions sur la table; les jeunes demoiselles étaient prêtes à suffoquer. En ce moment, je jetai les yeux sur une glace qui se trouvait en face de moi, et je me vis!... Je sentis que tout était perdu; je m'élançai, désespéré, hors de la salle à manger; je me précipitai dans le jardin; en ce moment, sir Henry rentrait; voyant un homme fuir à toutes jambes, il me prit pour un voleur, et

se mit à ma poursuite en me criant d'arrêter; mais la honte me donnait des ailes : je franchis le fossé comme un daim effarouché, et, à travers champs, en droite ligne, sans suivre aucune route tracée, je me dirigeai vers Williams-House, et vins tomber haletant et sans force à la porte du château.

Je fis une maladie de trois mois, pendant laquelle la famille de sir Burdett eut le bon goût de ne pas même envoyer demander de mes nouvelles; à peine pus-je me lever, que je fis venir une voiture avec des chevaux de poste, et que je quittai l'Angleterre sans dire adieu à personne, emportant pour toute consolation ce lambeau de voile, que je conserverai toute ma vie, et que je veux qu'on mette dans ma tombe après ma mort.

Maintenant vous devinez pourquoi vous m'avez vu, l'autre jour, descendre si rapidement le Righi; c'est que j'appris à moitié route que, parmi les voyageurs qui me précédaient, il y avait un compatriote à qui mon nom et mes aventures pouvaient être connus; car voilà la vie que je mène, fuyant toute société, dévoré de l'idée que je dois tous mes malheurs à moi-même, et écrasé de la conviction qu'il n'y a pas de félicité possible pour moi dans ce monde.

Malheureusement, il n'y avait pas la plus petite chose à répondre à cela; c'était clair comme le jour et vrai comme l'Évangile. En conséquence, au lieu de me perdre en banalités philosophiques, je fis venir un second bol de punch, et, au bout d'une demi-heure, j'eus la satisfaction de voir sir Williams, sinon consolé, du moins hors d'état de sentir momentanément toute l'étendue de son malheur.

ZURICH.

'entrai, le lendemain d'assez bonne heure, dans la chambre de sir Williams et le trouvai profondément atterré. Le remède de la veille avait produit un effet tout contraire à celui que j'en attendais. Sir Williams avait le punch triste; il n'y avait plus rien à faire qu'à le laisser tranquillement mourir du spleen.

— Ah! me dit-il en m'apercevant et en me tendant les bras, c'est vous, mon cher ami; vous ne m'avez donc pas abandonné?

— Comment, abandonné! mais il me semble que, tout au contraire, je vous ai ramassé sous la table quand l'excès de vos malheurs vous a fait rouler de votre chaise; je vous ai tendrement mis au lit, et vous ai souhaité tous les songes qui sortiraient cette nuit par la porte dorée. Je ne pouvais pas faire plus.

— Si, vous pouviez faire plus, et vous venez de le faire : vous pouviez revenir ce matin me voir, et vous êtes revenu. Est-ce que vous consentez à continuer le voyage avec moi?

— Comment, si j'y consens! mais sans aucun doute. D'abord, vous avez une excellente voiture;

ensuite, quand vous n'êtes pas honteux, vous ne manquez pas d'esprit; enfin, sous tous les autres rapports, vous me paraissez un excellent compagnon de voyage. Nous irons tant que la terre pourra nous porter, et, quand elle ne le pourra plus, eh bien! nous prendrons un bateau.

— Merci! car, si un homme peut me sauver la vie, c'est vous!...

— Je ne demande pas mieux.

— Ainsi, nous partons de Lucerne aujourd'hui?

— C'est-à-dire, entendons-nous, il faut que nous séparions momentanément.

— Comment cela?

— J'ai une visite à faire.

— Je la ferai avec vous.

— Impossible, mon ami; je vais voir un brave garçon qui vient de se battre avec un de vos compatriotes, qui lui avait logé deux balles dans la poitrine, et qu'il a tué; de sorte que, dans la position où il est, s'il apercevait un Anglais, voyez-vous, avec cela que vous avez fait mourir son empereur, ce serait capable de lui faire une révolution.

— Je comprends.

— Ainsi, partez pour Zug; demain je vous y rejoins, et je suis à vous pour tout le reste du voyage, pourvu que vous alliez où je voudrai.

— J'irai partout, je ne vais nulle part.

— Eh bien! c'est chose dite; à demain à Zug.

— Ne prenez-vous pas le thé avec moi?

— Oui, à condition que je vous l'offrirai.

— Écoutez, me dit sir Williams, je comprends que vous teniez à ce que nous alternions.

— Oui, beaucoup.

— Mais j'ai d'excellent thé de caravane, comme vous n'en trouveriez pas dans toute la Suisse.

— A ceci je n'ai aucune objection à faire; prenons le thé!

Le thé pris, sir Williams me conduisit jusqu'au port; nous nous donnâmes pour la dernière fois rendez-vous à Zug; puis nous sautâmes, Francesco et moi, dans la barque qui nous attendait. Deux heures après, nous étions à Küssnach.

Je m'informai au maître de l'hôtel de la santé du blessé; il était en excellente voie de convalescence. On m'indiqua sa chambre; je montai, et, poussant doucement la porte, j'entrai sans bruit; il était couché, et dormait sur le bras de Catherine assise près de lui, et dont la pâleur attestait le chagrin et les veilles; je lui fis signe de ne pas réveiller le malade, et je m'assis à une table pour écrire mon nom. Pendant ce temps, il ouvrit les yeux et me reconnut.

— Comment, vingt dieux! me dit-il, c'est vous, et on ne me réveille pas! à quoi penses-tu donc, Catherine? Après mon père, après mon frère, c'est mon meilleur ami, vois-tu? va l'embrasser pour moi, mon enfant; amène-le auprès de mon lit, et laisse-

nous causer une minute; et puis, en remontant, n'oublie pas une tasse de bouillon de poulet. L'appétit commence à revenir. — Catherine, religieuse observatrice des ordres de Jollivet, vint m'offrir sa joue, me conduisit près de son amant et sortit.

— Eh bien! vous avez donc repensé à moi? c'est bien, je vous en remercie, me dit Jollivet. Vous voyez, ça va mieux. Ah çà! restez-vous ici jusqu'à la noce?

— Comment! jusqu'à la noce? et qui est-ce qui se marie donc?

— Moi.

— Et avec qui?

— Avec Catherine.

— Eh bien! je vous en fais mon compliment; vous êtes un brave homme!

— C'est bien le moins que je lui doive, après le soin qu'elle a pris de moi. Croyez-vous qu'elle n'a pas encore voulu se coucher une seule nuit? Elle dort là, assise dans le fauteuil où vous êtes, la tête sur mon traversin. Quand je dis qu'elle dort, elle ne dort même pas; car, toutes les fois que je me réveille, je la retrouve les yeux ouverts.

— Et est-elle heureuse de votre projet?

— Je ne lui en ai encore rien dit: c'est à part moi que j'ai résolu cela. Ainsi, voyez: dans quinze jours je serai sur pied, à ce que dit le médecin; dans trois semaines la chose peut se faire. Restez jusque-là, ou revenez. S'il faut vous attendre, on vous attendra.

— Impossible, mon cher ami. Dans trois semaines sais-je où je serai? Je n'ai moi-même plus guère qu'un mois et demi à passer en Suisse; je suis vivement rappelé en France. Je ne suis pas comme vous, moi; je ne place pas d'échantillons de mes drames à l'étranger: je suis obligé de faire mon débit à domicile.

— Bah! bah! Qu'est-ce que c'est que quinze jours de plus ou de moins? Comment! vous avez consenti à être témoin de mon duel, et vous refusez d'être témoin de mon mariage! Avec ça, voyez-vous, que vous attendiez seulement cinq ou six mois, vous pourriez encore être parrain. Voyons, Catherine, continua Jollivet s'adressant à sa maîtresse, qui rentrait une tasse à la main, donne-moi un coup d'épaule.

— Pourquoi faire? dit Catherine.

— Pour qu'il reste jusqu'à la noce.

— Jusqu'à quelle noce?

— Jusqu'à la noce de Catherine Franz et d'Alcide Jollivet, qui, s'il n'y a pas d'empêchement du côté de la future, se fera avant un mois, foi d'homme d'honneur!

Catherine jeta un cri, laissa tomber la tasse et alla se jeter, à moitié évanouie, sur le lit de Jollivet.

— Eh bien! eh bien! qu'y a-t-il? sommes-nous folle?

— Oh ! s'écria Catherine ; oh ! mon enfant aura donc un père !... — Elle se laissa glisser sur ses genoux. — Le ciel te bénisse, Alcide, pour le bien que tu me fais ! Dieu m'est témoin que je ne t'eusse jamais rien demandé de pareil ; mais Dieu m'est témoin aussi que, quand tu serais parti, je serais morte ! O Seigneur, Seigneur ! que vous êtes grand ! que vous êtes bon ! que vous êtes miséricordieux !

Catherine dit ces derniers mots avec une reconnaissance si large, avec une ferveur si profonde et avec une voix si émue, que les larmes me vinrent aux yeux. Quant à Jollivet, il voulait faire l'homme fort ; mais la nature l'emporta, et il jeta en pleurant ses deux bras autour du cou de Catherine.

— Adieu, mes enfants, repris-je en m'approchant d'eux ; vous devez avoir mille choses à vous dire ; je vous laisse ; soyez heureux !

— Sacredieu ! s'écria Jollivet, je déclare qu'il me manquera quelque chose si vous n'êtes pas à la noce.

— Oh ! revenez, me dit Catherine ; vous m'avez déjà porté bonheur, puisque c'est devant vous qu'il m'a dit ce qu'il vient de me dire ; revenez, et vous me porterez bonheur encore.

— Impossible, mes amis ; tout ce que je puis faire, c'est de passer le reste de la journée avec vous.

— Allons, dit Jollivet prenant son parti, d'une mauvaise paye il faut tirer ce qu'on peut. Commande le dîner, Catherine, et veille à ce qu'il soit bon.

— Mais nous avons le temps ; je vais faire un tour ; restez ensemble ; dans une heure je reviendrai.

— Eh bien ! allez donc, car vous avez raison, nous avons besoin d'être un instant seuls.

Je revins à l'heure dite, je passai le reste de la journée avec ces braves jeunes gens ; et je ne sais pas si le ciel vit jamais deux cœurs si heureux que ceux que je laissai battre l'un contre l'autre dans cette misérable auberge de village.

En partant de Küssnach, je fus obligé de reprendre une route déjà connue et de repasser par le même chemin creux de Guillaume Tell ; à Immensée, je fis mes adieux au berceau de la liberté suisse, et je pris une barque pour Zug, où j'arrivai au bout d'une heure de traversée. Je descendis à l'hôtel du Cerf, où j'avais rendez-vous avec mon Anglais ; mais, comme il avait été forcé de faire le tour du lac par Cham, il n'était pas encore arrivé.

Je montai, en l'attendant, sur le belvédère de l'auberge, d'où l'on découvre une vue magnifique qui plonge d'abord sur le lac tout entier, resplendissant à midi comme une mer de feu, s'étend à droite sur la Suisse des prairies, qui se plonge à perte de vue derrière Cham et Buonas, va heurter à gauche les masses colossales du Righi et du Pilate, qui semblent deux géants gardant un défilé ; puis, glissant entre leur base, s'enfonce dans la vallée de Sarnen, que ferme le Brünig, au-dessus duquel s'élancent en aiguilles blanches et dentelées les cimes aiguës et neigeuses de la chaîne de la Jungfrau.

En ramenant humblement mes yeux de ce magnifique spectacle sur la grande route, j'aperçus la voiture de sir Williams, qui cheminait honnêtement, conduite par ses deux chevaux de maître et son cocher en livrée. Je mis aussitôt mon mouchoir au bout de mon bâton de voyage, et je l'agitai en signal ; il ne tarda pas à être aperçu, et sir Williams y répondit en faisant mettre ses chevaux au grand trot. Cinq minutes après il était à côté de moi ; l'hôte montait derrière lui, sous prétexte de nous demander à quelle heure nous désirions dîner, mais, en effet, pour nous raconter, si nous paraissions disposés à l'écouter, la catastrophe qui engloutit dans le lac une partie de la ville. Comme nous avions aussi grande envie d'entendre le récit que lui de nous le faire, la chose ne fut pas longue à s'arranger.

L'hiver de 1435 avait été si froid, qu'à l'exception de la chute de Schaffhausen, le Rhin était pris depuis Coire jusqu'à l'Océan. Tous les lacs qui contenaient une eau presque dormante offraient une surface aussi solide que celle du sol. Le lac de Constance lui-même, le plus grand de tous les lacs de la Suisse, fut traversé à cheval et en char ; à plus forte raison ceux de Zug et de Zurich, dont l'un a à peine le huitième et l'autre le quart de son étendue. Alors les animaux des montagnes descendirent jusqu'aux villes, et les magistrats défendirent de tuer le gibier, à l'exception des loups et des ours. Les choses étaient ainsi depuis trois mois à peu près, lorsque, la glace commençant à fondre, on s'aperçut que la terre se gerçait profondément dans plusieurs endroits, et surtout vers la partie de la ville la plus voisine du rivage. Vers le soir, deux rues entières et une partie des murs de la ville se détachèrent du reste, glissèrent rapidement dans le lac et disparurent ; soixante personnes, qui n'avaient pas cru le danger aussi pressant, étaient restées dans leurs maisons menacées, et disparurent avec elles. De ce nombre était le premier magistrat et toute sa famille, à l'exception d'un enfant qu'on retrouva le lendemain, flottant comme Moïse dans son berceau. Cet enfant devint landamman du canton et conserva cette dignité jusqu'à l'âge de quatre-vingt-un ans. Notre hôte nous assura qu'il y avait une heure du jour où, quand le soleil cessait d'enflammer le lac, on apercevait encore, à quarante pieds environ, sous l'eau bleue et limpide, les restes de murs, dont un débris avait conservé la forme d'une tour. Quant à ce fait, nous fûmes forcés de nous en rapporter à sa parole, notre regard n'ayant

C'est un ossuaire dans les cases duquel sont rangées quinze cents têtes à peu près. — Page 30.

point été assez perçant, à ce qu'il paraît, pour plonger jusqu'à cette profondeur.

Comme, au dire de notre hôte lui-même, il nous restait encore deux bonnes heures avant le dîner, nous les employâmes à parcourir la ville. Notre première visite fut pour l'arsenal.

Comme presque tous les arsenaux de Suisse, il renferme une foule d'armes et d'armures curieuses, dont quelques-unes sont historiques. Ce sont des reliques sur lesquelles veille secrètement l'amour national, et que ne sont point encore parvenues à dis-

perser dans les cabinets d'amateurs les offres des brocanteurs désappointés d'échouer devant les souvenirs qui les rattachent aux villes où elles se trouvent. L'une de ces reliques est la bannière de Zug, teinte encore du sang de Pierre Colin et de son fils, qui se firent tuer en la défendant, en 1422, à la bataille de Bellinzone.

En sortant de l'arsenal, nous entrâmes dans l'église de Saint-Oswald ; elle n'offre rien de remarquable qu'un groupe, ou plutôt que trois statues assez naïves : sainte Christine, martyre, sainte Appoline et sainte Agathe. Sainte Appoline tient à la main une tenaille où est encore une dent, et sainte Agathe un livre sur la couverture duquel elle présente à la piété des fidèles les deux seins coupés de la Vierge.

A quelques pas de cette église, s'élève celle de Saint Michel, qu'avoisine le cimetière. Depuis Altorf, on me parlait du cimetière de Zug. En effet, je n'ai jamais vu un tel luxe de croix dorées; on dirait la musique d'un régiment. Mais ce qui accompagne toute cette cuivrerie d'une manière charmante, ce sont les fleurs qui s'y entrelacent. Jamais cimetière n'a, j'en suis certain, inspiré moins d'idées tristes; on croirait bien plutôt que toutes les fosses sont des corbeilles prêtes pour des baptêmes ou pour des noces que des couches funéraires où dorment les hôtes de la mort. J'ai vu des enfants qui couraient comme des abeilles d'une tombe à l'autre, et qui sortaient le front joyeusement paré de roses et d'œillets qui avaient poussé sur la tombe de leur mère.

A vingt pas de là, cependant, sous un hangar qu'on décore du nom de chapelle, un spectacle tout opposé attend le voyageur; c'est un ossuaire dans les cases duquel sont rangées quinze cents têtes à peu près, superposées les unes aux autres. Chacune de ces têtes repose sur deux os croisés, et, sur leurs crânes dépouillés, qui ont pris la teinte jaunâtre de l'ivoire, une petite étiquette collée avec grand soin, conserve le nom et indique l'état de la personne à laquelle appartenaient ces débris.

Quelle mine de joyeuses plaisanteries eussent trouvée là les fossoyeurs d'Hamlet!

Comme, ces merveilles une fois visitées, Zug ne nous offrait rien d'autrement curieux à voir, nous revînmes à l'hôtel où, au grand désappointement de l'aubergiste, sir Williams donna l'ordre à son cocher de tenir ses chevaux, qui n'avaient fait que quatre lieues dans la matinée, prêts à nous conduire à Horghen aussitôt après le dîner; de cette manière, nous économisions une demi-journée, et nous pouvions être le lendemain à onze heures à Zurich. L'exécution suivit immédiatement le projet; et, trois heures après avoir quitté le lac de Zug, tout resplendissant des rayons du soleil couchant, nous aperçûmes, à travers le feuillage des arbres, celui de Zurich, tout frémissant de la brise du soir, et tout argenté de la lueur des étoiles.

Rien ne nous arrêta à Horghen, espèce de petit port qui sert d'entrepôt aux marchandises de Zurich, qui passent en Italie par le Saint-Gothard. En conséquence, nous partîmes au point du jour, ainsi que la chose avait été convenue, et, après avoir longé la délicieuse route qui côtoie à droite la rive du lac, et à gauche la base de l'Albis, nous arrivâmes vers midi à Zurich, qui s'intitule modestement l'Athènes de la Suisse.

Cela tient à ce que c'est dans cette ville que sont nés les cent quarante poëtes dont Royer Maness, le Mécène du quatorzième siècle, laisse une liste très-complète et très-ignorée : il est vrai que, dans le dix-huitième, elle a joint à ces noms ceux plus connus de Gessner, de Lavater et de Zimmermann.

Les Zuricois se font remarquer, en général, par une curiosité naïve qui surprend d'abord, parce qu'on la prend pour de l'indiscrétion; puis bientôt vous vous apercevez qu'elle prend sa source dans cette bonhomie qui, n'ayant rien à cacher aux autres, n'admet pas que les autres puissent avoir des secrets pour nous.

Pendant que nous déjeunions, tout en causant en italien, nous en eûmes un exemple. Un honnête bourgeois de Zurich, vêtu d'un habit marron, d'une culotte courte et de bas chinés, portant un chapeau à grands bords, des boucles à ses souliers, et une grande chaîne de montre à son gousset, se leva du coin du feu où il était assis, fit quelques pas vers nous, s'arrêta pour nous regarder tout à son aise, puis se mit à arpenter la chambre en long et en large, jetant, chaque fois qu'il passait près de notre table, un regard naïvement curieux sur sir Williams et sur moi; il est vrai de dire que, quoique nous mangeassions au même râtelier, nous formions un singulier attelage.

Enfin il n'y put plus tenir; il s'arrêta juste en face de nous, appuya ses deux mains sur le pommeau de sa canne, et sans préparation aucune :

— Qui êtes-vous? nous dit-il en français.

La question nous surprit dans un pays où l'on voyage sans passe-port; nous fûmes donc un instant sans répondre, doutant qu'elle nous fût adressée : aussi le bourgeois s'impatientait-il de notre silence, et, indiquant d'un mouvement de tête que c'était à nous qu'il adressait la parole :

— Je vous demande qui vous êtes, continua-t-il.

— Qui nous sommes, nous? répondis-je.

— Oui, vous.

— Nous sommes des voyageurs, parbleu! *Will you a wing of this fowl*, continuai-je en anglais pour dérouter notre homme, et offrant à mon vis-à-vis une aile de poulet:

— *Yes, very well. I thank you*, me répondit sir Williams en me tendant son assiette.

Le Zuricois s'arrêta tout court en entendant ce nouveau langage qu'il ne comprenait pas; il demeura un instant à réfléchir, tenant son menton dans une de ses mains; puis il se remit à parcourir à pas mesurés la ligne qu'il avait adoptée. Enfin, s'arrêtant une seconde fois :

— Et pourquoi voyagez-vous? nous dit-il.

— Pour notre plaisir, répondis-je.

— Ah! ah! fit le Zuricois. Alors il se remit à marcher un instant; puis, s'arrêtant de nouveau :

— Vous êtes donc riche?

— Moi?... dis-je, ne pouvant revenir de l'étonnement que me causait ce laisser-aller.

— Oui, vous.

— Vous me demandez si je suis riche?

— Oui.

— Non, je ne suis riche.

— Alors, si vous n'êtes pas riche, comment faites-vous pour voyager? On dépense beaucoup d'argent en voyage.

— C'est vrai, répondis-je, surtout en Suisse, où les aubergistes sont tant soit peu voleurs.

— Hum! fit le Zuricois en reprenant sa course.

— Mais enfin, comment faites-vous? continua-t-il en s'arrêtant de nouveau.

— Mais je gagne quelque argent.

— A quoi?

— A quoi?

— Oui.

— Eh bien! le matin, quand je suis bien disposé, je prends une plume et un cahier de papier; puis, tant que j'ai des idées dans la tête, j'écris, et, quand ça forme un volume ou un drame, je porte le paquet à une librairie ou à un théâtre.

Le Zuricois laissa retomber sa lèvre inférieure en signe de mépris, et se remit à arpenter la chambre en paraissant réfléchir profondément à ce que je lui avais dit; puis, répétant le même jeu de scène:

— Et combien cela peut-il vous rapporter par an? continua-t-il.

— Mais l'un dans l'autre vingt-cinq à trente mille francs.

Le Zuricois me regarda un instant fixement et sournoisement, pour s'assurer que je ne me moquais pas de lui; puis il reprit, comme le malade imaginaire, sa promenade en murmurant : — Vingt-cinq à trente mille francs! hum!... Vingt-cinq à trente mille francs! hum! hum!... sans autre mise de fonds que du papier et une plume... hum!... hum!... hum!... c'est joli, fort joli, très-joli!

Il s'arrêta.

— Et votre camarade?

— Il a cent mille livres de rentes.

Le Zuricois reprit sa course, qu'il interrompit à son troisième retour en ayant l'air d'attendre qu'à notre tour nous lui fissions quelques questions; mais, voyant que nous nous étions remis à manger du poulet et à parler italien :

— Moi, dit-il, je m'appelle Fritz Haguemann, j'ai cinq mille trois cents francs de rentes, une femme que j'ai épousée par inclination, quatre enfants, deux garçons et deux filles; je suis bourgeois à Zurich et abonné à la bibliothèque, ce qui me donne le droit d'y prendre des livres.

— Et cela vous donne-t-il le droit d'y conduire des étrangers?

— Sans doute, dit le bourgeois en se rengorgeant, et, conduits par moi, ils peuvent se vanter

qu'ils seront bien reçus par M. Orell, le bibliothécaire, ou par M. Horner, qui est son second.

— Eh bien! lui dis-je, mon cher monsieur Haguemann, puisque nous nous connaissons maintenant comme si nous étions amis depuis dix ans, est-ce que vous ne pourriez pas, en faveur de cette amitié, me conduire à la bibliothèque? Vous devez y avoir trois lettres autographes de Jane Gray à Bullinger, et une lettre de Frédéric à Müller, que je serais fort aise de lire.

— Et comment savez-vous cela?

— Ah! comment je sais cela? Un de mes amis, un savant, ce qui ne l'empêche pas d'être un homme d'infiniment d'esprit, exception qui lui fait quelque tort parmi ses confrères, Buchon, le connaissez-vous? je vous le nomme, parce que vous aimez à ce qu'on mette les points sur les i.

— Je ne le connais pas.

— Ça ne fait rien. — Eh bien! Buchon est venu l'année dernière à Zurich, il a lu vos lettres, et il m'en a parlé.

— Ah! ah! Eh bien! dites donc, vous me les ferez voir, n'est-ce pas?

— Avec le plus grand plaisir, et je serai enchanté d'être venu de Paris pour cela : — Let us go, sir, are you coming? — dis-je en me levant.

— Yes, répondit sir Williams.

Et nous nous acheminâmes vers la bibliothèque, conduits par notre respectable introducteur.

Il ne nous avait menti ni sur son influence, ni sur l'amabilité de M. Horner. On nous déroula ce que la bibliothèque de Zurich avait de plus curieux, c'est-à-dire une partie de la correspondance de Zwingle, des manuscrits de Lavater, trois lettres de Jane Gray, trop longues pour que nous les reproduisions ici, et une lettre assez originale et assez courte de Frédéric pour que nous la mettions sous les yeux de nos lecteurs. — Voici à quelle occasion elle fut écrite.

En 1784, le professeur H. Müller publia, avec le soin et la religion d'un véritable Allemand, une collection d'anciennes chansons suisses, naïves et vigoureuses comme le peuple qui les chantait. L'éditeur, qu'il ne faut pas confondre avec l'historien, J. de Müller, obtint de Frédéric le Grand la permission de lui dédier ces chants nationaux, et le lui envoya, croyant lui faire grand plaisir. Mais c'était un genre de littérature que le roi philosophe appréciait médiocrement; aussi répondit-il à M. Müller la lettre suivante :

« Cher et fidèle savant, vous jugez trop favora-
« blement ces poésies des douzième, treizième et
« quatorzième siècles qui ont vu le jour par vos
« soins, et que vous croyez si dignes d'enrichir la
« langue allemande; à mon avis, elles ne valent pas
« une charge de poudre, et ne méritent pas d'être
« tirées de l'oubli où elles étaient ensevelies. Ce

Frédéric le Grand.

« qu'il y a de sûr, c'est que, dans ma bibliothèque
« particulière, je ne souffrirai pas de pareilles
« niaiseries, et je les jetterai plutôt par la fenêtre.
« Aussi l'exemplaire que vous m'envoyez attendra-
« t-il tranquillement son sort dans la grande biblio-
« thèque publique ; quant à vous garantir beaucoup
« de lecteurs, c'est ce que ne saurait, malgré toute
« sa bienveillance pour vous, vous garantir votre
« roi.

                                    « FRÉDÉRIC. »

Alors le bon abbé s'approcha d'elles et leur adressa la parole. — Page 34.

LES MUETS QUI PARLENT ET LES AVEUGLES QUI LISENT.

En sortant de la bibliothèque, nous allâmes visiter l'hospice des Sourds-Muets, fondé par M. Scher. Quelques conversations par signes, que j'avais eues, avant de partir, avec un jeune homme de grand talent, sourd-muet lui-même et professeur à l'Institut royal de Paris, m'avaient familiarisé avec les tentatives faites jusqu'à ce jour pour améliorer l'état de ces malheureux, et les appeler à prendre leur part des biens que promet la société et des devoirs qu'elle impose. Il avait même eu, avant mon départ de Paris, la complaisance de me donner quelques notes à ce sujet, tout en me priant d'examiner avec soin l'institut de Zurich, où, m'avait-il assuré, on était parvenu à faire parler les élèves. Je me sers aujourd'hui de ces notes pour donner à mes lecteurs quelques détails assez curieux et assez ignorés, je crois, sur cette singulière et exceptionnelle éducation.

À Sparte, les sourds-muets étaient rangés dans la classe des êtres incomplets ou difformes qu'il était inutile de laisser vivre, puisqu'ils ne pouvaient être d'aucune utilité pour la république. En conséquence, aussitôt qu'on venait de s'apercevoir de leur infirmité, ils étaient mis à mort. À Rome, les lois les déshéritaient d'une partie des droits civils; elle les déclaraient inhabiles à gérer leurs biens, leur donnaient des tuteurs et les retranchaient de la société. La religion chrétienne, toute d'amour et de charité, reconnut des hommes dans ces malheureux à qui la nature avare n'avait donné que trois sens; elle leur ouvrit ses cloîtres, où des premiers germes d'éducation commencèrent à leur être donnés; cependant c'était une éducation bien grossière et bien imparfaite, puisqu'un auteur du quinzième siècle cite comme une merveille qu'un sourd-muet qui gagnait sa vie en tressant des filets pour la pêche.

Ce fut Pedro de Ponce, bénédictin espagnol du couvent de Pahagues au royaume de Léon, mort en 1584, qui eut le premier l'idée que les sourds-muets, tout privés qu'ils étaient des organes de la parole et de l'ouïe, pouvaient recevoir des idées et les transmettre. Le hasard lui avait donné quatre illustres élèves : c'étaient les deux frères et la sœur du cardinal de Velasco, et le fils du gouverneur d'Aragon. La méthode qu'il avait employée, et que malheureusement on ignore, puisqu'il ne laissa aucun traité sur cette matière, eut un tel succès, que les écoliers d'une classe inférieure lui arrivèrent de tous côtés; et, parmi ces derniers, quelques-uns firent de si grands progrès, qu'ils soutenaient en public des discussions sur l'astronomie, la physique et la logique, si bien, disent les auteurs contemporains, qu'ils eussent passé pour gens habiles et savants aux yeux mêmes d'Aristote. Dans le même siècle et vers la même époque, c'est-à-dire de 1550 à 1576, un philosophe italien, nommé Jérôme Cardan, s'en occupa, mais secondairement, de cette tâche, et ses écrits sont les premiers dans lesquels on trouve consignée la possibilité d'apprendre à lire et à écrire aux sourds-muets.

En 1620, trente-six ans après la mort de Pedro de Ponce, et quarante-quatre ans après celle de Jérôme Cardan, un livre parut en Espagne, sous le titre de *Arte para enseñar á hablar á los mudos*. C'était un Français, secrétaire du connétable de Castille, qui, dans le but d'adoucir la position du frère de ce connétable, devenu muet à l'âge de quatre ans, avait dirigé ses travaux vers ce nouveau genre de professorat. Dans le livre qui reste de lui, et qui, nous l'avons dit, est le premier, Pierre Bonnet se donna comme l'inventeur de sa méthode; au reste, ce qu'il est impossible de nier, c'est qu'il

ne soit pas le premier qui ait introduit dans son ouvrage l'alphabet manuel qu'adopta depuis, à certaines modifications près, le savant et bon abbé de l'Épée.

Vers 1660, J. Wallis, professeur de mathématiques à l'Université d'Oxford, tenta de faire pour l'Angleterre ce que Pierre Bonnet avait fait pour l'Espagne, c'est-à-dire de mettre les sourds-muets à même de comprendre les pensées d'autrui et d'exprimer les leurs par gestes ou par écrit. Luimême se félicite de ses succès dans la carrière à laquelle il s'était dévoué, dans une lettre adressée au docteur Beverley. « En peu de temps, dit-il, mes élèves avaient acquis beaucoup plus de savoir qu'on n'en pourrait supposer d'hommes dans leur position, et ils étaient en état, si on les eût cultivés, d'acquérir toutes les connaissances qui se transmettent par la lecture. »

Quelques temps après, un médecin suisse, nommé Conrad Amman, publia un traité intitulé *Surdus loquens*, et plus tard une dissertation sur la parole, traité qui fut traduit en français par Beauvais de Préau.

Au commencement du dix-huitième siècle, la question pénétra en Allemagne. Kerger adressa une lettre, en date de 1704, à Etmuller, sur la manière d'instruire les sourds-muets. Soixante-quatorze ans après, l'électeur de Saxe fondait une école à Leipzig, et en nommait Hinsiken directeur.

Cependant la France était en retard : le Portugais Rodrigue Pereire, qui s'était présenté à Paris comme inventeur d'une nouvelle méthode dactylogique, et qui avait reçu du roi une pension et le titre de secrétaire-interprète, offrit de vendre le secret de cette méthode; mais le prix qu'il en demandait ayant été jugé exorbitant, le gouvernement en refusa la communication; Rodrigue Pereire n'entreprit plus alors l'éducation qu'après avoir fait jurer à ses élèves de ne pas révéler son secret, qui, gardé religieusement, mourut avec lui. Ce fut vers cette époque qu'une circonstance fortuite révéla à l'abbé de l'Épée sa sainte vocation.

Ses devoirs ecclésiastiques l'ayant appelé un jour chez une dame qui demeurait rue des Fossés-Saint-Victor, il trouva ses deux filles occupées à des travaux d'aiguille, et remarqua qu'elles étaient si profondément attentionnées à leur ouvrage, que le bruit de son entrée ne leur fit pas lever les yeux; alors le bon abbé s'approcha d'elles et leur adressa la parole; mais ce fut inutilement, les deux jeunes filles parurent ne pas l'entendre. Le visiteur, pouvant croire à une mystification, s'assit près des travailleuses et attendit. Dix minutes après, leur mère entra, tout lui fut expliqué en deux mots : les jeunes filles étaient sourdes-muettes.

Cette rencontre parut à l'abbé de l'Épée un enseignement du ciel sur la voie chrétienne qu'il avait à suivre; il demanda la permission de se charger de l'éducation des deux demoiselles, commencée par le père Vanin ; et, sans autres secours que celui des estampes, car il ne connaissait aucune des méthodes adoptées, il entreprit son œuvre de patience et de charité ; mais, ne voulant pas s'en tenir à deux élèves particuliers, il commença des cours publics, appelant toutes les intelligences à son secours, et demandant aide aux savants de l'Europe dans la tâche qu'il avait entreprise.

Ce fut pendant un de ces exercices publics qu'un inconnu vint lui offrir un livre espagnol qui traitait de la matière. L'abbé de l'Épée, qui ignorait la langue dans laquelle il était écrit, allait refuser de faire cette acquisition lorsqu'en l'ouvrant au hasard il tomba sur l'alphabet manuel de Pierre Bonnet, gravé en taille douce. Ce livre était l'*Art d'enseigner à parler aux muets*.

Dès lors l'abbé de l'Épée partit d'un but et marcha vers un résultat. Sur quatorze mille livres de rentes qu'il avait, il n'en réserva que deux pour ses besoins personnels, et consacra le reste à ceux de ses élèves. Enfin, après dix ans de sollicitations auprès du roi, Louis XVI finit par lui accorder, sur sa cassette, une somme annuelle et la jouissance d'une maison voisine du couvent des Célestins. Deux ans après la mort de l'abbé de l'Épée, par ordonnance des 21 et 29 juillet 1791, cette maison devint institution royale. C'était quelques années auparavant que M. Scher avait fondé l'école de Zurich que nous allions visiter, et qui est attenante à celle des aveugles, fondée par M. Fauck, vers la même époque à peu près.

Il y avait en ce moment à l'institution dix-huit ou vingt sourds-muets, dont quelques-uns, outre l'alphabet manuel, possédaient encore la reproduction labiale. Comme ce genre d'instruction est peu adopté en France, étant jugé inutile, nous donnerons sur lui quelques détails à nos lecteurs.

La reproduction labiale est la faculté qu'acquièrent les élèves de lire sur les lèvres de ceux qui leur parlent, et de répéter mot pour mot les paroles qu'ils ont prononcées. On nous fit venir un beau jeune garçon de quinze ans, au regard intelligent et à la figure mélancolique, qui, en entrant, jeta les yeux sur son professeur, et qui, en les reportant sur nous, nous dit en français, sans aucun accent : — Bonjour, messieurs.

Nous lui adressâmes alors la parole : et, à toutes les questions que nous lui fîmes, reportant les yeux immédiatement sur son maître, il nous répondit avec ce même ton doux et monotone, sans aucun changement d'intonation, quelle que fût la différence dans la pensée dont les paroles étaient l'expression. Ceci nous paraissait tenir du miracle : c'était tout simplement de la mécanique. Il lisait la réponse qu'il devait nous faire tout haut sur les lèvres de son maître qui la faisait tout bas, et il la reproduisait avec la plus grande exactitude.

Au reste, malgré cette explication, la chose conservait bien encore son côté étonnant. Par quel mécanisme est-on parvenu à faire répéter à un automate des sons que son oreille n'entend pas, et par conséquent ne peut juger? Mais à l'évidence, cependant, il fallut se rendre ; notre jeune muet reproduisit textuellement toutes les phrases que nous lui adressâmes en français, en anglais et en italien, mais toujours avec le même ton monotone et mélancolique, semblable à un écho vivant et rapproché; et, non-seulement il nous répéta celles que nous adressâmes à lui, soit à haute voix, soit mentalement, en accompagnant cependant toujours la pensée du mouvement des lèvres, mais encore il répéta celles que, le dos tourné de son côté, nous dîmes devant une glace, dans laquelle il allait chercher sur l'image de nos lèvres l'ombre de notre parole.

Lorsque nous eûmes fini avec notre muet, on fit appeler un aveugle; il entra avec cette physionomie ouverte et cette expression heureuse qu'on lit sur la figure de presque tous les malheureux privés de la vue : c'était comme l'autre un enfant de quatorze ou quinze ans; il tenait à la main un gros livre, qu'il alla poser sur une table avec la même hardiesse d'allure que s'il y voyait parfaitement; puis, arrivé là, il se tourna comme par instinct vers son maître.

— Que faut-il que je fasse? lui dit-il en souriant.

— Mon cher enfant, lui dit le maître, ce sont deux étrangers, l'un Français, l'autre Anglais, qui ont entendu parler de notre institution et qui viennent pour la voir. Voulez-vous bien leur lire quelque chose?

— Volontiers, dit l'enfant.

— Quel est le livre que vous apportez?

— Je n'en sais rien : je l'ai pris au hasard dans la bibliothèque.

— Voyez le titre.

L'aveugle ouvrit le livre, passa son doigt sur les lignes écrites sur la première page, et répondit :

— Ce sont les *Confessions* de saint Augustin.

— En latin?

— Oui.

— Eh bien! lisez-en quelque chose à ces messieurs, au hasard, où vous voudrez, peu importe.

L'enfant sauta une quarantaine de pages; puis, cherchant avec son doigt un alinéa, il lut cinq ou six minutes en suivant du doigt les caractères, et cela aussi vite qu'aurait pu le faire un autre avec ses yeux.

Je ne sais quel est le mécanisme dont on se sert pour les aveugles de Paris, je n'ai jamais vu d'institution de ce genre; mais ceux de Zurich apprennent par une méthode aussi simple que facile. Les lettres sont piquées d'un côté du papier avec une épingle, de sorte qu'elles ressortent en relief sur l'autre face. C'est en passant le doigt sur ce relief que l'aveugle lit par le toucher, et remplace un sens par un autre.

Nous écrivîmes nous-mêmes, à l'aide d'un alphabet préparé pour ces sortes d'expériences, plusieurs phrases en différentes langues que l'aveugle lut immédiatement sans hésitation, mais en conservant à chaque langue l'accentuation allemande.

Cette expérience finie, on lui apporta un solfége noté de la même manière, et il chanta plusieurs chants d'église et quelques airs nationaux. Enfin, nous recommençâmes par un air la même expérience que nous avions faite pour une phrase, et il déchiffra à la première vue, solfiant à l'aide de ses doigts, toujours aussi juste qu'auroit pu le faire un musicien de seconde force, d'après la musique qu'il avait vue pour la première fois. Le temps avait passé vite au milieu de ces études si nouvelles pour nous, et notre estomac seul avait compté les heures; il sonna celle du dîner, et nous prîmes congé de nos muets et de nos aveugles.

En rentrant à l'hôtel, nous trouvâmes la table prête; après le repas, nous demandâmes à notre hôte s'il n'y avait pas un café dans la ville : il nous répondit qu'il y en avait plusieurs, mais que, si nous désirions qu'on nous servît sans quitter l'hôtel, il allait nous faire venir ce que nous désirions du moins éloigné, et en même temps les journaux anglais et français que l'on y recevait. Nous acceptâmes. Dix minutes après, on nous apporta le *National* et le *Times*. Chacun de nous mit la main sur son journal, et, nous enfonçant le plus carrément possible dans nos fauteuils, le coude appuyé sur la table où fumait notre moka, et les pieds étendus vers le feu, nous commençâmes à dévorer notre pâture politique avec l'avidité de voyageurs qui, depuis deux ou trois mois, sont privés de toute nouvelle.

Tout à coup, au milieu de notre lecture, sir Williams poussa un cri étouffé. Je me retournai de son côté, je le vis très-pâle. — Qu'y a-t-il? lui dis-je, et qu'avez-vous?

— Lisez, me dit-il en me tendant le journal anglais.

Je jetai les yeux sur l'endroit qu'il m'indiquait, et je lus :

« Hier, 3 août, le roi a signé le contrat de mariage de miss Jenny Burdett avec sir Arthur Lesly, membre de la Chambre. »

Je voulus essayer de donner à sir Williams quelque consolation; mais m'interrompant en me donnant la main :

— J'ai besoin d'être seul, me dit-il, devant vous je n'oserais pas pleurer.

Je serrai la main de ce brave et malheureux jeune homme, et je me retirai dans ma chambre.

PROSPER LEHMANN.

sept heures du matin, le lendemain, le garçon de l'hôtel entra dans ma chambre, et me remit une lettre de sir Williams ; il s'excusait de me quitter sans prendre congé de moi, qui, disait-il, avais été si compatissant à ses vieilles douleurs; mais il craignait de lasser ma patience par ses douleurs nouvelles, et partait pour en supporter seul tout le poids. Cette lettre était accompagnée d'un petit cachet d'or, qu'il me priait de conserver en souvenir de lui. Je fis quelques questions au domestique; mais il ne savait rien de plus, si ce n'est que sir Williams avait passé une partie de la nuit à écrire, et, à trois heures du matin, avait fait mettre ses chevaux à la voiture et avait quitté Zurich.

J'employai le reste de la journée à visiter la cathédrale, qu'on dit fondée par Charlemagne, le cabinet d'histoire naturelle et la tombe de Lavater, tué, comme on le sait, en voulant tirer un de ses amis des mains des soldats français qui le maltraitaient. Masséna, qui a laissé à Zurich une mémoire sans tache, fit ce qu'il put, mais inutilement, pour découvrir le meurtrier.

A six heures, je m'embarquai sur le lac. Je me rappelais la promesse que j'avais faite à Prosper Lehmann au tir de Sarnen, et, comme je me trouvais assez près de Glaris, je pensai que le moment était venu de la tenir.

Je ne sais rien de plus ravissant que de voyager sur les lacs de la Suisse par une belle matinée de printemps ou d'automne, surtout lorsqu'un peu de brise dispense les mariniers de se servir de leurs rames : la barque glisse alors comme par magie et sans plus d'efforts qu'un cygne qui ouvre son aile. Souvent il semble que c'est le rivage qui fuit, et que c'est le bateau qui reste immobile. Pour moi, j'étais couché au fond du mien, les yeux fixés sur les

- Ce sont les *Confessions* de saint Augustin. — Page 35.

nuages du soir, qui se roulaient et se déroulaient en aspects fantastiques, et au fond desquels naissaient, les unes après les autres, toutes les étoiles du ciel ; en même temps la terre s'illuminait. Ces milliers de maisons qui s'éparpillent aux deux côtés du lac, entourées de leurs clos de vignes, allumaient leurs fanaux nocturnes ; et, comme le lac réfléchissait à la fois les lumières de la terre et les lumières du ciel, la barque semblait flotter dans l'éther. Peu à peu tous les différents objets de ce grand spectacle se confondirent à mes yeux ; ma pensée cessa de les maintenir à la place que leur avait fixée la nature. Je vis des palais se bâtir au ciel, des nuages descendre sur la terre, des étoiles filer au fond du lac, et je m'endormis, espérant aborder pendant mon sommeil dans le port de quelque monde inconnu.

Je me réveillai glacé. J'ouvris les yeux ; il n'y avait plus ni ciel, ni étoiles, ni maisons ; il ne restait de tout cela que le lac qui était fort agité, les nuages qui se fondaient en eau, et une brise du nord qui, heureusement, nous poussait vers Rapperschwyll, où nous arrivâmes en très-piteux état sur les dix heures du soir.

Heureusement l'auberge du Paon, où nous descendîmes, est une des bonnes auberges de la Suisse; nous y trouvâmes bon visage, bon feu et bon souper; c'était plus qu'il n'en fallait pour nous remettre. Je demandai à mon hôte s'il pourrait, le lendemain, me procurer un cabriolet et un cheval pour me rendre à Glaris. Il se consulta un instant avec une espèce de garçon d'écurie, qui mettait du feu dans ses sabots pour se réchauffer les pieds, et le résultat de la délibération fut que j'aurais ce que je désirais.

Comme ce que j'avais à voir à Rapperschwyll, c'est-à-dire les tours et le pont, ne pouvait être vu qu'à la lumière du soleil, et que, vu l'orage qui durait toujours, il ne faisait pas même clair de lune, je pris congé d'une société de braves fermiers qui causaient grains et bestiaux, et j'allai me coucher.

Le lendemain, le temps était encore incertain; cependant le vent était tombé, et l'averse de la veille s'était convertie en une petite pluie fine qui, à la rigueur, n'empêchait pas de voir les objets; je m'acheminai vers le pont jeté sur le lac, et qui est la première merveille de la ville.

Il fut bâti en 1358, par Léopold d'Autriche, qui, ayant acheté le vieux Rapperschwill et la March, voulut établir une communication entre la ville et la rive gauche du lac. Il résulta de ce vouloir ducal un pont de bois reposant sur cent quatre-vingts piles et long de dix-sept cent quatre pas, que je mis, montre à la main, vingt-deux minutes à parcourir.

C'est arrivé au bout de ce pont qu'on voit, en se retournant, Rapperschwyll sous son aspect le plus pittoresque; ses tours gothiques lui donnent un petit air formidable, qui ne laisse pas que d'être imposant, et que complète la poterne basse et voûtée qui forme une des portes du canton de Saint-Gall.

En rentrant à l'hôtel, je trouvai mon déjeuner et mon cabriolet prêts; j'avalai lestement l'un, et sautai immédiatement dans l'autre. Notre conducteur s'assit de côté sur le brancard, et nous partîmes au grand galop de notre coursier, qui, quoique paraissant peu habitué encore à la profession de cheval d'attelage, ne nous conduisit pas moins sains et saufs à Vesen, où nous nous arrêtâmes pour passer la soirée et la nuit.

Le lendemain nous partîmes d'assez bonne heure, et, laissant le lac de Wallenstadt à notre gauche, nous suivîmes la route qui longe la Linth. Au bout d'une demi-heure de marche, à peu près, je m'étais vertueusement endormi en lisant l'*Histoire du Valais* du père Schkinner, et je ne sais pas depuis combien de temps durait mon sommeil lorsque je fus réveillé en sursaut par un mouvement désordonné de mon équipage et par les cris de Francesco. Je rouvris les yeux : notre conducteur n'était plus sur son brancard, notre cabriolet allait comme le vent, entre un précipice de quinze cents pieds de profondeur et une montagne presque à pic; notre

cheval s'était tout simplement emporté, fatigué qu'il était de traîner une brouette derrière lui; au moins c'est ce que je crus comprendre par ses hennissements et ses ruades.

La situation était assez précaire; notre conducteur, en abandonnant son poste, avait lâché les rênes; elles traînaient à terre, s'accrochant à chaque caillou et occasionnant à chaque accroc des écarts peu rassurants sur une route de douze pieds de large au plus. Ressaisir les rênes avec la main était chose impossible, les pieds de notre cheval venant à chaque instant faire luire leurs fers à huit ou dix pouces de notre visage; sauter à bas du cabriolet était chose impraticable; car, à gauche, emportés par l'élan, nous roulions inévitablement dans le précipice, et, à droite, nous étions écrasés entre la roue et le talus. Francesco priait tous les saints du paradis en allemand et en italien, et avait tellement perdu la tête, qu'il n'entendait pas un mot de ce que je lui disais. Je résolus alors de m'en tirer tout seul, puisqu'il n'y avait pas d'aide à attendre de lui. Je parvins à abaisser la capote du cabriolet et à m'emparer d'un de nos bâtons de voyage : avec son extrémité je soulevai la bride, que je ressaisis heureusement; c'était déjà beaucoup, car j'espérais, grâce à elle, maintenir notre cheval dans le milieu de la route jusqu'à Nafels, que j'apercevais à un quart de lieue devant nous; et je n'avais plus à craindre qu'une chose, c'est que, inaccoutumée depuis sa vieillesse à un exercice aussi violent, la voiture se disloquât. Heureusement il n'en fut pas ainsi; nous approchions de la vitesse d'un tourbillon; j'espérais trouver un obstacle contre lequel la course enragée de notre Bucéphale irait se briser; mais il entra dans la rue sans coup férir, et continua sa route sans tenir compte du changement de localité.

Cependant la chose ne pouvait durer ainsi, à moins de risquer d'écraser les chiens et les enfants qui se rencontreraient sur notre route. J'avisai donc une maison qui avançait sur la rue, et je décidai que c'était là que finirait notre voyage. En effet, lorsque je me trouvai bien à portée, je tirai violemment les guides de la main droite, le cheval suivit l'impulsion donnée; et, sans rien voir, il alla comme un bélier donner du front contre la muraille. Le coup fut si violent, qu'il plia sur les jarrets de derrière, reculant presque avec la même promptitude qu'il avait avancé; mais, dans ce mouvement, il passa sous une enseigne; je profitai de l'occasion; je lâchai bride et bâton; et, criant à Francesco d'en faire autant, je saisis de mes deux mains la branche de fer; et, me laissant tirer du cabriolet comme une lame de son fourreau, je restai pendu ainsi qu'Absalon; seulement, comme ce n'était point par les cheveux, je n'eus qu'à lâcher prise pour me retrouver immédiatement sur la terre, dont, grâce à la dimension de mes jambes, je n'é-

Je restai pendu ainsi qu'Absalon.

tais distant que de deux ou trois pieds. Quant au cabriolet, au cheval et à Francesco, ils avaient continué leur route triomphale au milieu des cris de *Halt ab! halt ab!* dont le seul résultat était de donner à leur course une nouvelle vitesse.

Je me mis aussitôt à leur poursuite, en criant de mon côté : — Arrête! arrête! et fort inquiet au surplus, non pas de la voiture, non pas du cheval, mais du pauvre Francesco, qui, dans l'état où il était, ne pouvait guère s'aider lui-même. Je courais ainsi depuis cinq minutes lorsqu'au détour d'une rue je trouvai machine, bête et homme étendus mollement sur une couche de fagots qu'ils avaient heureusement rencontrée à la porte d'un boulanger. De tout cela c'était le cabriolet le plus malade; un des brancards était brisé, et le chasse-crotte en lambeaux. Pendant que nous examinions le dommage, notre conducteur arriva, qui en réclama le prix. Cette prétention suscita une grave difficulté, vu que, de mon côté, je prétendis que, si quelqu'un avait à se plaindre, c'était, sans contredit, moi, qui avais, grâce à la maladresse et à la trahison du cocher, manqué de me casser le cou.

La discussion ayant pris une certaine consistance, nous en appelâmes au juge.

Les plaintes exposées de part et d'autre, le juge ordonna qu'on examinât le cheval, qui fut incontinent reconnu par les gens de l'art pour un poulain de deux ans qui n'avait jamais été mis à la voiture. Il résulta de cet examen un jugement digne du roi Salomon; je fus condamné à payer quinze francs de louage; mon cocher fut condamné à passer un mois en prison, et le maître de l'hôtel du Paon fut condamné au raccommodage de sa carriole. Au reste, une demi-heure suffit au bailli de Nafels pour prendre connaissance de l'affaire, entendre les plaidoyers et prononcer son verdict. Avant de le quitter, je demandai à ce brave homme de juge son nom et son adresse, en lui promettant d'en faire part à mes amis et connaissances; puis, la chose religieusement inscrite sur mon album, nous reprîmes nos sacs et nos bâtons, et nous continuâmes notre route à pied. Heureusement nous n'étions plus qu'à deux lieues de Glaris.

En entrant dans la ville, je m'approchai du premier groupe que je rencontrai, et je demandai si l'on connaissait Lehmann le chasseur. Tout le monde me répondit affirmativement; mais, comme il ne demeurait pas à Glaris même, mais dans un chalet sur le chemin de Mitlodi, un paysan, qui faisait route de ce côté, m'offrit de me conduire chez lui. Je ne m'arrêtai donc à Glaris que le temps de regarder les peintures à fresque qui ornent une maison en face de l'auberge, et qui représentent un combat entre un croisé et un Sarrasin, une femme jetant un bouquet par une fenêtre, et un lion debout derrière des barreaux; puis nous sortîmes de la ville; et, après dix minutes de marche, mon guide me

montra une charmante maisonnette près de laquelle pâturaient deux vaches; et, sous une treille de vigne, Lehmann lui-même se chauffant aux derniers beaux rayons du soleil d'été avec sa femme et sa fille. En effet, je reconnus aussitôt mon ours des Alpes; et, sautant par-dessus le fossé qui borde la route, je m'avançai vers le chalet.

Du plus loin qu'il m'aperçut, il vint à moi.

— A la bonne heure, me dit-il, voilà un homme de parole; je commençais à ne pas compter sur vous.

— Et vous aviez grand tort, répondis-je; avec la promesse d'une chasse au chamois, vous m'auriez fait aller jusqu'au fond du Tyrol. Mais j'ai été tourmenté toute la journée de l'idée que le temps ne serait pas favorable.

— Si fait, dit Lehmann. Voyez les montagnes du fond, elles sont toutes blanches de la neige qui est tombée ce matin; c'est signe de beau temps pour quatre ou cinq jours.

— Et nous en profiterons?

— Dès demain, si vous voulez.

— Eh bien! maintenant, il ne me reste plus qu'un aveu à vous faire.

— Lequel?

— C'est que Francesco et moi nous avons une faim de loup.

— Tant mieux, vous trouverez notre pauvre cuisine meilleure. Allons, allons, dit-il en allemand à sa femme et à sa fille, alerte; un cuisseau de chamois à la broche et des œufs dans la poêle! Avec cela on ne dîne pas somptueusement, continua-t-il en se retournant de mon côté, mais, au moins, on ne meurt pas de faim. Maintenant voulez-vous venir voir votre chambre?

— Comment, ma chambre?

— Oui, oui; depuis que ma femme sait que vous devez venir, elle vous a préparé votre appartement; vous avez notre lit de noce, la courte-pointe brodée et les deux seuls tableaux qu'il y ait dans la maison; ils représentent une dame et un monsieur qui seront, je crois, de votre connaissance.

Je suivis Lehmann; il me conduisit dans une charmante petite chambre, devant les croisées de laquelle s'étendait un magnifique balcon chargé de pots de fleurs et sculpté dans le goût de la renaissance. De ce belvédère, la vue se portait à l'occident sur la chaîne de Glarnich, suivait la vallée, embrassait la ville de Glaris tout entière, et, remontant la Linth jusqu'à sa source, allait s'arrêter sur la cime blanche et neigeuse du Dodi, qui s'élevait à l'horizon comme un rempart infranchissable et glacé.

— Et maintenant que vous voilà installé, me dit Lehmann, je vais vous laisser faire votre toilette de voyageur. Voici, dans cette armoire, du kirsch et du sucre, dans ces jarres de l'eau, dans ces tiroirs des serviettes; si vous avez besoin de quelque chose, vous frapperez du pied, et on montera.

Mademoiselle Mars.

Je restai un instant sur le balcon, puis je me rappelai les deux tableaux dont m'avait parlé mon hôte, et qui représentaient un monsieur et une dame de ma connaissance. Je rentrai aussitôt, et, dans des cadres de bois noir, je reconnus, quoique les noms ne fussent pas au bas, les portraits enluminés de Talma et de mademoiselle Mars, l'un dans le costume de Sylla, l'autre dans celui de l'*École des Vieillards*. Décidément mon ours était un homme des plus civilisés.

Mademoiselle Mars et Talma dans une chaumière de la Suisse, dans une vallée perdue de la Linth!

Les deux grands génies dramatiques de notre époque réunis dans une chambre préparée pour moi! C'était me faire croire à un raffinement d'hospitalité bien étonnant dans un chasseur des Grisons. Mais, quelle que fût la cause de leur présence, elle ne ramena pas moins mon esprit à un tout autre ordre de pensées; la grande décoration des montagnes disparut, la perspective de la vallée s'effaça, le théâtre changea à vue, et je me trouvai en esprit dans la salle de la rue de Richelieu, assis à l'orchestre et regardant jouer la première représentation de l'*École des Vieillards*.

Talma.

Ce fut un grand triomphe, je me le rappelle. D'abord c'était une belle œuvre, puis splendidement jouée, jamais Talma et mademoiselle Mars ne m'avaient paru plus beaux. On les rappela, on rappela l'auteur. Son frère le traîna de force dans une loge; ils se jetèrent dans les bras l'un de l'autre, le parterre éclata en applaudissements. C'était une fête.

A cette époque, je connaissais déjà un peu Casimir, et j'étais content et heureux pour lui; je n'ai jamais eu d'envie, et surtout alors, où, étant parfaitement inconnu, ce mauvais sentiment ne pouvait m'atteindre. Cependant j'étais triste, mais d'une idée accablante pour moi. Depuis trois ou quatre ans j'étais tourmenté du besoin de travailler pour le théâtre; j'avais consciencieusement étudié nos grands maîtres, j'avais à leur égard une admiration profonde; mais je sentais en moi une impossibilité complète de faire quelque chose dans les règles qu'ils avaient prescrites et suivies : aussi manquais-je bien rarement une représentation nouvelle, espérant toujours trouver chez les modernes un point de départ pour un monde nouveau, une boussole pour cette étoile encore voilée que je cherchais au ciel,

 Paris. — Imp. Simon Raçon & Cⁱᵉ, rue d'Erfurth, 4.

un vent qui me poussât au milieu de cet océan de passions humaines qu'on appelle un drame.

Il y avait quelque chose de ce que je cherchais dans l'œuvre qui venait de se dérouler sous mes yeux. La force, la vérité et la nature avec lesquelles Talma et mademoiselle Mars en avaient joué certaines parties, me confirmaient dans la certitude qu'on pouvait créer une manière plus franche dans sa forme, plus libre dans son allure, plus vraie dans ses détails ; mais toutes ces perceptions n'étaient encore que les oiseaux dans l'air et les algues sur l'Océan, qui annonçaient à Christophe Colomb qu'il était dans le voisinage d'une terre, mais sans lui dire où était cette terre.

Six mois après, les acteurs anglais arrivèrent à Paris. Trois ans auparavant, on les avait accueillis au théâtre de la Porte-Saint-Martin avec des huées et des trognons de pommes. C'est ce qu'on appelait alors de l'esprit national. Cette fois ils jouaient à l'Odéon, et la meilleure société de Paris faisait queue pour aller applaudir Smithson et Kemble. Je l'avouerai à ma honte, à cette époque, je ne connaissais Shakspeare que par les imitations de Ducis. J'avais vu jouer Hamlet par Talma ; et, quelque tragique que fût l'acteur dans cette pâle copie, l'ouvrage en lui-même ne m'avait fait qu'un médiocre plaisir ; j'eus donc quelque peine à me décider à aller revoir le même ouvrage joué par Kemble, dont la réputation était loin d'égaler celle de notre grand tragédien.

Il me serait difficile de raconter ce qui se passa en moi dès la première scène ; cette vérité de dialogue dont alors je ne comprenais pas un mot, il est vrai, mais dont l'accent simple des interlocuteurs me donnait la mesure ; ce naturel du geste qui s'inquiétait peu d'être trivial pourvu qu'il fût en harmonie avec la pensée ; ce laisser-aller des poses qui ajoutait à l'illusion en faisant croire que l'acteur, occupé de ses propres affaires, oubliait qu'elles se passaient devant un public ; au milieu de tout cela, la poésie, cette grande déesse qui domine toujours l'œuvre de Shakspeare, et dont Smithson était une si merveilleuse interprète, bouleversait entièrement toutes les idées acquises ; et, comme au travers d'un brouillard, me laissait apercevoir la cime resplendissante des idées innées. Enfin, quand j'arrivai à la scène où toute la cour réunie regarde la représentation fictive de cette tragédie dont la mort du roi de Danemark a fourni le sujet réel, quand, après avoir vu le jeune Hamlet, dans sa feinte folie, se coucher aux pieds de sa maîtresse, jouant avec son éventail et regardant sa mère à travers les branches, je le vis, à mesure que l'intrigue infernale se déroulait, rendre progressivement sur sa figure l'expression lucide et profonde d'une haute intelligence ; lorsque je le vis ramper, comme un serpent, du côté droit au côté gauche de la scène, s'approcher de la reine la bouche haletante, les yeux étincelants et le cou tendu ; et au moment où, s'apercevant qu'elle ne peut plus supporter le spectacle de son propre crime, et qu'elle se trouble, et qu'elle se détourne, et qu'elle va s'évanouir, il se dresse tout à coup en criant : — « Ligth ! ligth ! » je fus prêt à me lever comme lui, et à crier comme lui : — « Lumière ! lumière !... »

Cinq ans étaient passés depuis cette époque ; Talma était mort, Kemble voyageait en Amérique, Smithson, après avoir donné l'élan et l'exemple à toutes les actrices qui depuis se sont fait un nom dans le drame moderne, s'était effacée et perdue dans la vie privée comme une étoile qui s'éteint au ciel. Moi-même, après avoir tenté de réaliser mon beau rêve et de retrouver, pareil à Vasco de Gama, un monde perdu, dégoûté déjà, au commencement de ma carrière, comme d'autres l'ont été à la fin de leur vie, je venais chercher au milieu des montagnes de la force pour continuer cette lutte, où, comme Sisyphe, il faut incessamment repousser le rocher de la médiocrité qui retombe sur vous. Mademoiselle Mars seule, toujours belle, toujours jeune, toujours comprise et aimée du public, restait debout sur son piédestal, trouvait dans son talent des forces pour résister à tout, même au succès ; et, pour dernière satisfaction d'amour-propre, pouvait, en voyageant en Suisse, rencontrer son portrait au fond d'une chaumière.

J'en étais là de mes réflexions philosophiques lorsque Lehmann rentra ; j'allai vivement à lui. — Comment diable avez-vous ces deux portraits? lui dis-je.

— Je les ai achetés à un colporteur, me répondit-il.

— Pourquoi ceux-là plutôt que d'autres?

— Parce que c'étaient les portraits de l'empereur Napoléon et de l'impératrice Joséphine.

— Votre colporteur vous a trompé, mon ami, ces portraits sont ceux de Talma et de mademoiselle Mars.

— Vraiment !... Ah bien ! à son prochain passage, je m'en vais un peu les lui rendre.

— Gardez-vous-en bien, lui dis-je, et conservez-les religieusement, au contraire ; les portraits ne sont pas ceux de l'empereur et de l'impératrice, c'est vrai ; mais ce sont ceux d'un grand roi et d'une grande reine qui, comme Napoléon et Joséphine, n'ont point laissé d'héritiers.

A la fin du dîner, Lehmann me demanda si je ne voulais pas l'accompagner dans la montagne, où il allait préparer notre chasse du lendemain ; quoique je ne comprisse pas trop comment on pouvait préparer une chasse au chamois, je lui répondis que j'étais prêt à le suivre ; il mit alors du sel plein sa poche, et nous partîmes.

La montagne dans laquelle nous devions chasser s'appelait le Glarnich : c'est un glacier à deux cimes, où les chamois sont retranchés comme dans

Prosper Lehmann.

une forteresse inexpugnable. Nous prîmes la grande route jusqu'à Mitlodi; alors nous tournâmes à droite, nous suivîmes les bords d'une petite rivière qui n'a point de nom, puis nous la traversâmes en sautant de roches en roches, et nous nous engageâmes dans un bois de sapins qui s'étendait à la base du Glarnich; après une heure de marche, nous arrivâmes à sa lisière opposée. Nous marchâmes encore à peu près une autre heure, sans suivre aucune route tracée. Enfin nous trouvâmes une espèce d'arête étroite et raboteuse sur laquelle Lehmann s'engagea sans regarder si je le suivais. Je le laissai aller; puis, voyant qu'il continuait sa route sur cette espèce de pont de Mahomet, je l'appelai.

— Eh bien! me dit-il en se retournant, pourquoi ne me suivez-vous pas?...

— Tiens, parce que je me casserais le cou, moi.

— Vous croyez?

— J'en suis sûr.

— Diable!

— Est-ce qu'il n'y a pas un autre chemin?

— Oui, mais j'ai pris le plus court.

— Vous avez eu tort, j'aurais mieux aimé faire une lieue de plus.

— Maintenant, ce n'est point la peine, nous sommes arrivés; tenez, ajouta-t-il en me montrant du doigt une petite esplanade verte qui s'étendait de l'autre côté du pont qu'il traversait, je vais à cette petite plaine.

— Eh bien! allez-y; je vous attendrai ici pour ce soir. demain je serai peut être plus brave.

— Oh! demain nous prendrons un autre chemin.

— Meilleur que celui-ci?

— Une grande route.

— Alors, allez, allez, je me repose.

Je me couchai, les yeux fixés sur Lehmann, qui continua son chemin, traversa sans accident le passage périlleux dans lequel il était engagé, puis, arrivé sur l'esplanade, tira le sel de sa poche et se mit à le semer, comme un laboureur fait du blé; je le regardai tant que je pus le voir, sans rien comprendre à cette manœuvre, et me promettant de lui en demander l'explication à son retour; mais bientôt il suivit une pente qui le cacha à mes yeux; j'attendis dix minutes encore, regardant du côté où je l'avais perdu de vue. Mais tout à coup il reparut à une grande distance de là, tenant à la main une branche d'arbre, et suivant, pour revenir au pont, la cime du précipice. Arrivé au milieu de l'arête, il attacha à la branche un mouchoir de cotonnade rouge, planta la branche dans la gerçure d'une pierre et revint à moi.

— Là, me dit-il; maintenant, c'est besogne faite!

— Et que va-t-il résulter de cela?

— Il va résulter que demain la rosée fera fondre le sel semé ce soir, et que, comme les chamois sont très-friands d'herbe salée, ils se réuniront à cinq ou six, dix peut-être, à l'endroit où leur gourmandise les attirera. Cet endroit est à portée de balle d'un rocher jusques auquel je puis arriver sans être vu. A mon coup de fusil, ils fuiront de ce côté; mais mon mouchoir leur barrera la route, et ils seront forcés d'aller passer tous, les uns après les autres, près de l'endroit où je vous embusquerai; de sorte que nous serons bien maladroits si nous ne rapportons pas chacun notre bête.

Cette assurance me donna un nouveau courage pour le lendemain. Nous redescendîmes vers le chalet, où nous arrivâmes à la nuit noire. Comme Lehmann me menaçait de me réveiller deux heures avant le jour, je me retirai dans ma chambre; et, après avoir fait ma prière dramatique à Talma et à mademoiselle Mars, je m'endormis du sommeil du juste, et rêvai que je tuais six chamois.

UNE CHASSE AU CHAMOIS.

rosper Lehmann me tint parole: à trois heures, il entra dans ma chambre tout accoutré pour la chasse; je sautai à bas de mon lit, et, en un tour de main, je fus prêt à mon tour; j'hésitai quelque temps entre ma carabine, qui portait plus juste et plus loin, et mon fusil, qui m'offrait la chance d'un second coup; enfin je me décidai pour mon fusil. Je retrouvai tout servi le reste du souper de la veille; mais il était de trop loin pour que j'eusse envie de lui faire honneur. Je me contentai de remplir ma gourde de kirsch et de mettre un morceau de pain dans mon carnier. Lehmann me vit faire et se mit à rire:

— Ne vous chargez pas trop, me dit-il, nous déjeunerons dans la montagne. En effet, il mit dans sa carnassière un paquet tout préparé, et qui me parut contenir un assortiment de provisions assez confortable.

Nous nous mîmes en marche aussitôt, mais en prenant, comme me l'avait dit Lehmann, un autre chemin que celui de la veille : au lieu de suivre la route comme nous l'avions fait jusqu'à Mitlodi, nous la traversâmes; et, piquant droit devant nous à travers plaine, nous arrivâmes au bout d'une demi-heure à un petit village que mon compagnon me dit se nommer Seerati. Lorsque nous en sortîmes, nous nous trouvâmes sur le bord d'un charmant petit lac tranquille, silencieux et argenté. Un ruisseau qui descendait du Glarnich, et qui venait se jeter en bondissant sur les cailloux dans ce charmant miroir des fées, troublait seul de son bouillonnement ce calme délicieux de la nuit. Nous le remontâmes jusqu'à sa source; puis, arrivés là, Lehmann s'engagea dans la montagne en me faisant signe de le suivre; car, quoique nous fussions encore éloignés de l'endroit où nous comptions trouver le gibier, depuis longtemps nous ne parlions plus, de peur qu'un de ces échos étranges comme il y en a dans les montagnes, et qui portent la voix à des distances où l'on croirait que la détonation d'un fusil ne pourrait atteindre, n'allât indiscrètement réveiller avant le temps ceux qui venions saluer à leur petit lever. Au reste, Lehmann, en chasseur prudent et exercé, avait pris le vent, de sorte que, avec quelques précautions de notre part, ils ne pouvaient ni nous sentir ni nous entendre.

Nous marchâmes ainsi une demi-heure à peu près dans des chemins assez difficiles, mais cependant encore praticables; de temps en temps, nous passions près de grandes nappes de neige que nous évitions de peur du bruit qu'elle eût fait en s'écrasant sous nos pieds. L'air se refroidissait sensiblement, nous approchions de la région des glaces. Enfin, au pied d'un rocher, nous aperçûmes une cabane à moitié enterrée; Lehmann en poussa la porte, y entra le premier, je le suivis.

— Nous voilà arrivés, me dit-il, et ici nous pouvons parler, car il n'y a plus d'écho qui nous trahisse; dans un quart d'heure, le jour commencera à paraître, et alors nous irons prendre notre poste.

— Mais, lui répondis-je, ne vaudrait-il pas mieux aller nous placer pendant la nuit? nous aurions une chance de plus, celle de ne pas être vus.

— Oui, mais il pourrait arriver qu'un chamois, que nous aurions ainsi précédé à son rendez-vous, rencontrât notre trace, et alors non-seulement rebroussât chemin, mais encore donnât l'alarme à ses camarades; ce qui nous ferait faire une course inutile, tandis qu'en arrivant derrière eux nous ne courons pas risque d'être éventés. Reste la crainte d'être vus; mais vous n'avez qu'à me suivre et à imiter tous mes mouvements, et je vous réponds que, si malins qu'ils soient, nous leur en revendrons

encore. En attendant, si vous le voulez bien, nous allons fermer la porte et nous occuper de certains détails dont vous apprécierez encore mieux l'opportunité dans ces deux heures qu'à présent.

A ces mots, Lehmann battit le briquet, alluma une chandelle, ouvrit une espèce d'armoire dans laquelle il y avait une casserole, une poêle et quelques assiettes, tira le paquet de sa carnassière, et déposa près de ces ustensiles du vin, du pain, du fromage et du beurre.

— Ah! ah! fis-je, manifestant mon approbation pour ces préparatifs.

— Comprenez-vous? me dit-il; nous ferons ici, sur cette esplanade, en face d'une des plus belles vues des Alpes, quelque chose de plus délicieux qu'un repas de roi, c'est-à-dire un déjeuner de chasseurs; j'ai pensé que vous aimeriez mieux cela que de revenir à Glaris.

— Et vous avez bien pensé, dis-je; mais que fricasserons-nous avec notre beurre, et que mangerons-nous avec notre pain?

— Ah! voilà! notre déjeuner est dans le canon de notre fusil.

— Diable! fis-je, et le mien qui est vide.

— Chargez, alors; pour moi, c'est chose faite.

Je glissai d'un côté une cartouche contenant dix chevrotines, et de l'autre deux balles mariées.

— Voilà, dis-je, je suis prêt.

Lehmann regarda ce fusil qui se chargeait si vivement et si commodément, me le prit de la main, le tourna et le retourna en secouant la tête.

— Voulez-vous en servir et me donner votre carabine? lui dis-je.

Il hésita un instant.

— Non, répondit-il en me le rendant, ma carabine est une vieille arme, mais une arme que je connais; il y a dix ans que nous ne nous sommes quittés que pour dormir chacun de notre côté; je suis sûr d'elle comme elle est sûre de moi, et toutes ces nouvelles inventions du monde ne nous brouilleront pas ensemble; gardez votre fusil, je garderai le mien, et dépêchons-nous de gagner notre poste, car les chamois doivent être maintenant au leur.

Nous sortîmes aussitôt; une légère teinte matinale commençait à blanchir le ciel; à nos pieds s'étendait le petit lac, qui dormait toujours dans l'ombre, ayant à l'une de ses extrémités le village de Seerati, et à l'autre celui de Richisau; derrière nous s'élevait la crête de la montagne, le long de laquelle pendaient, comme une chevelure blanche, les extrémités inférieures d'un glacier. Au bout de vingt pas, nous trouvâmes le chemin coupé par un large ravin d'un quart de lieue de longueur à peu près; un tronc d'arbre était jeté d'un bord à l'autre; je regardai tout autour de moi; et, voyant qu'il n'y avait pas d'autre passage, je posai la main sur le bras de Lehmann; il me comprit parfaitement.

— Soyez tranquille, me dit-il à voix basse, ceci

Il s'avança sur ce chemin étroit et tremblant.

est mon chemin à moi ; quant au vôtre, il est plus facile ; suivez le bord de ce ravin ; à son extrémité vous trouverez un grand rocher qui domine une petite esplanade d'une vingtaine de pas ; cette petite esplanade est, comme une île, entourée de tous côtés de précipices ; aussitôt que j'aurai tiré, les chamois se dirigeront de ce côté ; et, autant il y en aura, autant sauteront du rocher sur l'esplanade, et de l'esplanade de l'autre côté, sur une pelouse qu'elle domine elle-même, comme elle est dominée par le rocher. Maintenant, gagnez votre affût, ne faites pas de bruit, et attendez.

— Puis-je rester encore un instant ici pour voir comment vous passerez sur l'autre bord sans balancier ?

— Parfaitement, ce n'est pas plus difficile que cela, voyez.

Lehmann ôta ses souliers, mit sa carabine en bandoulière ; et, saisissant de ses pieds nus toutes les aspérités du sapin, il s'avança sur ce chemin étroit et tremblant avec autant d'assurance que j'aurais pu en avoir moi-même sur le pont des Arts.

La chose était, au reste, si effrayante que, rien qu'à regarder cet homme, je sentais le vertige me monter à la tête ; mes cheveux pleins de sueur se dressèrent sur mon front, tous les nerfs de mon corps se tordirent comme s'ils voulaient se nouer, et, ne pouvant rester debout devant un pareil spectacle, je fus forcé de m'asseoir.

En quelques secondes, Lehmann arriva à l'autre bord sans accident ; et, se retournant, il m'aperçut assis ; à son air étonné, je vis qu'il ne comprenait rien à mon attitude. Aussitôt je me relevai, et me mis en route pour ma destination. Au bout de dix minutes j'arrivai au rocher, je reconnus l'esplanade qui dominait le ravin en entonnoir qui s'étendait à ses pieds ; seulement j'avoue que je ne comprenais rien au double bond que devaient faire les chamois, le premier étant de vingt pieds de haut à peu près, et le second de quinze ou dix-huit de large.

Lorsque j'eus fait l'inspection de mon domaine, je m'établis à mon poste ; et, portant les yeux vers le point où j'avais quitté Lehmann, je l'aperçus qui, après avoir fait un long détour pour se retrouver à bon vent, gravissait le flanc de la montagne plutôt comme un serpent qui rampe ou un jaguar qui se traîne que comme un homme qui a reçu de Dieu des jambes pour marcher et l'*os sublime* pour regarder le ciel.

De temps en temps il s'arrêtait tout à coup, restait immobile comme un tronc d'arbre ; alors, à force de fixer les yeux sur le même objet, tous les objets se confondaient ; je ne reconnaissais plus le chasseur des rochers qui l'entouraient jusqu'à ce qu'un nouveau mouvement me fît distinguer la nature animée de la nature morte ; puis il se mettait en route avec les mêmes ruses et les mêmes précautions, profitant de tous les accidents de terrain qui pourraient favoriser sa marche, en le dérobant aux yeux du gibier défiant qu'il tentait de joindre ; parfois je le voyais disparaître derrière un buisson, je le croyais arrêté à l'endroit où ma vue l'avait perdu. Je restais les yeux fixés à la place où je pensais qu'il devait être ; mais tout à coup, à trente ou quarante pas de là, je le revoyais marchant sur ses pieds, accroupi sur ses genoux ou rampant sur son ventre, suivant que le terrain lui permettait d'adopter l'un de ces modes de locomotion ; enfin, je le vis s'arrêter derrière un rocher, lever la tête, approcher son fusil de son épaule, viser un instant, puis, remettant son fusil au repos, traverser un nouvel espace de dix pieds, gagner une autre pierre, appuyer de nouveau sur elle le canon de sa carabine, épauler une seconde fois, puis rester immobile comme le roc qui lui servait d'appui. Il faut être chasseur pour comprendre ce que j'éprouvais ; j'étais haletant, mon cœur bondissait avec une telle force que je l'entendais battre. Enfin un éclair sillonna la montagne, une seconde après, le bruit arriva jusqu'à moi, passa au dessus de ma tête, et alla comme un tonnerre gronder dans les échos du Glarnich ; quant à

Lehmann, il était resté couché au même endroit, sans bouger après le coup. Je ne comprenais rien à son inaction, quand tout à coup je le vis reposer l'extrémité de sa carabine sur le rocher, épauler une seconde fois, viser avec la même attention, et un nouvel éclair fut suivi d'une nouvelle détonation ; cette fois, il se leva aussitôt, poussant un cri et faisant un geste pour m'avertir. En effet, au même moment, une ombre passa au-dessus de moi, un chamois tomba sur l'esplanade ; et, d'un bond si rapide que j'eus à peine le temps de le voir, il s'élança de l'autre côté du ravin. J'étais encore tout étourdi de cette rapidité lorsqu'une deuxième ombre répéta la même manœuvre. Machinalement je portai mon fusil à mon épaule ; au même instant, une troisième ombre passa ; au moment où elle toucha l'esplanade, je lui jetai mon coup de chevrotine ; il sembla l'emporter dans sa flamme et dans sa fumée ; je courus aussitôt au bord du ravin, et j'aperçus mon chamois qui, blessé sans doute, n'avait pu le franchir, et s'était retenu par la corne de ses pieds aux petites aspérités du mur en talus que formait le rocher. Je profitai de cet instant, tout rapide qu'il était, et lui envoyai mon second coup ; aussitôt il lâcha l'angle auquel il se retenait, et roula au fond du ravin. Je jetai mon fusil, je descendis de rocher en rocher, d'arbre en arbre, je ne sais comme ; pour le moment, il n'était plus question de vertiges ; je voyais l'animal se débattant dans les convulsions de l'agonie, j'avais peur qu'il ne remontât, qu'il ne trouvât quelque issue souterraine, qu'il ne m'échappât enfin par un moyen quelconque ; si bien que, ne m'inquiétant que du moyen de descendre jusqu'à lui, sans penser au moyen de remonter ensuite, je me laissai glisser de la hauteur de trente pieds sur le talus de la pierre, et me trouvai immédiatement sans autre accident que la disparition entière du fond de ma culotte, auprès de ma victime, sur laquelle je me jetai furieusement, croyant toujours qu'elle parviendrait à m'échapper, tant que je n'aurais pas mis la main dessus : il n'y avait pas de danger, le pauvre animal était déjà mort.

Je lui liai aussitôt les quatre pattes ensemble, je me le passai autour du cou ; et, tout fier de ma capture, je m'apprêtai à aller rejoindre mon compagnon. Malheureusement c'était là le difficile ; j'étais au fond d'un véritable entonnoir, et d'aucun côté le talus n'était assez doux pour que je pusse remonter seul et sans aide. Un instant je tournai tout autour de ma fosse, à peu près comme le font les ours du jardin des Plantes ; puis, voyant que je n'avais aucune chance de terminer l'ascension à mon honneur, je me décidai à surmonter ma mauvaise honte, et à appeler Lehmann à mon secours. Au moment où j'ouvrais la bouche, je l'entendis qui m'appelait lui-même ; je lui répondis aussitôt. Un instant après, il parut sur le bord de l'esplanade, ayant deux chamois en sautoir.

— Que diable faites-vous là? me dit-il, et pourquoi êtes-vous descendu là-dedans?

— Pardieu! vous le voyez bien, répondis-je en montrant mon chamois, je suis descendu y chercher mon déjeuner; seulement, je ne puis plus remonter, voilà tout.

— Ah! ah! dit-il, il paraît que nous avons fait chacun notre affaire; bravo! Maintenant, il s'agit de vous tirer de là.

— Mais oui, répondis-je, je crois, en effet, que c'est pour le moment la chose la plus urgente.

— C'est bien, attendez-moi.

— Oh! vous pouvez être tranquille, je ne me sauverai pas.

Lehmann prit le même chemin que j'avais suivi, descendant à travers les rochers avec une agilité merveilleuse, si bien qu'au bout de quelques secondes il se trouva au bord du talus le long duquel je m'étais laissé glisser.

— Maintenant, me dit-il en me jetant le bout d'une corde, voulez-vous vous débarrasser de votre chamois, qui vous alourdit toujours d'une soixantaine de livres?

— Avec grand plaisir.

— Alors, attachez-lui les pattes à l'extrémité de cette corde, et il va vous montrer le chemin.

En effet, cette opération finie, j'eus le plaisir de voir ma chasse, tirée par Lehmann, gagner les régions supérieures, non sans laisser toutefois des fragments de son poil et même de sa chair à toutes les aspérités du roc; cela me fit faire de sérieuses réflexions.

— Lehmann! dis-je.

— Hein? fit le chasseur en mettant la main sur mon chamois.

— Est-ce que vous comptez vous servir pour moi du même procédé que vous venez d'employer à l'égard de cet animal?

— Oh! non, me répondit Lehmann; pour vous, ça va être une autre mécanique.

— Bien longue à organiser?

— Cinq minutes.

— Allons, c'est bien; faites, mon ami, faites. Lehmann s'éloigna, et je me mis à me promener en sifflant au fond de mon entonnoir; au bout du temps indiqué, je levai le nez et ne vis personne, alors je m'assis sur un rocher qui avait sans doute roulé comme moi dans cette espèce de trappe, riant de la position ridicule où je me trouvais; au bout de dix minutes, je trouvai que j'avais assez ri comme cela; et, me relevant, j'appelai Lehmann; personne ne me répondit; j'appelai une seconde fois, même silence.

Alors, je l'avoue, une certaine inquiétude me prit: je ne connaissais pas cet homme, dont j'avais avec tant de confiance fait mon compagnon de chasse. J'étais perdu dans une montagne où lui seul venait dans ses excursions matinales, enterré à vingt-cinq pieds de profondeur dans une espèce de ravin dont il m'était impossible de regagner seul la crête; nul ne savait où j'étais: cet homme pouvait avoir été tenté par mes armes et par une cinquantaine de louis que je lui avais donnés à serrer. Cet homme pouvait redescendre tranquillement chez lui, et aller désormais chasser d'un autre côté: il ne me tuait pas, il me laissait mourir. Ces craintes étaient stupides, je le sais bien, mais les idées nous viennent en harmonie avec la situation où nous nous trouvons, et la mienne ne cessait d'être ridicule que pour devenir terrible.

Cependant je résolus de ne point rester ainsi dans mon trou sans faire au moins quelques efforts pour en sortir: je cherchai un endroit où quelques aspérités plus saillantes me permissent d'appuyer mes pieds et mes mains, et je commençai à tenter l'escalade; mais je ne tardai pas à me convaincre qu'elle était impossible; deux fois je parvins à une hauteur de trois ou quatre pieds; mais, arrivé là, je redescendis au fond de mon ravin, au grand détriment de mes mains et de mes genoux. Je n'en commençais pas moins une troisième tentative, lorsque j'entendis une voix qui me dit:

— Si vous voulez remonter comme cela, défaites vos souliers, au moins.

Je me retournai, c'était Lehmann. Je pensai au ridicule qu'il y aurait à moi de lui laisser soupçonner les craintes que j'avais eues, et je lui répondis, d'un air détaché, que, comme il avait tardé, j'essayais en attendant, afin de voir comment je m'en serais tiré si je n'avais pas pu compter sur son secours.

— Ce n'est pas ma faute, reprit Lehmann; il m'a fallu faire un quart de lieue pour trouver un sapin comme j'en cherchais un pour vous hisser; mais enfin voici mon affaire: je m'en vais vous descendre la mécanique; vous vous mettrez à cheval sur une des branches, et je vous tirerai à moi avec la corde: voilà tout.

En effet, comme on voit, le moyen était on ne peut plus simple: deux bâtons liés en travers faisaient une base qui empêchait ce sapin de tourner; j'enfourchai ma monture, j'empoignai la branche de mes deux mains, comme fait un mauvais cavalier qui s'accroche au pommeau de la selle; et, au mot: — Allez, je commençai à monter à reculons par un mouvement tout à fait doux et régulier; au bout de quelques secondes, le mouvement s'arrêta; j'étais assis sur la pelouse; je me retournai, et je vis à quinze pas de moi Lehmann, tenant encore l'autre extrémité de la corde à l'aide de laquelle il m'avait ramené dans les hauts lieux.

— Eh bien! me dit-il, voilà encore une nouvelle manière de voyager que vous ne connaissiez probablement pas?

— Ma foi! non, répondis-je, et je vous avoue que je ne me sens pas grande vocation pour elle, attendu

descendis de rocher en rocher, d'arbre en arbre. — Page 46.

que je ne trouverais peut-être pas toujours un guide aussi brave et aussi fidèle que vous.

Lehmann me regarda un instant, mais évidemment sans comprendre ce que je voulais lui dire; puis, ne voulant sans doute pas se donner la peine de chercher plus longtemps l'intention de cette phrase, qui lui paraissait obscure :

— Maintenant, me dit-il, ne vous êtes-vous pas plaint d'avoir des vertiges?

— Je crois bien; c'est-à-dire que cela me rend l'homme le plus malheureux qu'il y ait au monde.

— Voulez-vous que je vous en guérisse?

— Vous?

— Oui, moi.

— Certainement que je le veux bien.

— Alors, donnez-moi votre tasse de cuir.

— La voilà.

Lehmann se pencha vers l'un des chamois, qui n'était pas encore tout à fait mort; et, lui ouvrant l'artère du cou, il le fit saigner dans ma tasse jusqu'à ce qu'elle fût aux trois quarts pleine.

— Buvez cela, me dit-il.

— Du sang! m'écriai-je avec répugnance.

— Mais oui, du sang de chamois. Voyez-vous,

Je commençai à remonter à reculons par un mouvement tout à fait doux et régulier. — Page 47.

c'est le plus sûr remède que vous puissiez trouver.

— Non, merci, dis-je, je ne m'en soucie pas, j'aime mieux garder mes vertiges; d'ailleurs, pour le moment, j'ai plus faim que soif; et, si le cœur vous en dit, vous pouvez garder pour vous la boisson.

— Merci, me répondit naïvement Lehmann, je n'en ai pas besoin.

Et il vida le sang et me rendit la tasse; puis, chargeant sur son dos ses deux chamois :

— Puisque vous avez faim, me dit-il, prenez votre animal, et allons déjeuner. A propos, qu'est-ce que vous avez donc fait de votre fusil?

— Ah! c'est vrai, répondis-je; eh bien! il est là-haut, sur l'esplanade.

— Ne vous donnez pas la peine, me dit Lehmann; et, s'élançant de rocher en rocher, il atteignit la plate-forme, et reparut un instant après avec l'arme, qu'il avait retrouvée au milieu du chemin.

Nous nous acheminâmes vers la cabane. Comme me l'avait promis Lehmann, je revenais avec un appétit fort distingué, de sorte que, voulant me rendre utile pour activer la besogne, je lui demandai s'il ne pouvait pas m'employer à quelque chose; il me montra alors un fourneau composé de pierres assemblées en rond, et m'invita à faire le feu. Je fus d'abord un peu humilié de ne pas prendre d'autre part à la confection du repas qui s'apprêtait, mais je pensai que le mieux était d'obéir sans réplique : il n'y a rien qui avilisse l'homme comme un estomac vide.

Pendant que je m'occupais de ces soins infimes, Lehmann ouvrait un des chamois et en tirait ce qu'on appelle la fressure, c'est-à-dire le morceau le plus délicat, et qui, dans nos classes au chevreuil des environs de Paris, appartient de droit aux gardes qui nous accompagnent. Cinq minutes après, elle bouillait, avec assaisonnement de beurre, de vin, de poivre et de sel, au-dessus du feu que j'avais fait, et dont l'utilité commençait à me relever moi-même dans mon esprit. Pendant ce temps, Lehmann sortit de la cabane le reste des provisions, et les apporta sur une pelouse d'où l'on dominait la vallée.

— Maintenant, lui dis-je, explique-moi un peu comment vous avez fait, avec un fusil à un coup, pour tuer deux chamois, tandis que moi, avec un fusil à deux coups, je n'en ai tué qu'un ?

— Oh ! la chose est bien simple, me répondit Lehmann. Lorsque le matin les chamois pâturent, ils placent toujours une sentinelle à cinquante ou soixante pas d'eux, afin de leur donner l'alarme en cas de danger. Or, vous savez que ce qui effraye le moins le chamois, c'est le bruit d'une arme à feu, qu'ils confondent avec celui du tonnerre et des avalanches. J'ai tiré d'abord sur la sentinelle, qui est tombée sans donner l'alarme, et ensuite, rechargeant mon arme, j'ai fait feu sur le corps d'armée, qui avait

bien levé la tête à mon premier coup, mais ne s'en était pas autrement inquiété ; ce ne fut qu'au second, et en voyant tomber un de leurs camarades à côté d'eux, que les chamois ont pris la fuite, et que, voyant qu'ils se dirigeaient de votre côté, je vous ai fait signe de vous apprêter à les bien recevoir, ce que vous avez fait ; au reste, il n'y a pas à se plaindre pour un début.

— Dites donc, si, au lieu de me faire des compliments, vous alliez voir si la chose est cuite, hein ? j'y serais bien autrement sensible, parole d'honneur !

— Mais vous avez donc bien faim ? me dit Lehmann.

— Je meurs d'inanition.

— Mangez, en attendant, un morceau de pain et de fromage.

— Merci, je suis trop gourmand pour cela.

Lehmann, voyant qu'il y avait urgence, se leva et revint avec la casserole.

Alors commença un de ces déjeuners mémorables dont on se souvient toutes les fois qu'on a faim, et qui fut pour moi pendant de celui du chasseur d'abeilles et de Bas-de-Cuir, lorsque, dans un coin de la prairie, ils mangèrent la fameuse bosse de bison que vous savez.

Deux heures après, nous rentrions à Glaris, portant nos trois chamois sur nos épaules. Lehmann m'avait fait prendre ce chemin sous prétexte de retenir un guide pour le lendemain, mais, en réalité, pour satisfaire ma vanité de chasseur. Je ne sais vraiment pas si je ne lui sais pas plus gré de cette attention que de m'avoir tiré de mon trou.

REICHENAU.

e passai le reste de la journée occupé à dépouiller nos chamois des fourrures, desquelles je comptais bien faire des tapis de pied pour ma chambre à coucher : Lehmann me promit de me les faire passer par la première occasion à Genève ; je lui indiquai l'hôtel de la Balance, où je comptais les reprendre en revenant de Schaffhausen et de Neuchâtel.

Le lendemain, au point du jour, je me remis en route, accompagné du guide que nous avions retenu la veille à Glaris ; Lehmann me conduisit jusqu'à Schwanden ; là, nous entrâmes chez un de ses amis qu'il avait prévenu la veille sans m'en rien dire, et

où nous trouvâmes un déjeuner tout préparé. Cette surprise eut pour résultat de m'arrêter trois heures en route ; de sorte que, quelque diligence que nous fissions pendant le reste de la journée, nous fûmes obligés de coucher à Ruti, au lieu d'aller jusqu'à Au, comme nous comptions le faire.

A partir du village de Linthal, la route, qui cesse d'être carrossable, devient sentier, serpente à travers de charmantes prairies, laisse à droite la cascade de Fitschbach, s'escarpe par une pente très-roide aux flancs du Sehren et, après une montée d'une demi-heure, conduit au Pantenbrucke : aucun souvenir historique ne se rattache à ce pont, dont la situation pittoresque est le seul mérite ; jeté qu'il est d'une montagne à l'autre, et s'étendant au-dessus d'une gerçure profonde, il domine, étroit et sans parapet, à la hauteur de deux cents pieds, le torrent de la Linth, qui bouillonne et blanchit au fond de son lit sombre et encaissé : le paysage solitaire et déchiré au milieu duquel il se trouve ajoute encore à l'effet de terreur que produit l'abîme, et qu'on éprouve malgré soi au milieu de cette solitude et de ce chaos.

Nous traversâmes le Pantenbrucke, nous enfonçâmes dans le Selbsanft, et, tout en côtoyant la petite rivière de Limmern, que nous franchîmes près de sa source, moi en sautant par-dessus, et Francesco et mon guide en relevant leurs pantalons, nous nous engageâmes dans les neiges qui étaient tombées trois jours auparavant : heureusement notre guide avait fait cent fois ce chemin pour passer du Linthal dans les Grisons, de sorte que, quoique tout chemin tracé eût disparu, il nous dirigea avec un instinct de montagnard incroyable au milieu des glaces, des roches et des précipices, jusqu'au sommet de la montagne, d'où nous découvrîmes alors toute la vallée du Rhin : trois heures après nous étions à Ilanz, première ville que l'on rencontre sur le Rhin : nous descendîmes à l'hôtel du Lion.

Le lendemain, nous partîmes pour Reichenau, où nous arrivâmes à midi.

Ce petit village du canton des Grisons n'a de remarquable que l'anecdote étrange à laquelle son nom se rattache. Vers la fin du dernier siècle, le bourgmestre Tscharner, de Coire, avait établi une école à Reichenau ; on était en quête, dans le canton d'un professeur de français, lorsqu'un jeune homme se présenta à M. Boul, directeur de l'établissement, porteur d'une lettre de recommandation signée par le bailli Aloys Toost de Zitzers ; il était Français, parlait, comme sa langue maternelle, l'anglais et l'allemand, et pouvait, outre ces trois langues, professer les mathématiques, la physique et la géographie. La trouvaille était trop rare et trop merveilleuse pour que le directeur du collège la laissât échapper ; d'ailleurs le jeune homme était modeste dans ses prétentions ; M. Boul fit prix avec lui à quatorze cents francs par an, et le jeune professeur, immédiatement installé, entra en fonctions.

Ce jeune professeur était Louis-Philippe d'Orléans.

Ce fut, je l'avoue, avec une émotion mêlée de fierté que, sur les lieux mêmes, dans cette chambre située au milieu du corridor, avec sa porte d'entrée à deux battants, ses portes latérales à fleurs peintes, ses cheminées placées aux angles, ses tableaux Louis XV entourés d'arabesques d'or, et son plafond ornementé, que dans cette chambre, dis-je, où avait professé le duc de Chartres, je me fis donner des renseignements sur cette singulière vicissitude d'une fortune royale, qui, ne voulant pas mendier le pain de l'exil, l'avait dignement acheté de son travail ; un seul professeur, collègue du duc d'Orléans, et un seul écolier, son élève, existaient encore en 1832, époque à laquelle je visitai leur collège ; le professeur est le romancier Zschokke, et l'écolier le bourgmestre Tscharner, fils de celui-là même qui avait fondé l'école. Quant au digne bailli Aloys Toost, il est mort en 1827, et a été enterré à Zitzers, sa ville natale.

Aujourd'hui il ne reste plus rien à Reichenau du collège où professa un futur roi de France, si ce n'est la chambre d'études que nous avons décrite, et la chapelle attenante au corridor, avec sa tribune et son autel surmonté d'un crucifix peint à fresques. Quant au reste des bâtiments, ils sont devenus une espèce de villa, appartenant au colonel Pastaluzzi ; et ce souvenir, si honorable pour tout Français qu'il mérite d'être rangé parmi nos souvenirs nationaux, menacerait de disparaître avec la génération de vieillards qui s'éteint, si nous ne connaissions un homme au cœur artiste, noble et grand, qui ne laissera rien oublier, nous l'espérons, de ce qui est honorable pour lui et pour la France.

Cet homme, c'est vous, monseigneur Ferdinand d'Orléans, vous qui, après avoir été notre camarade de collège, serez aussi notre roi ; vous qui, du trône où vous monterez un jour, toucherez d'une main à la vieille monarchie, et de l'autre à la jeune république ; vous, qui hériterez des galeries où sont renfermées les batailles de Taillebourg et de Fleurus, de Bovines et d'Azincourt et de Marengo ; vous, qui n'ignorez pas que les fleurs de lis de Louis XIV sont les fers de lance de Clovis ; vous, qui savez si bien que toutes les gloires d'un jour sont des gloires, quel que soit le temps qui les a vues naître et le soleil qui les a fait fleurir ; vous, enfin, qui, de votre bandeau royal, pourrez lier deux mille ans de souvenirs, et en faire le faisceau consulaire des licteurs qui marcheront devant vous.

Alors il sera beau à vous, monseigneur, de vous rappeler ce petit port isolé, où, passager battu par la mer de l'exil, matelot poussé par le vent de la proscription, votre père a trouvé un si noble abri contre la tempête : il sera grand à vous, monseigneur, d'ordonner que le toit hospitalier se relève pour l'hospitalité, et, sur la place même où croule l'ancien édifice, d'en élever un nouveau destiné à recevoir tout fils de proscrit qui viendrait, le bâton de l'exil à la main, frapper à ses portes, comme votre père y est venu, et cela quelles que soient son opinion et sa patrie, qu'il soit menacé par la colère des peuples, ou poursuivi par la haine des rois.

Car, monseigneur, l'avenir serein et azuré pour la France, qui a accompli son œuvre révolutionnaire, est gros de tempêtes pour le monde ; nous avons tant semé de libertés dans nos courses à travers l'Europe, que la voilà qui, de tous côtés, sort de terre, comme les épis au mois de mai, si bien qu'il ne faut qu'un rayon de notre soleil pour mûrir les plus lointaines moissons ; jetez les yeux sur le passé, monseigneur, et ramenez-les sur le présent :

avez-vous jamais senti plus de tremblements de trônes et rencontré par les grands chemins autant de voyageurs découronnés? Vous voyez bien, monseigneur,

qu'il vous faudra fonder un jour un asile, ne fût-ce que pour les fils de roi dont les pères ne pourront pas, comme le vôtre, être professeurs à Reichenau.

PAULINE.

e même soir j'allai coucher à Coire, et, le lendemain, grâce à une voiture que j'eus grand'peine à me procurer dans la capitale des Grisons, j'arrivai vers les onze heures du matin à Ragatz. Ce n'était pas ce petit bourg qui m'appelait, car il n'a rien de remarquable, si ce n'est l'aspect de la Tamina, qui, à quelques pas de l'auberge du Sauvage, sort furieuse de la gorge profonde où elle roule encaissée pendant trois ou quatre lieues, et va se jeter dans le Rhin ; mais les bains de Pfeffers, dont la situation pittoresque attire autant de curieux au moins que l'efficacité de leurs eaux amène de malades : aussi partîmes-nous immédiatement pour Valenz, où nous arrivâmes, après une heure de montée, par une pente roide, étroite et bordée de précipices, et une autre heure de marche faite au milieu de charmantes prairies : une lieue au delà, la terre semble tout à coup manquer, et, à neuf cents pieds au-dessous de soi, au fond d'une étroite crevasse, on aperçoit le toit couvert d'ardoises de l'établissement, qui a l'aspect d'un monastère ; un petit sentier taillé dans la montagne, et coquettement sablé, offre un chemin facile à la descente, et qui peut durer dix minutes.

Les propriétaires de ces bains, qui rapportent par an de douze à quinze mille francs de rente, sont des moines d'un couvent voisin : comme la saison commençait à s'avancer, ils n'avaient plus que cinq ou six malades allemands et deux voyageurs français. Voyant que l'établissement tenait à la fois de l'auberge et de l'hospice, je prévins que je dînerais et coucherais; on me fit répondre que, dans une heure, mon couvert serait, à mon choix, mis à la table d'hôte ou dans ma chambre : espérant, d'après ce qu'on m'avait dit, rencontrer deux compatriotes dans la salle commune, je priai qu'on m'y réservât une place, et je me mis immédiatement en quête des curiosités qu'on m'avait promises.

Nous descendîmes d'abord dans une chambre basse destinée à servir de salon aux malades, qui non-seulement se traitent par les bains, mais encore prennent les eaux en boissons. Comme cette

salle n'était pas encore terminée, elle n'offrait rien de bien curieux intérieurement; mais on ouvrit la porte et la chose changea. Cette porte donnait sur une espèce d'abîme au fond duquel roulait la Tamina, entraînant avec elle des rochers qu'elle arrondit en les frottant sur son lit de marbre noir. En face, à quarante pas à peu près, s'ouvrait le souterrain conduisant aux sources thermales, qui sont sur la rive opposée : pour arriver jusqu'à ses sources, on a jeté un pont de planches assez mal assujetties sur des coins enfoncés dans les rochers, qui, longeant d'abord la rive gauche de la rivière, forme, au bout de douze ou quinze pas, un coude, s'étend en travers du précipice, va chercher un appui sur la rive droite, et offre sa surface étroite et glissante à ceux qui veulent s'enfoncer comme Énée dans cette espèce d'antre cuméen : ce pont, au reste, n'a d'autre parapet que les conduits mêmes par lesquels arrive l'eau.

Je regardai à deux fois avant de m'aventurer sur cette route tremblante et suspendue, lorsque le garçon des bains, voyant ma crainte, me dit qu'une dame venait d'y passer il n'y avait pas dix minutes, et cela sans la moindre hésitation : on comprend que, dès lors, je ne pouvais honorablement reculer ; aussi, empoignant la rampe, à peu près comme un homme qui se noie prend la perche, je me cramponnai si bien des pieds et des mains, que j'atteignis sans accident l'autre côté de la Tamina.

Nous continuâmes alors de suivre ce dangereux chemin, et nous nous engageâmes sous cette gorge infernale, entendant gronder sous nos pieds le torrent, que nous n'osions regarder de peur des vertiges. Il était juste une heure de l'après-midi, de sorte que les rayons du soleil tombant perpendiculairement sur Pfeffers, pénétraient à travers les crevasses des deux montagnes, qui, en se rapprochant dans quelque cataclysme, ont formé la voûte de ce corridor étrange, et, l'éclairant sur certains points, rendaient visible la profonde obscurité du reste du chemin. Tout à coup mon guide me fit remarquer deux ombres qui, pareilles à Orphée et à Eurydice, semblaient remonter de l'enfer ; elles venaient à nous du fond de la caverne, et, chaque fois qu'elles passaient sous un de ces soupiraux,

A son bras s'appuyait sa mystérieuse compagne

elles s'illuminaient d'un jour blafard qui n'avait rien de vivant. Nous nous arrêtâmes pour contempler cet épisode du poëme du Dante, car rien ne m'empêchait de croire que c'étaient Paolo et Francesca qui, conjurés au nom de leur amour, accouraient, comme dit le poëte, d'une aile ferme et rapide, et pareils à deux colombes qui s'abattent. A mesure qu'elles venaient à moi, rentrant dans l'ombre ou ressortant dans la lumière, elles prenaient des aspects différents et plus fantastiques les uns que les autres ; enfin elles s'approchèrent, et comme le retentissement de leurs pas s'éteignait dans le bruit de la Tamina, on eût dit qu'elles ne touchaient pas la terre. A quelques pas de nous elles s'arrêtèrent, et, comme nos deux groupes étaient chacun sous un rayon de jour, je reconnus Alfred de N..., ce jeune peintre que j'avais tenté de joindre à Fluelen, et qui m'avait échappé en lançant lui-même sa barque sur le lac : à son bras s'appuyait sa mystérieuse compagne, qui, en nous voyant et en me reconnaissant sans doute, s'arrêta, hésitant à continuer son chemin ; cependant il n'y avait pas moyen de nous éviter l'un l'autre ; nous étions dans un passage plus étroit et plus dangereux encore que celui de Lalus

et d'Œdipe; et tout ce que nous pouvions faire, c'é-
tait de ne pas disputer le frivole avantage des vains
honneurs du pas. En conséquence, nous nous rangeâ-
mes contre le mur, et force fut au couple voyageur
de passer devant nous; alors Pauline, car on se rappelle que c'était le nom que le conducteur de la voiture
de Lausanne m'avait dit être celui de la même dame,
baissa sur son visage le voile vert de son chapeau,
et, changeant de côté pour prendre le bord du précipice, elle passa devant nous si rapidement qu'on
eût dit un fantôme, mais cependant point si rapi-
ment encore que je ne pusse voir son visage gracieux, mais pâle et presque mourant. Je crus le reconnaître, et je tressaillis, car il était évident que
cette femme était frappée dans les sources de la
vie, et que quelque maladie organique la conduisait lentement au tombeau. Quant à Alfred, en passant devant moi, il avait pris ma main et l'avait ser-
rée, sans cependant me donner d'autres preuves
que ce signe certain, mais muet, de reconnaissance
et d'amitié. Je ne comprenais rien à tout ce mystère,
qui, cependant, je le pensais bien, devait s'éclaircir
un jour, et je regardais mon ami s'éloigner avec sa
compagne, qui, exempte de terreur et semblant
déjà appartenir à un autre monde, marchait ou plutôt glissait sans crainte sur ce chemin, si dangereux, même pour les gens du pays, qu'en face de
nous était une croix indiquant qu'un ouvrier qui
passait à l'endroit où nous étions avec une charge
de pierres était tombé et s'était brisé dans sa chute.
Nous restâmes un instant ainsi immobiles, jusqu'à
ce que nous les eussions perdus de vue, puis nous
reprîmes notre chemin.

Il continua de s'enfoncer sous cette voûte, qui,
en certains endroits, a jusqu'à sept cents pieds de
hauteur. Après un quart d'heure de marche à peu
près, car la marche est retardée par les précautions
qu'il faut prendre, notre guide ouvrit une porte,
et nous entrâmes dans le caveau de la source :
quoique l'eau qui s'en échappe n'ait que trente-cinq
ou trente-sept degrés de chaleur, la vapeur renfer-
mée dans cet étroit espace en rend l'atmosphère
insupportable et même dangereuse, puisqu'en la
quittant on en retrouve une autre presque glacée.
Nous refermâmes, en conséquence, la porte en toute
hâte, et nous rentrâmes, plus émerveillés, comme
cela arrive souvent, du chemin qui nous avait conduits que du but auquel nous étions arrivés.

Le dîner n'était point encore tout à fait servi, je
profitai de ce répit pour lâcher le robinet d'une baignoire, et, afin de ne pas perdre une minute, je me
couchai au-dessous de lui. La chose est d'autant
plus commode que l'eau, arrivant à la chaleur naturelle des bains, n'a pas besoin d'être mélangée.

Je passai mon temps à chercher à me rappeler
sur quel boulevard, dans quel spectacle, à quel bal,
j'avais vu cette femme qui craignait tant de se laisser reconnaître; mais son visage était perdu dans un
flot de souvenirs si lointains que ma recherche
fut vaine : j'étais au plus profond de mes remem-
brances, lorsqu'on vint m'annoncer que le dîner
était servi. Comme je comptais la retrouver à table,
et là poursuivre mes investigations, je ne m'en inquiétai pas davantage, et, m'habillant aussi rapidement que possible, je suivis le porteur de la nouvelle.

J'entrai dans une salle à manger immense, où
était dressée une table de trente ou quarante personnes, mais dont, pour le moment, un tiers seulement était occupé : les convives étaient, comme je
l'ai dit, cinq ou six malades allemands, et les deux
pères qui faisaient les honneurs de la maison : après
avoir salué tout le monde avec l'étiquette requise,
je demandai si je n'aurais pas le plaisir de dîner avec
deux compatriotes : on me dit alors qu'effectivement
ils avaient d'abord manifesté l'intention de s'arrêter jusqu'au soir à Pfeffers, mais qu'ils avaient tout
à coup changé d'avis, et venaient de partir à l'instant même, sans prendre autre chose qu'un bouillon, qu'ils s'étaient fait porter dans leur chambre.
Décidément la misanthropie de nos voyageurs était
pour moi seul.

Je m'en consolai en causant tout le temps du
dîner avec un jeune officier suisse, qui était le seul
de toute l'honorable société qui parlât le français :
je m'étonnai d'abord de la pureté de son langage;
mais il m'apprit bientôt que, quoique au service de
la Confédération, il était mon compatriote, et avait
fait son éducation militaire sous l'Empereur. Je l'a-
vais pris pendant une heure, à sa figure réjouie et à
son excellent appétit, pour un touriste comme
moi; aussi fus-je fort étonné, au moment où nous
nous levâmes de table, de voir deux domestiques
s'approcher de lui, le prendre par-dessous les bras
et le conduire à la cheminée. Il était complètement
paralysé de la jambe gauche.

Lorsqu'il fut assis, il se tourna de mon côté, et,
voyant que je l'avais suivi des yeux avec étonnement,
il se mit à sourire avec mélancolie.

— Vous voyez, me dit-il, un pauvre impotent qui
vient chercher à Pfeffers une santé qu'il n'y retrou-
vera probablement pas. — Et qu'avez-vous donc?
lui dis-je; si jeune et si vigoureux du reste : un coup
de pistolet?... un duel?... — Oui, un duel avec
Dieu, un coup de pistolet tiré des nuages. — Eh!
m'écriai-je, seriez-vous le capitaine Buchwalder?
— Hélas! oui. — C'est vous qui avez été frappé de
la foudre sur le Sentis? — Justement. — Mais j'ai
entendu parler de cette terrible histoire. — Alors
vous en voyez le héros. — Seriez-vous assez bon
pour me donner quelques détails? — A vos ordres.

Je m'assis près du capitaine Buchwalder, il alluma
sa pipe, moi mon cigare, et il commença en ces
termes:

UN COUP DE TONNERRE.

i nous étions au sommet du moindre monticule, au lieu d'être enterrés dans cette fosse, me dit le capitaine, je vous montrerais le Sentis : vous le reconnaîtrez facilement, au reste, car c'est le plus haut des trois pics qui s'élèvent au nord-ouest, à quelques lieues derrière le lac de Wallenstadt ; sa plus grande hauteur est de sept mille sept cent vingt pieds au-dessus du niveau de la mer, il sépare le canton de Saint-Gall de celui d'Appenzell, et au nord et à l'est demeure éternellement couvert de neiges et de glaciers.

Chargé par la République de faire des observations météorologiques sur les différentes montagnes de la Suisse, le 29 juin dernier, à trois heures du matin, je partis de Alt-Saint-Johann avec dix hommes et mon domestique pour aller planter mon signal sur le pic le plus élevé du Sentis. Ces dix hommes portaient mes vivres, ma tente, ma pelisse, mes couvertures et mes instruments, parmi lesquels mon domestique et moi nous nous étions réservé les plus précieux : mes guides, habitués à franchir tous les jours la montagne pour se rendre de Saint-Gall dans l'Appenzell, m'avaient assuré, en nous mettant en chemin, que l'ascension ne nous offrirait aucune difficulté ; nous marchions donc en toute confiance, lorsque nous nous aperçûmes, à l'endroit de notre route à peu près, que de nouvelles neiges, tombées depuis quelques jours, couvraient entièrement les sentiers frayés, de sorte qu'il fallait avancer au hasard. Nous nous aventurâmes sur ces pentes solitaires et glissantes, et, dès les premiers pas que nous y fîmes, nous devinâmes les dangers et les fatigues réservés à notre voyage. En effet, après une demi-heure de marche à peu près, nous trouvâmes que la neige se glaçait de plus en plus, et il nous fallut nous enfoncer pour continuer notre route ; ce travail indispensable non-seulement dévorait tout notre temps, mais encore nous exposait sans cesse et de plus en plus ; car, sous ce tapis inconnu, sans vestiges, étendu sur la montagne ainsi qu'un linceul, comment deviner les torrents et les précipices ? Cependant Dieu nous protégea ; après sept heures d'une marche cruelle, nous atteignîmes le plateau de la montagne. J'ordonnai aussitôt à mes hommes d'allumer un grand feu, de tirer les vivres

des paniers et de ranimer leurs forces ; vous comprenez qu'ils ne se firent pas prier pour m'obéir ; quant à moi, je pris un verre de vin à peine, et, inquiet de la place où je pourrais établir mon camp, je cherchai un endroit propice à mes observations : je ne tardai pas à le trouver, j'en marquai le centre avec mon bâton ferré, et je revins près de mes hommes : ils avaient fini leur repas. Nous retournâmes ensemble à la place marquée ; je leur fis enlever la neige sur une circonférence de trente-cinq à quarante pieds : je déployai ma machine, j'accomplis mon installation, et, tranquille désormais sur mon logement, je congédiai mes dix hommes, qui retournèrent à Alt-Saint-Johann, et je restai seul avec Pierre Gobat, mon domestique : c'était un brave homme qui me servait depuis trois ans, et m'était si dévoué que je pouvais compter sur lui en toute circonstance.

Vers le soir, nous vîmes s'amonceler autour de nous un brouillard épais et froid si compacte qu'il bornait notre vue à un rayon de vingt-cinq ou trente pieds. Il dura deux jours et deux nuits, nous occasionnant un état de malaise dont vous ne pouvez vous faire aucune idée, les brumes des montagnes et de l'Océan étant pires que la pluie ; car la pluie ne peut traverser la toile d'une tente, tandis que ces brumes pénètrent partout, vous glacent jusqu'au cœur, et jettent sur les objets un voile triste et sombre qui s'étend bientôt jusqu'à l'âme.

Pendant la troisième nuit, inquiet de l'obstination de ce brouillard, je me levai plusieurs fois pour examiner le ciel ; enfin, vers les trois heures du matin, il me sembla voir scintiller quelques étoiles. Je restai debout pour m'en assurer : bientôt une lueur blanche apparut à l'orient, une main invisible tira le rideau de vapeurs qui m'enveloppait, mon horizon s'étendit, et le soleil se leva sur une chaîne de glaciers qui semblaient perdus dans ses rayons. Le ciel resta ainsi pur et dégagé jusqu'à dix heures du matin ; mais alors les nuages commencèrent à m'entourer de nouveau ; toute la journée je me retrouvai plongé dans ce chaos de brouillards ; aussitôt le coucher du soleil, les vapeurs se dissipèrent de nouveau, j'eus un instant de crépuscule magnifique ; mais presque aussitôt la nuit s'empara de l'espace, et je me couchai, espérant pour le lendemain une plus belle et plus complète journée.

Je me trompais ; ce singulier phénomène se renouvela tous les matins pendant un mois ; pendant

Reichenau. — Page 50.

un mois j'eus le courage de rester ainsi, n'ayant que le sommeil pour refuge contre l'ennui et pour consolation contre l'isolement. Enfin, le 4 juillet au soir, il tomba une pluie diluvienne, et le froid et le vent s'augmentèrent à un tel point que nous ne pûmes dormir, et que Gobat et moi passâmes la nuit à assurer notre tente par de nouvelles cordes enroulées aux pieux qui la maintenaient. A quatre heures du matin, la montagne s'entoura de brouillards, qui, malgré le vent, restèrent condensés autour de nous; de temps en temps, à l'ombre qu'ils jetaient en passant, nous devinions que des nuages sombres passaient au-dessus de nos têtes; mais nous jugions, par cette ombre même, que la bise les emportait si rapidement qu'ils n'auraient sans doute pas le temps de se former en orage.

Cependant, de plus épaisses masses, s'avançant de l'est, vinrent à leur tour, mais lentement et marchant contre le vent, poussées par un courant supérieur. Arrivées au-dessus du Sentis, elles parurent s'arrêter; la pluie perça notre brume, et le tonnerre commença de gronder dans le lointain : bientôt les sifflements du vent se mêlèrent aux éclats de la foudre, et tout annonça qu'une fête terrible al-

... a même instant, un globe de feu m'apparut. — Page 58.

lait être donnée par le ciel et la terre. Tout à coup la pluie se changea en grêle, et cette grêle tomba en telle abondance qu'elle couvrit, en dix minutes, tout le sommet de la montagne d'une couche de grêlons gros comme des pois et ayant près de deux pouces d'épaisseur. Je reconnus tous les symptômes d'un orage furieux; je me réfugiai avec mon domestique dans ma tente, et j'en fermai toutes les issues pour que l'ouragan n'eût aucune prise sur elle. Un instant il se fit un profond silence, et Gobat, croyant que l'orage était passé, voulut se lever pour aller rouvrir la porte; je le retins : je sentais que ce calme n'était qu'un temps de repos : la nature haletante respirait un instant, mais pour recommencer la lutte. En effet, à huit heures du matin, le tonnerre gronda de nouveau, plus rapproché et plus violent, et se fit entendre ainsi sans interruption jusqu'à six heures du soir. En ce moment, lassé de la réclusion à laquelle la tempête m'avait condamné pendant dix heures, je sortis pour examiner le ciel; il me parut un peu plus tranquille; alors je pris une sonde de fer, et j'allai à quelques pas de notre tente mesurer la profondeur de la neige; elle avait diminué de trois pieds dix pouces depuis le 1er juillet. À peine avais-je pris cette mesure que la foudre éclata au-dessus de ma tête; je jetai loin de moi l'instrument de fer qui me valait cette reprise d'hostilités, je me réfugiai dans la tente, où je trouvai Gobat à genoux près de notre dîner qu'il avait préparé, mais auquel le dernier coup de tonnerre avait ôté l'appétit. Il me demanda moitié par signes, moitié verbalement, si je voulais manger : mais, comme je n'étais pas moi-même sans inquiétude, je lui répondis que je n'avais pas faim, et me couchai sur une planche qui interceptait toujours tant soit peu l'humidité et le froid de la terre; alors Gobat se rapprocha de moi et s'étendit à mes côtés. En ce moment, nous fûmes plongés tout à coup dans une obscurité pareille à la nuit; un nuage épais et noir comme une fumée enveloppait le Sentis; la pluie et la grêle tombèrent par torrents, le vent gémit et siffla, mille éclairs se croisèrent comme les fusées d'un feu d'artifice; il faisait clair comme au milieu d'un incendie. Nous voulions nous parler, mais nous pouvions à peine nous entendre, car la foudre, heurtant ses éclats contre eux-mêmes, allait répercuter tous les coups dans les flancs de la montagne, qui, au milieu de ce fracas horrible et de ce chaos infernal, semblait parfois tressaillir sur sa base. Je compris alors que nous étions dans le cercle de l'orage même : nous l'entendions rugir, et nous le voyions flamboyer tout autour de nous; enfin sa violence devint telle que Gobat, effrayé, me demanda si nous ne courions pas danger de mort. J'essayai de le rassurer en lui racontant que la même chose qui nous arrivait était arrivée à MM. Biot et Arago pendant leurs observations sur les Pyrénées; la foudre était même tombée sur leur tente, mais avait glissé sur la toile, et s'était éloignée d'eux sans les toucher; j'achevais à peine ce récit qu'un coup terrible éclata; il me sembla que notre tente se brisait; Gobat jeta un cri de douleur : au même instant, un globe de feu m'apparut courant de sa tête à ses pieds, et moi-même je me sentis frappé à la jambe gauche d'une commotion électrique : je me tournai vers mon compagnon; et, éclairé par la déchirure de la toile, je le vis tout sillonné du passage de la foudre; le côté gauche de sa figure était marqué de taches brunes et rougeâtres, ses cheveux, ses cils et ses sourcils étaient crispés et brûlés, ses lèvres étaient d'un bleu violet, sa poitrine se soulevait encore par instants, haletant comme un soufflet de forge; mais bientôt elle s'affaissa, la respiration s'éteignit, et je sentis toute l'horreur de ma position; je souffrais horriblement moi-même, je connaissais trop les effets de la foudre pour ne pas sentir que j'étais cruellement blessé; mais cependant j'oubliai tout pour essayer de porter quelque secours à l'homme que je voyais mourir, et qui était plutôt mon ami que mon domestique. Je l'appelais, je le secouais, il ne répondait pas, et cependant son œil droit, ouvert, brillant, plein d'intelligence

encore, était tourné de mon côté et semblait implorer mon aide; quant à l'œil gauche, il était fermé; je soulevai sa paupière, il était pâle et terne; je supposai alors que la vie s'était réfugiée dans le côté droit, et un instant je conservai cet espoir; car j'essayai de fermer cet œil ouvert et qui me regardait toujours, mais il se rouvrit ardent et animé; trois fois je renouvelai cette expérience, trois fois le même regard vivant repoussa la paupière. J'étais frappé d'une terreur incroyable, car il me semblait qu'il y avait quelque chose d'infernal dans ce qui m'arrivait; alors je portai la main sur son cœur, il ne battait plus; je piquai le corps, les membres, les lèvres de Gobat avec la pointe d'un compas, mais le sang ne venait pas, il resta immobile; c'était la mort, la mort que je voyais et à laquelle je ne pouvais croire, car cet œil toujours ouvert protestait contre elle et lui donnait un démenti. Je ne pus supporter cette vue plus longtemps; je jetai mon mouchoir sur sa figure, et je revins à mes propres douleurs : ma jambe gauche était paralysée, et j'y sentais un frémissement de muscles, un bouillonnement de sang extraordinaire; la circulation s'arrêtait ou montait refoulée vers mon cœur, qui battait d'une manière insensée : un tremblement général et désordonné s'empara de moi; je me couchai, croyant que j'allais mourir.

Au bout de quelques instants, l'orage redoubla de violence, et le vent devint si impétueux qu'il emporta comme des feuilles sèches les pierres qui assujettissaient ma tente; aussitôt la toile se souleva. Je songeai rapidement à la situation où je me trouverais si ce seul et dernier abri allait être emporté dans le précipice; cette idée me rendit des forces surhumaines; je saisis une des cordes qui la retenaient aux pierres que le vent avaient emportées, je me jetai à terre, la maintenant de mes deux mains; mais, sentant mes forces me manquer, je la tournai autour de ma jambe droite, et, me roidissant de tout mon corps, j'attendis ainsi trois quarts d'heure à peu près que l'ouragan se calmât; pendant tout ce temps, et malgré moi, j'eus les yeux fixés sur Gobat, que je m'attendais à tout moment à voir remuer; mais mon attente fut trompée, il était bien mort.

Ce qui se passa en moi pendant ces trois quarts d'heure, voyez-vous, je ne puis vous le dire; le naufragé qui se noie, le voyageur assassiné au coin d'un bois, l'homme qui sent la lave miner le rocher sur lequel il a cherché un refuge, en ont seuls une idée. Je sentais ma jambe tellement paralysée que je pouvais à peine la mouvoir; j'étais enchaîné à ma place, condamné à mourir lentement près de mon domestique mort; et la seule chance de secours et de salut que je pusse était qu'un pâtre égaré dans la montagne s'approchât de ma tente, ou qu'un voyageur curieux gravît le sommet du Sentis et me trouvât à moitié mort; mais cette chance était bien d'é-

Quand je revins à moi, j'étais au bord d'un torrent.

sespérée, car depuis trente-deux jours que j'avais établi ma demeure sur ce pic, je n'avais aperçu que des chamois et des vautours.

Pendant que ma pensée errante courait après chaque espoir de salut, une douleur aiguë fit tressaillir ma jambe paralysée, il me semblait qu'on m'enfonçait dans les veines des aiguilles d'acier; c'était le sang qui faisait des efforts naturels pour reprendre sa circulation interrompue, et qui, pénétrant dans les vaisseaux, allait ranimer la sensibilité engourdie des muscles et des nerfs. A mesure que le sang regagnait le terrain perdu, l'oppression diminuait, les battements de mon cœur reprenaient quelque forme et quelque force, et à chaque élancement une nouvelle force m'était rendue; au bout d'un quart d'heure à peu près, je parvins à plier le genou et à mouvoir le pied, mais chaque essai de ce genre m'arrachait un cri; néanmoins, dès ce moment ma résolution fut prise, j'attendis vingt minutes encore peut-être pour reprendre de nouvelles forces, je dénouai la corde qui attachait ma jambe droite à la tente; et, lorsque je crus pouvoir me tenir debout, je me levai.

Le premier moment fut plein d'éblouissements et de faiblesse; mais enfin je me remis; je dépouillai ma pelisse et mes bas de peau, je chaussai des bottes à crampons; et, à l'aide de mon bâton de montagne, je me traînai hors de la tente; je la chargeai de nouvelles pierres pour assurer le mieux possible l'abri où j'allais laisser mon pauvre compagnon; enfin, espérant toujours qu'il n'était pas mort, mais seulement en léthargie, je le couvris de toutes mes fourrures pour le garantir de la pluie et du froid; puis, bouclant sur mes épaules la sacoche qui contenait mes papiers, passant mon thermomètre en bandoulière, je me mis en route, essayant de m'orienter au milieu de ce chaos; mais c'était chose impossible. Je me remis à la miséricorde du Seigneur, et, au milieu d'une pluie effroyable, entouré d'un brouillard qui ne me permettait pas de distinguer les objets les plus proches, ne faisant pas un mouvement qui ne fût une douleur, un pas qui ne fût une incertitude, je me hasardai à descendre, à l'aide de mon bâton ferré, le pic escarpé et nu, sans savoir même de quel côté je me dirigeais et si j'étais bien dans la ligne des chalets de Gemplut. En effet, au bout de dix minutes de marche à peine, je me trouvai au milieu de rochers et de précipices; partout des abîmes que je devine plutôt que je ne les vois; cependant je vais toujours, je me traîne d'un rocher à l'autre, je me laisse glisser quand la pente est trop rapide pour m'offrir un point d'appui; chaque pas m'enfonce dans un labyrinthe dont je ne connais ni la profondeur ni l'issue; enfin, ruisselant de pluie, me soutenant à peine, je me trouve sur une esplanade formée par deux rochers, l'un au-dessus de ma tête, l'autre sous mes pieds, tout autour le vide.

Alors le courage est prêt à m'abandonner comme l'a fait la force: Un frisson court par tout mon corps, mon sang se glace, cependant j'explore avec attention l'espèce d'impasse dans lequel je suis enfermé; je m'avance sur ses bords, je me cramponne aux fissures d'une roche, je me suspends au-dessus de l'abîme, je cherche avidement des yeux un passage; à quelque distance seulement est une ouverture verticale et sombre, une gueule de caverne, de trois pieds de largeur à peu près, qui descend je ne sais où, dans un précipice peut-être; mais n'importe, je suis si accablé, si endolori, si insouciant et même si désireux peut-être d'une mort prompte, que je sens que, si j'étais près de cette ouverture, je fermerais les yeux et me laisserais glisser; mais cette ouverture est à vingt-cinq ou trente pieds de moi; pour l'atteindre, il faut que je retourne en arrière, que je gravisse ces rochers que j'ai descendus avec tant de peine. Je fais un dernier effort, je rappelle tout mon courage, je rampe, je me traîne; et, haletant, couvert de sueur, j'arrive enfin à cette crevasse, et, sans regarder où elle conduit, je m'assieds sur la pente, et, sans autre prière que ces mots : « Mon Dieu! ayez pitié de moi, » je ferme les yeux et je me laisse glisser. Je descends ainsi quelques secondes; tout à coup une impression glacée se fait sentir, en même temps mes pieds sont arrêtés par un corps solide; je rouvre les yeux; je suis au fond d'un ravin rempli d'eau et formé par le rapprochement de deux parois; je ne distingue rien; au reste, je suis dans une caverne où viennent se répercuter le mugissement du vent et le fracas du tonnerre. Au milieu de tous ces bruits confus, je distingue cependant celui d'une cascade qui tombe et rejaillit; puisqu'elle descend, il y a un passage; s'il y a un passage, je le trouverai; et alors je descendrai comme elle, dussé-je bondir et me briser comme elle de rochers en rochers; ma dernière ressource, c'est le lit du torrent : sur les mains, sur les pieds, assis, à genou, rampant, m'attachant aux pierres, aux racines, aux mousses, je me traîne, je descends deux ou trois cents pas, puis la force me manque, mes bras se roidissent, ma jambe paralysée me pèse, je sens que je vais m'évanouir; et, convaincu que j'ai fait tout ce que peut faire un homme pour disputer son existence à la mort, je jette un dernier cri d'adieu au monde, et je me laisse tomber.

Je ne sais combien de minutes je roulai, comme un rocher détaché de sa base; car presque aussitôt je perdis la connaissance, et avec elle le sentiment du temps et de la douleur.

Quand je revins à moi, j'étais étendu au bord du torrent. J'éprouvais une sensation indéfinissable de malaise; cependant je me relevai : pendant mon évanouissement, un coup de vent avait chassé le brouillard qui enveloppait la montagne; et, en regardant au-dessous de moi, je vis, à vingt pas à peu près, l'extrémité des rochers, et au delà une pente douce et couverte de neige; à cet aspect, auquel je ne pouvais croire, mon cœur reprend la vie, mes membres leur chaleur, mon sang circule; j'avance jusqu'au bord du rocher, il domine à pic cette pente bienheureuse de la hauteur de douze ou quinze pieds à peu près. Dans toute autre circonstance, et avant que le tonnerre m'eût ôté la faculté d'un membre, je n'eusse fait qu'un bond : la neige était un lit étendu pour me recevoir ; mais en ce moment je ne pouvais risquer ce saut sans risquer en même temps de me briser ; je regardai donc de tous côtés; et, à quelque distance, je vis un endroit moins escarpé; je me cramponnai aux inégalités de la pierre, je fis un dernier effort, et je touchai enfin cette neige, qui était pour moi ce que la terre ferme est pour le naufragé.

Mes premiers instants furent tout au repos, tout au bonheur de vivre encore, quelque estropié et souffrant que je fusse; puis, ce moment de repos pris, mes actions de grâce rendues à Dieu, je me mis en quête d'une pierre carrée qui pût me servir de traîneau; je ne tardai pas à la trouver; je m'assis dessus; et, lui donnant moi-même l'impulsion, je me laissai couler sur la pente, me servant de mon bâton ferré pour diriger ma course, qui ne se termina qu'à l'endroit où finissait la neige, je fis ainsi trois quarts de lieue en moins de dix minutes. Arrivé aux bruyères, je me relevai, je cheminai quelque temps à travers des ravins, des rochers, des pentes arides ou gazonnées; puis enfin je reconnus le sentier que nous avions suivi un mois auparavant; je le pris; et, vers deux heures de l'après-midi, j'arrivai aux chalets de Gemplut.

J'entrai dans la première chaumière, et j'y trouvai deux hommes : ils me reconnurent pour le jeune major qui avait passé par chez eux pour aller faire des expériences sur la montagne ; je leur racontai l'accident qui nous était arrivé; et, malgré la tempête qui continuait de gronder, j'obtins d'eux qu'ils partiraient à l'instant même pour porter des secours à Gobat. Ils se mirent en route devant moi; et, lorsque je les eus perdus de vue, je descendis de mon côté jusqu'à Alt-Saint-Johann, où j'arrivai à trois heures, presque mourant. En me regardant devant une glace, je fus effrayé de moi-même ; mes yeux étaient hagards, la sclérotique en était devenue jaune ; mes cheveux, mes cils et mes sourcils étaient brûlés, j'avais les lèvres noires comme des charbons; outre cela, j'éprouvais une douleur affreuse à la hanche gauche; j'y portai la main; j'ôtai mon pantalon : c'était là que le feu électrique avait frappé, laissant comme marque de son passage une large et profonde brûlure.

Je me couchai, croyant que je pourrais dormir; mais, à peine avais-je fermé les yeux, que des rêves plus effroyables encore que la réalité venaient s'emparer de mon esprit; je les rouvrais alors, mais la réalité succédait aux rêves ; je crus que je devenais fou, j'avais la fièvre et le délire.

À dix heures, le messager que j'avais dépêché en arrivant aux chalets de Gemplut revint; nos deux hommes étaient de retour : ils avaient trouvé Gobat, il était mort ; en conséquence, ils étaient revenus tous les deux pour chercher du renfort, afin de rapporter ma tente, mes instruments et mes effets. Le lendemain, 6 juillet, à deux heures du matin, ils partirent au nombre de douze d'Alt-Saint-Johann, où ils étaient de retour à trois heures, rapportant le corps de mon pauvre domestique. Le médecin qu'on avait appelé pour moi fit l'inspection et l'autopsie du corps : il constata que le cadavre avait les sourcils, les cheveux et la barbe brûlés; que les narines et les lèvres étaient d'un rouge noirâtre; que le côté gauche, et surtout la partie supérieure de la cuisse, était sillonné d'ecchymoses profondes; que la peau de l'extrémité supérieure en était brûlée, dure et racornie comme du cuir dans une circonférence de quatre pouces; que les traits de la face n'étaient point altérés, et conservaient plutôt l'apparence du sommeil que l'aspect de la mort. Quant à l'autopsie, elle montra le cœur gorgé de sang noir, ainsi que les poumons, qui cependant étaient mous et sains.

Quant à moi, pour le moment, mon état n'était guère meilleur : huit jours entiers je restai entre la vie et la mort; enfin un peu de mieux se déclara ; mais j'étais complétement paralysé de la cuisse gauche. Aussitôt que je fus transportable, je me fis conduire ici, où vous voyez que l'influence des eaux a déjà produit son effet, puisque, en dédommagement sans doute de l'usage de ma jambe, elle m'a rendu celui de l'estomac.

Je fis ainsi trois quarts de lieue en moins de dix minutes. — Page 60.

POURQUOI JE N'AI PAS CONTINUÉ LE DESSIN.

Je passai une partie de la nuit à écrire le récit de mon jeune compatriote, et j'y mis cette promptitude surtout afin de lui conserver, autant que possible, la couleur terrible et simple qu'il avait prise en passant par sa bouche; malheureusement, ce qui augmente surtout l'intérêt dans pareille relation, c'est qu'elle soit faite par celui-là même qui en est le héros. Cette lutte du courage intelligent et de la destruction aveugle, ce combat de l'homme et de la nature, grandit démesurément le vaincu, et Ajax se cramponnant à son rocher et criant à la tempête : — J'échapperai malgré les dieux, est plus magnifique qu'Achille traînant sept fois Hector autour des murailles de Troie.

Le lendemain, je ne voulus point partir sans avoir déjeuné avec le docteur Buchwalder, dont la plus grande douleur était l'inactivité à laquelle le condamnait sa blessure; cependant il avait grand espoir d'être rendu, pour le printemps de 1833, à ses travaux, car il commençait à pouvoir s'appuyer sur sa jambe, dans laquelle la sensibilité revenait chaque jour davantage; il m'en voulut donner une preuve en me conduisant jusqu'à la porte des bains; mais, arrivés là, nous étions au bord du cercle de Popilius, défense expresse lui était faite par la Faculté de le franchir; et, rappelé à son propre malheur par la grande faculté de locomotion que Dieu a accordée à mes jambes, il prit mélancoliquement congé de moi par le souhait antique : — *I piede fausto.*

Après avoir fait quelques pas, nous nous arrêtâmes pour jeter un dernier regard sur le rocher à pic qui domine de la hauteur de mille pieds à peu près le cours de la Tamina; ce rocher, coupé comme avec une scie, semble le fragment d'un rempart gigantesque, au sommet duquel, comme une guérite de factionnaire, s'élève une petite cabane dont les deux tiers posent sur le sol, et dont l'autre tiers est suspendu sur le précipice; dans cette dernière partie une trappe a été pratiquée; et, pendant que nous cherchions dans quel but pouvait avoir été établie cette trappe, qui, vu la distance, nous apparaissait à peine comme un point noir, elle donna passage à un objet qui nous parut d'abord gros comme un manche à balai, et qui, se détachant des régions supérieures et tombant dans le lit de la rivière, se trouva être, lorsqu'il fut arrivé à sa destination, un sapin de la plus grande taille, dépouillé de ses branches et tout préparé pour une construction quelconque. L'arbre tomba debout au milieu du cours de la Tamina, oscilla quelque temps, puis prenant son parti, se coucha dans la rivière comme dans un lit. Aussitôt les eaux bouillonneuses le soulevèrent ainsi qu'une plume, et l'emportèrent avec elles, rapide comme une flèche. Plusieurs sapins suivirent immédiatement le premier, et s'éloignèrent incontinent par la même route. Nous comprîmes alors que les paysans, pour s'épargner la peine du transport jusqu'à Ragatz, chargeaient la Tamina de cet office, dont, comme on le voit, grâce à sa rapidité même, elle s'acquittait en conscience.

En revenant à Malans, nous passâmes près du château de Warteinstein, qui appartient, nous dit-on, au couvent de Pfeffers; nous traversâmes une petite montagne qui se nomme, je crois, Bruder, puis nous arrivâmes au Zolbruck, et enfin à Malans, où je ne trouvai rien de remarquable, si ce n'est une pluie comme jamais je n'en avais vu.

Cela ne m'empêcha pas de trouver un homme et une voiture; je m'inquiétai d'abord en voyant qu'elle ne pouvait contenir que deux personnes; mais le conducteur me tira d'embarras, en me disant qu'il conduirait sur le brancard; je lui demandai combien il évaluait le rhume qu'il devait infailliblement attraper; il fit son prix à cinq francs; je le payai d'avance, tant j'étais sûr qu'il ne pouvait manquer de gagner son argent.

Je ne m'étais pas trompé, nous eûmes un si pitoyable temps que je n'eus pas le courage d'aller visiter, en passant à Mayenfeld, la grotte de Flesch, remarquable cependant par ses stalactites; à Saint-Lucien de Steik, nous vîmes en passant la forteresse destinée à mettre de ce côté la Suisse à l'abri d'un coup de main de la part de l'Autriche, qui, à cette époque, avait manifesté quelque velléités hostiles envers la république. Dix minutes après, nous entrâmes dans la principauté de Lichtenstein.

Quelque envie que j'eusse de gagner le plus promptement possible le lac de Constance, force me fut de m'arrêter à Vadutz; depuis notre départ, il pleuvait à verse, et le cheval et le conducteur refusèrent obstinément de faire un pas de plus, sous prétexte, la bête, qu'elle entrait dans la boue jusqu'au ventre, et l'homme, qu'il était mouillé jusqu'aux os. Il y aurait vraiment eu, au reste, de la cruauté à insister.

Il ne fallut rien moins, je l'avoue, que cette considération philanthropique pour me déterminer à entrer dans la misérable auberge dont le bouchon avait arrêté net mon équipage; ce n'était plus un de ces jolis chalets suisses qui n'ont contre eux que d'avoir été parodiés si souvent et si malheureusement dans nos jardins anglais. Depuis Saint-Lucien de Steik, nous avions quitté la république helvétique, et nous étions entrés dans la petite principauté de Lichtenstein, qui, toute libre qu'elle se vante d'être, me paraît cependant relever de l'empire par la malpropreté de ses habitants. À peine avais-je mis le pied dans l'allée étroite qui conduisait à la cuisine, laquelle était en même temps la salle commune aux voyageurs, que je fus aigrement pris à la gorge par une odeur de choucroute, qui venait m'annoncer d'avance, comme les cartes mises à la porte de certains restaurants, le menu de mon dîner. Or, je dirai de la choucroute ce que certain abbé disait des limandes, que, s'il n'y avait sur la terre que la choucroute et moi, le monde finirait bientôt.

Je commençai donc à passer en revue tout mon répertoire tudesque, et à l'appliquer à la carte d'une auberge de village; la précaution n'était point inutile, car à peine fus-je assis à table, dont deux voituriers, premiers occupants, voulurent bien me céder un bout, qu'on m'apporta une pleine assiette creuse de mets en question; heureusement j'étais préparé à cette infâme plaisanterie; et, de même que madame Geoffrin repoussa Gibbon, je repoussai le plat, qui fumait comme un Vésuve, avec un *nicht gut* si franchement prononcé qu'on dut me prendre pour un Saxon de pure race; or les Saxons, pour la pureté du langage, sont à l'Allemagne ce que les Tourangeaux sont à la France.

Un Allemand croit toujours avoir mal entendu lorsqu'on lui dit qu'on n'aime pas la choucroûte ; et lorsque c'est dans sa propre langue que l'on méprise ce mets national, on comprendra que son étonnement, pour me servir d'une expression familière à sa langue, se dresse en montagne.

Il y eut donc un instant de silence, de stupéfaction, pareil à celui qui aurait suivi un abominable blasphème, et pendant lequel l'hôtesse me parut occupée laborieusement à remettre sur pied ses idées bouleversées ; le résultat de ses réflexions fut une phrase prononcée d'une voix si altérée que les paroles en restèrent parfaitement inintelligibles pour moi, mais à laquelle la physionomie qui accompagnait ces paroles prêtait évidemment ce sens : Mais, mon Dieu ! Seigneur ! si vous n'aimez pas la choucroûte, qu'est-ce que vous aimez donc ? —*Alles, dises, ausgenommen*, répondis-je ; ce qui veut dire, pour ceux qui ne sont pas de ma force en philologie : — Tout, excepté cela.

Il paraît que le dégoût avait produit sur moi le même effet que l'indignation sur Juvénal : seulement, au lieu de m'inspirer le vers, il m'avait donné l'accent ; je m'en aperçus à la manière soumise avec laquelle l'hôtesse enleva la malheureuse choucroûte. Je restai donc dans l'attente du second service, m'amusant, pour tuer le temps, à faire des boulettes à l'aide de mon pain et à déguster avec des grimaces de singe une espèce de piquette qui, parce qu'elle avait un abominable goût de pierre à fusil et qu'elle demeurait dans une bouteille à long goulot, avait la fatuité de se présenter comme du vin du Rhin. — Eh bien ! lui dis-je. — Eh bien ! fit-elle. — Ce souper. — Ah ! oui !

Et elle me rapporta la choucroûte.

Je pensai que, si je n'en faisais pas justice, elle me poursuivrait jusqu'au jour du jugement dernier. J'appelai donc un chien de la race de ceux du Saint-Bernard, qui, assis sur son derrière et les yeux fermés, se rôtissait obstinément le museau et les pattes devant un foyer à faire cuire un bœuf. A la première idée qu'il eut de mes bonnes intentions pour lui, il quitta cheminée, vint à moi, et, en trois coups de langue, lapa le comestible qui faisait contestation. — Bien, la bête, fis-je en le caressant lorsqu'il eut fini l'assiette vide à l'hôtesse. — Et vous ? me dit-elle. — Moi, je mangerai autre chose. — Mais je n'ai pas autre chose, répondit-elle. — Comment ! m'écriai-je au fond de l'estomac, vous n'avez pas des œufs ? — Non. — Des côtelettes ? — Non. — Des pommes de terre ? — Non. — Des.. Une idée lumineuse me traversa l'esprit : je me rappelai qu'on m'avait recommandé de ne point passer dans la principauté de Lichtenstein sans manger de ses champignons, qui sont renommés à vingt lieues à la ronde ; seulement, lorsque je voulus mettre à profit ce bienheureux souvenir, il n'y eut qu'une difficulté, c'est que je ne me rap-

pelai pas plus en allemand qu'en italien le nom que j'avais si grand besoin de prononcer si je ne voulais pas aller coucher à jeun ; je restai donc la bouche ouverte sur le pronom indéfini. —Des... des... Comment diable appelez vous donc en allemand, des ?... — Des... répéta machinalement l'hôtesse. — Eh ! pardieu ! oui, des... En ce moment mes yeux tombèrent machinalement sur mon album. Attendez, dis-je, attendez. Je pris alors mon crayon, et, sur une belle feuille blanche, je dessinai, avec tout le soin dont j'étais capable, le précieux végétal qui formait pour le moment le but de mes désirs ; aussi je puis dire que mon dessin approchait de la ressemblance autant qu'il est permis à l'œuvre de l'homme de reproduire l'œuvre de Dieu. Pendant ce temps, l'hôtesse me suivit des yeux avec une curiosité intelligente qui me paraissait du meilleur augure. — Ah ! ia, ia, ia, dit-elle au moment où je donnais le dernier coup de crayon au dessin. Elle avait compris, l'honnête femme ! !... Si bien compris que, cinq minutes après, elle rentra avec un parapluie tout ouvert. — Voilà, dit-elle.

Je jetai les yeux sur mon malheureux dessin, la ressemblance était parfaite. — Allons, dis-je, vaincu comme Turnus, *adverso Marte*, rendez-moi la choucroûte. — La choucroûte ? — Oui. — Il n'y en a plus, de choucroûte, Dragon a mangé le reste.

Je trempai mon pain dans mon vin, et j'allai me coucher. Avant de m'endormir, je jetai les yeux sur ma carte géographique ; elle me donna une singulière idée. Je recommandai à mon guide de me réveiller à trois heures du matin, afin d'avoir le temps de la mettre à exécution. Nous partîmes donc avant le jour, et le soleil ne nous attrapa qu'en Autriche.

Je m'arrêtai un instant sur le pont de Felkirch, afin de plonger ma vue dans le Tyrol, dont les montagnes bleuâtres s'ouvrent pour laisser passer l'Ill, rivière tortueuse qui prend sa source dans la vallée de Paznaun et va se jeter dans le Rhin entre Oberried et Rentti ; puis continuai ma course, conservant le Rhin à ma gauche et voyant naître et s'enrichir sur sa rive occidentale ces magnifiques coteaux couverts de vignes, dont le vin petille dans des bouteilles de forme bizarre, et se verse dans des verres bleus qu'on appelle *Rœmer*, parce qu'ils ont conservé la forme de la coupe dans laquelle buvait l'empereur romain, le jour de son élection. Depuis Defis, le sol allait s'aplanissant : les montagnes s'ouvraient à droite et à gauche, comme pour un pont ; on n'apercevait point encore le lac de Constance ; mais on le devinait en voyant se dérouler cette vaste vallée qui mourait sur un horizon de plaines. A Lauterac seulement, nous commençâmes à apercevoir cette magnifique nappe d'eau, qui semble une partie du ciel encadrée dans la terre pour servir de miroir à Dieu. Enfin nous touchâmes ses rives à Bregenz, où je déjeunai.

Malgré le souper de perroquet que j'avais fait la

Constance.

veille, j'expédiai mon repas aussi militairement qu'il me fut possible. Puis aussitôt, laissant là mon homme et sa voiture, je dis adieu à l'Autriche, et me jetai dans un bateau qui me conduisit à la petite île de Lindeau en Bavière. J'y touchai par conscience, je grimpai sur le premier monticule venu, du sommet duquel je découvris, comme Robinson, mon île tout entière; puis, me remettant aussitôt en route, j'allai, à force de rames, aborder au bout d'une heure à cette langue de terre wurtembergeoise qui vient, s'amincissant entre deux rivières, lécher l'eau du lac; enfin, prenant une voiture à Oberndorf, je ne m'arrêtai que pour souper à Moesburg, dans le grand-duché de Bade.

J'étais parti le matin d'une principauté libre, j'avais longé une république, écorné un empire, déjeuné dans un royaume; et, enfin, j'étais venu me coucher dans un grand-duché, tout cela en dix-huit heures.

Le lendemain, j'arrivai à Constance.

Fils du Dieu vivant, ayez pitié de moi! — Page 67.

CONSTANCE.

Depuis longtemps ce nom résonnait mélodieusement à mon oreille; depuis longtemps, lorsque je pensais à cette ville, je fermais les yeux, et je la voyais à ma fantaisie : il y a de ces choses et de ces lieux dont on se fait d'avance, sur leur nom plus ou moins sonore, une idée arrêtée : alors vous voyez, si c'est une femme, passer dans vos rêves une *péri* svelte, gracieuse, aérienne, aux cheveux flottants, aux vêtements diaphanes; vous lui parlez, et sa voix est consolante : si c'est une ville, vous voyez à l'horizon s'amasser des maisons aux pignons dentelés, s'élever des palais aux frêles colonnades, s'élancer des cathédrales aux hardis clochers; vous marchez vers l'œuvre fantastique, vous atteignez ses murailles, vous entrez dans ses rues, vous visitez ses monuments, vous vous asseyez sur ses tombes, vous sentez circuler cette population qui est le sang de ses veines, vous entendez ce grand murmure qui est le battement de son cœur : à force de les voir ainsi dans vos songes, vierge et cité finissent par devenir pour votre esprit des réalités. Un beau jour, vous quittez votre ville natale, les hommes qui vous serrent la main, la femme qui vous presse sur son cœur, pour aller voir Constance ou la Guaccioli. Tout le long de la route votre front est radieux, votre cœur est en fête, votre âme chante; puis enfin vous arrivez devant votre déesse, vous entrez dans votre ville; une voix vous dit : — La voilà; et vous, tout étonné, vous répondez : — Mais où donc est-elle? C'est que chaque homme a sa double vue, ses yeux du corps et ses yeux de l'âme; c'est que l'imagination, cette fille de Dieu, voit toujours au delà de la réalité, cette fille de la terre.

Enfin, force me fut de croire que j'étais à Constance : c'était bien, du reste, le beau lac calme et transparent où la ville se mire; c'étaient bien, à sa droite, ses plantureuses montagnes parsemées de châteaux; c'étaient bien, à sa gauche, ses riches plaines brodées de villages : l'œuvre de la nature s'offrait à ma vue aussi large et aussi belle que je l'avais vue dans mes songes d'or; il n'y avait que l'œuvre des hommes qu'un méchant enchanteur avait touchée de sa baguette, et qui s'était écroulée.

Alors, en voyant cette ville moderne si pauvre, si solitaire et si triste, je voulus du moins fouiller sa tombe et retrouver quelques-uns des ossements de la vieille ville; je demandai qu'on me fît visiter cette basilique où le pape Martin V a été élu, qu'on me montrât ce palais où l'empereur Sigismond avait tenu sa cour romaine. On me conduisit à une petite église sous l'invocation de saint Conrad, on me fit voir un grand bâtiment appelé la douane; c'était là la basilique, c'était là le palais!

Il y avait dans l'église un beau Calvaire peint par Holbein, deux petites statues d'argent représentant saint Conrad et saint Pylade, chacun de ces saints ayant une armoire pratiquée au milieu de la poitrine, et dans laquelle le sacristain enferme leurs propres reliques; enfin, dans une petite châsse en argent, on me fit voir les ossements de sainte Candide et de sainte Floride, toutes deux martyres.

Il y avait dans la douane, sous un dais qui n'a point été renouvelé depuis 1415, deux fauteuils que reléguerait dans son garde-meuble un rentier du Marais; et cependant, s'il faut en croire maître Jos Kastell, le cicérone de céans, c'est sur ces deux sièges décorés du nom de trônes que s'assirent

Ces deux moitiés de Dieu, le pape et l'empereur.

En face, et sur une estrade, des espèces de figures de cire, remuant les yeux, les bras et les jambes,

sont censées représenter Jean Hus, Jérôme de Prague, son ami, et le dominicain Jean-Célestin Carceri, leur accusateur.

Du reste, et comme on le sait, l'œuvre la plus importante de ce concile, qui dura quatre ans, et qui réunit à Constance une si grande quantité de princes et de cardinaux, de chevaliers et de prêtres, que, dit naïvement une chronique manuscrite, on fut obligé de porter le nombre des courtisanes à deux mille sept cent quatre-vingt-huit, fut le jugement de Jean Hus, recteur de l'université et prédicateur de la cour de Prague.

Le grand nombre de disciples qui s'étaient ralliés à cette nouvelle doctrine inquiéta le chef de la religion chrétienne : un aussi hardi docteur faisait pressentir la séparation qui allait briser l'unité de l'Église... Jean Hus annonçait Luther.

Il reçut donc l'invitation de se rendre à Constance pour se justifier de son hérésie devant le concile; il ne refusa point d'obéir, mais il demanda un sauf-conduit, et cette lettre de l'empereur Sigismond, conservée dans les pièces de la procédure, lui fut octroyée comme gage de sûreté : c'était, du reste, ce même empereur Sigismond qui avait fui à Nicopolis, entraînant avec lui ses soixante mille Hongrois, et laissant Jean de Nevers et ses huit cents chevaliers français attaquer Bajazet et ses cent quatre-vingt-dix mille hommes.

Voici la lettre :

« Nous, Sigismond, par la grâce de Dieu, empereur romain, toujours auguste, roi de Hongrie, de Dalmatie, de Croatie, savoir faisons à tous princes ecclésiastiques, séculiers, ducs, margraves, comtes, barons, nobles, chevaliers, chefs, gouverneurs, magistrats, préfets, baillis, douaniers, receveurs, et tous fonctionnaires des villes, bourgs, villages et frontières, à toutes communautés et à leurs préposés, ainsi qu'à tous nos fidèles sujets qui verront le présent,

« Vénérables sérénissimes, nobles et chers fidèles,

« L'honorable maître Jean Hus de Bohême, bachelier de la sainte Écriture, et maître ès arts, porteur du présent, partant ces jours prochains pour le concile général qui aura lieu dans la ville de Constance, nous l'avons reçu et admis en notre protection et celle du Saint-Empire; nous le recommandons à vous tous ensemble, et à chacun à part avec plaisir, et vous enjoignons d'accueillir volontiers et traiter favorablement ledit maître Hus s'il se présente auprès de vous, et de lui donner aide et protection de bonne volonté en tout ce qui peut lui être utile pour favoriser son voyage, tant par terre que par eau.

« En outre, c'est notre volonté que vous laissiez passer, demeurer et repasser librement et sans obstacle, lui, ses domestiques, chevaux, chars, bagage, et tous autres effets quelconques à lui appartenant, en tous passages, portes, ponts, territoires, seigneuries, bailliages, juridictions, villes, bourgs, châteaux, villages et tous vos autres lieux, sans faire payer d'impôts, droit de chaussée, péages, tributs ou quelque autre charge que ce soit. Enfin, de donner escorte de sûreté à lui et aux siens, s'il en est besoin.

« Le tout en l'honneur de Notre Majesté Impériale.

« Donné à Spire, le 9 octobre 1414, l'an 33 de notre règne hongrois et l'an 5 de notre règne romain. »

Jean Hus, muni de ce sauf-conduit, arriva à Constance le 3 novembre, comparut devant le concile le 28 du même mois, fut mis en prison au couvent des Dominicains le samedi 26 juillet 1415, et n'en sortit que pour marcher à la mort. Le bûcher s'élevait à un quart de lieue de Constance, dans un endroit nommé le Brull; Jean Hus y monta tranquillement, et se mit à genoux dessus; sommé une dernière fois d'abjurer sa doctrine, il répondit qu'il aimait mieux mourir que d'être perfide envers son Dieu comme l'empereur Sigismond l'était envers lui; puis, voyant que le bourreau s'approchait pour mettre le feu, il s'écria trois fois : — Jésus-Christ, fils du Dieu vivant, qui avez souffert pour nous, ayez pitié de moi! Enfin, lorsqu'il fut entièrement caché par les flammes, on entendit ces dernières paroles du martyr : — Je remets mon âme entre les mains de mon Dieu et de mon Sauveur!

Cette exécution fut suivie de celle de Jérôme de Prague, son disciple et son défenseur : conduit au bûcher le 30 mai 1417, il marcha au supplice comme il serait allé à une fête. Le bourreau, selon la coutume, voulut allumer le bûcher par derrière; mais Jérôme lui dit : Viens çà, maître! et allume le feu en face de moi; car, si j'avais craint le feu, je ne serais pas ici!

Deux mois après leur mort, Jean XXIII trépassa à son tour, et, d'accusateur qu'il avait été devant les hommes, devint accusé devant Dieu.

Maintenant, voulez-vous savoir ce qu'il advint lorsque le concile fut terminé, et que cette cour romaine, cette suite pontificale, ces comtes de l'empire, ces barons et ces chevaliers, que vous avez vus l'autre jour à l'Opéra couverts d'or et de diamants, voulurent quitter Constance? Pas autre chose que ce qui arrive parfois à un pauvre étudiant chez un restaurateur de la rue de la Harpe. Ni le pape, ni l'empereur Martin, ni Sigismond, ne purent payer la carte que leur apportèrent respectueusement les bourgeois de la ville; ce que voyant les susdits bourgeois, ils s'emparèrent, respectueusement toujours, de la vaisselle d'argent de l'empereur, des vases sacrés du pape, des armures des comtes, des hardes des barons, des harnais des chevaliers.

Vous devinez que la désolation fut grande parmi la noble assemblée : Sigismond se chargea de tout arranger.

A cet effet, il rassembla les magistrats et les bourgeois de la ville de Constance dans le bâtiment où s'était tenu le concile, monta à la tribune, et dit qu'il répondait des dettes de tout le monde; les bourgeois de la ville répliquèrent que c'était très-bien, qu'il ne restait plus qu'à trouver quelqu'un qui répondît du répondant.

L'empereur fit alors apporter des ballots de draps, de soie, de damas et de velours, des housses, des rideaux et des coussins brodés d'or, les fit estimer par des experts, les déposa à la douane, s'engageant à les dégager dans l'année; et, pour plus grande sûreté de la dette et comme preuve qu'il la reconnaissait, il fit apposer ses armes sur les caisses qui les renfermaient. Les bourgeois laissèrent sortir leurs royaux débiteurs.

Un an s'écoula sans qu'on entendît parler de l'empereur Sigismond; au bout de cette année, on voulut vendre les objets restés en gage. Mais alors défense fut faite, de par Sa Majesté, de procéder à cette vente, attendu que les armes apposées sur les ballots en faisaient la propriété de l'empire, et non celle de l'empereur. Il y a aujourd'hui quatre cent dix-sept ans que cette signification fut faite.

Les bourgeois de Constance espèrent que M. Duponchel, à la centième représentation de la Juive, dégagera les effets de l'empereur Sigismond.

NAPOLÉON LE GRAND ET CHARLES LE GROS.

aintenant, si vous voulez me suivre dans les rues tortueuses de Milan, nous nous arrêterons un instant en face de son dôme miraculeux ; mais, comme nous le reverrons plus tard et en détail, je vous inviterai à prendre promptement à gauche, car une de ces scènes qui se passent dans une chambre et qui retentissent dans un monde est prête à s'accomplir.

Entrons donc au palais royal, montons le grand escalier, traversons quelques-uns de ces appartements qui viennent d'être si splendidement décorés par le pinceau d'Appiani : nous nous arrêterons devant ces fresques qui représentent les quatre parties du monde, et devant le plafond où s'accomplit le triomphe d'Auguste ; mais, à cette heure, ce sont des tableaux vivants qui nous attendent, c'est de l'histoire moderne que nous allons écrire.

Entre-bâillons doucement la porte de ce cabinet, afin de voir sans être vus. — C'est bien : vous apercevez un homme, n'est-ce pas? et vous le reconnaissez à la simplicité de son uniforme vert, à son pantalon collant de cachemire blanc, à ses bottes assouplies et montant jusqu'aux genoux. Voyez sa tête modelée comme un marbre antique ; cette étroite mèche de cheveux noirs qui va s'amincissant sur son large front; ces yeux bleus dont le regard s'use à percer le voile de l'avenir ; ces lèvres pressées, qui recouvrent deux rangées de perles dont une femme serait jalouse : quel calme ! — C'est la conscience de la force, c'est la sérénité du lion. — Quand cette bouche s'ouvre, les peuples écoutent; quand cet œil s'allume, les plaines d'Austerlitz jettent des flammes comme un volcan ; quand ce sourcil se fronce, les rois tremblent. A cette heure, cet homme commande à cent vingt millions d'hommes, dix peuples chantent en chœur l'hosanna de sa gloire en dix langues différentes; car cet homme, c'est plus que César, c'est autant que Charlemagne : c'est Napoléon le Grand, le Jupiter Tonnant de la France.

Après un instant d'attente calme, il fixe ses yeux sur une porte qui s'ouvre ; elle donne entrée à un homme vêtu d'un habit bleu, d'un pantalon gris collant, au-dessous du genou duquel montent, en s'échancrant en cœur, des bottes à la hussarde. —

En jetant les yeux sur lui, nous lui trouverons une ressemblance primitive avec celui qui paraît l'attendre. Cependant il est plus grand, plus maigre, plus brun : — celui-là, c'est Lucien, le vrai Romain, le républicain des jours antiques, la barre de fer de la famille (1).

Ces deux hommes, qui ne s'étaient pas revus depuis Austerlitz, jetèrent l'un sur l'autre un de ces regards qui vont fouiller les âmes; car Lucien était le seul qui eût dans les yeux la même puissance que Napoléon.

Il s'arrêta après avoir fait trois pas dans la chambre. Napoléon marcha vers lui et lui tendit la main. — Mon frère! s'écria Lucien en jetant les bras autour du cou de son aîné, — mon frère! que je suis heureux de vous revoir!

— Laissez-nous seuls, messieurs, dit l'empereur, faisant signe de la main à un groupe. Les trois hommes qui le formaient s'inclinèrent et sortirent sans murmurer une parole, sans répondre un mot. Cependant ces trois hommes, qui obéissaient ainsi à un geste, c'étaient Duroc, Eugène et Murat : un maréchal, un prince, un roi.

— Je vous ai fait mander, Lucien, dit Napoléon lorsqu'il se vit seul avec son frère.

— Et vous voyez que je me suis empressé de vous obéir comme à mon aîné, répondit Lucien.

Napoléon fronça imperceptiblement le sourcil.

— N'importe! vous êtes venu, et c'est ce que je désirais, car j'ai besoin de vous parler.

— J'écoute, répondit Lucien en s'inclinant.

Napoléon prit avec l'index et le pouce un des boutons de l'habit de Lucien, et, le regardant fixement :

— Quels sont vos projets? dit-il.

— Mes projets, à moi? reprit Lucien étonné : les projets d'un homme qui vit retiré, loin du bruit, dans la solitude; mes projets sont d'achever tranquillement, si je le puis, un poème que j'ai commencé.

— Oui, oui, dit ironiquement Napoléon, vous êtes le poëte de la famille, vous faites des vers, tandis que je gagne des batailles : quand je serai mort, vous me chanterez; j'aurai cet avantage sur Alexandre, d'avoir mon Homère.

(1) Le prince de Canino n'avait point encore, à l'époque où j'écrivais ces lignes, publié ses Mémoires.

Charles le Gros.

— Quel est le plus heureux de nous deux?

— Vous, certes, vous, dit Napoléon en lâchant avec un geste d'humeur le bouton qu'il tenait; car vous n'avez pas le chagrin de voir dans votre famille des indifférents, et peut-être des rebelles.

Lucien laissa tomba ses bras, et regarda l'empereur avec tristesse.

— Des indifférents!... rappelez-vous le 18 brumaire... des rebelles?... et où jamais m'avez-vous vu évoquer la rébellion?

— C'est une rébellion que de ne point me servir; celui qui n'est point avec moi est contre moi.

Voyons, Lucien, tu sais que tu es parmi tous mes frères celui que j'aime le mieux! — il lui prit la main, — le seul qui puisse continuer mon œuvre : veux-tu renoncer à l'opposition tacite que tu fais?... Quand tous les rois de l'Europe sont à genoux, te croirais-tu humilié de baisser la tête au milieu du cortége de flatteurs qui accompagnent mon char de triomphe? Sera-ce donc toujours la voix de mon frère qui me criera : — César! n'oublie pas que tu dois mourir? Voyons, Lucien, veux-tu marcher dans ma route?

— Comment Votre Majesté l'entend-elle? répondit Lucien en jetant sur Napoléon un regard de défiance (1).

L'empereur marcha en silence vers une table ronde qui masquait le milieu de la chambre ; et, posant ses deux doigts sur le coin d'une grande carte roulée, il se retourna vers Lucien, et lui dit :

— Je suis au faîte de ma fortune, Lucien ; j'ai conquis l'Europe, il me reste à la tailler à ma fantaisie ; je suis aussi victorieux qu'Alexandre, aussi puissant qu'Auguste, aussi grand que Charlemagne ; je veux et je puis. Eh bien ! — il prit le coin de la carte et la déroula sur la table avec un geste gracieux et nonchalant, — choisissez le royaume qui vous plaira le mieux, mon frère, et je vous engage ma parole d'empereur que, du moment où vous me l'aurez montré du bout du doigt, ce royaume est à vous.

— Et pourquoi cette proposition à moi plutôt qu'à tout autre de nos frères ?

— Parce que toi seul es selon mon esprit, Lucien.

— Comment cela se peut-il, puisque je ne suis pas selon vos principes ?

— J'espérais que tu avais changé depuis quatre ans que je ne t'ai vu.

— Et vous vous êtes trompé, mon frère ; je suis toujours le même qu'en 99 : je ne troquerais pas ma chaise curule contre un trône.

— Niais et insensé ! dit Napoléon en se mettant à marcher et en se parlant à lui-même, insensé et aveugle, qui ne voit pas que je suis envoyé par le destin pour enrayer ce tombereau de la guillotine qu'ils ont pris pour un char républicain ! — Puis, s'arrêtant tout à coup et marchant à son frère : — Mais laisse-moi donc t'enlever sur la montagne et te montrer les royaumes de la terre : lequel est mûr pour ton rêve sublime ? Voyons, est-ce le corps germanique, où il n'y a de vivant que ces universités, espèce de pouls républicain qui bat dans un corps monarchique ? Est-ce l'Espagne, catholique depuis le treizième siècle seulement, et chez laquelle la véritable interprétation de la parole du Christ germe à peine ? Est-ce la Russie, dont la tête pense peut-être, mais dont le corps, galvanisé un instant par le czar Pierre, est retombé dans sa paralysie polaire ? Non, Lucien, non, les temps ne sont pas venus ; renonce à tes folles utopies ; donne-moi la main comme frère et comme allié, et demain je te fais le chef d'un grand peuple, je reconnais ta femme pour ma sœur, et je te rends toute mon amitié.

— C'est cela, dit Lucien, vous désespérez de me convaincre, et vous voulez m'acheter. — L'empe-

reur fit un mouvement. — Laissez-moi dire à mon tour, car ce moment est solennel et n'aura pas son pareil dans le cours de notre vie : je ne vous en veux pas de m'avoir mal jugé ; vous avez rendu tant d'hommes muets et sourds en leur coulant de l'or dans la bouche et dans les oreilles, que vous avez cru qu'il en serait de moi ainsi que des autres. Vous voulez me faire roi, dites-vous ? Eh bien ! j'accepte, si vous me promettez que mon royaume ne sera point une préfecture. Vous me donnez un peuple : je le prends, peu m'importe lequel, mais à la condition que je le gouvernerai selon ses idées et selon ses besoins ; je veux être son père, et non son tyran ; je veux qu'il m'aime, et non qu'il me craigne : du jour où j'aurai mis la couronne d'Espagne, de Suède, de Wurtemberg ou de Hollande sur ma tête, je ne serai plus Français, mais Espagnol, Allemand ou Hollandais ; mon nouveau peuple sera ma seule famille. Songez-y bien, alors nous ne serons plus frères selon le sang, mais selon le rang ; vos volontés seront consignées à mes frontières ; si vous marchez contre moi, je vous attendrai debout : vous me vaincrez sans doute, car vous êtes un grand capitaine, et le Dieu des armées n'est pas toujours celui de la justice ; alors je serai un roi détrôné, mon peuple sera un peuple conquis, et libre à vous de donner ma couronne et mon peuple à quelque autre plus soumis ou plus reconnaissant. J'ai dit.

— Toujours le même ! toujours le même ! murmura Napoléon ; puis, tout à coup, frappant du pied : Lucien, vous oubliez que vous devez m'obéir comme à votre père, comme à votre roi.

— Tu es mon aîné, non mon père ; tu es mon frère, non mon roi : jamais je ne courberai la tête sous ton joug de fer ! jamais ! jamais !

Napoléon devint affreusement pâle, ses yeux prirent une expression terrible, ses lèvres tremblèrent

— Réfléchissez à ce que je vous ai dit, Lucien.

— Réfléchis à ce que je vais te dire, Napoléon : tu as mal tué la république, car tu l'as frappée sans oser la regarder en face ; l'esprit de liberté, que tu crois étouffé sous ton despotisme, grandit, se répand, se propage ; tu crois le pousser devant toi, il te suit par derrière ; tant que tu seras victorieux, il sera muet ; mais vienne le jour des revers, et tu verras si tu peux t'appuyer sur cette France que tu auras faite grande, mais esclave. Tout empire élevé par la force et la violence doit tomber par la violence et la force. Et toi, toi, Napoléon, qui tomberas du faîte de cet empire, tu seras brisé, — prenant sa montre et l'écrasant contre terre, — brisé, vois-tu ? comme je brise cette montre, tandis que nous, morceaux et débris de ta fortune, nous serons dispersés sur la surface de la terre, parce que nous serons de ta famille, et maudits, parce que nous porterons ton nom. Adieu, sire !

Lucien sortit.

Napoléon resta immobile et les yeux fixes ; au

---

(1) Tous les détails de cet entretien m'ont été donnés par madame la duchesse d'Abrantès, aux Mémoires de laquelle je renverrais mes lecteurs, si je ne craignais que sa prose, si naïve, si vraie et si animée, ne fît par trop de tort à la mienne.

bout de cinq minutes, on entendit le roulement d'une voiture qui sortait des cours du palais; Napoléon sonna.

— Quel est ce bruit? dit-il à l'huissier qui entr'ouvrit la porte.

— C'est celui de la voiture du frère de Votre Majesté, qui repart pour Rome.

— C'est bien, dit Napoléon; et sa figure reprit ce calme impassible et glacial sous lequel il cachait, comme sous un masque, les émotions les plus vives.

Dix ans étaient à peine écoulés que cette prédiction s'était accomplie. L'empire élevé par la force avait été renversé par la force, Napoléon était brisé, et cette famille d'aigles, dont l'aire était aux Tuileries, s'était éparpillée, fugitive, proscrite et battant des ailes, sur le monde. Madame mère, cette Niobé impériale, qui avait donné le jour à un empereur, à trois rois, à deux archiduchesses, s'était retirée à Rome, Lucien dans sa principauté de Canino, Louis à Florence, Joseph aux États-Unis, Jérôme en Wurtemberg, la princesse Élisa à Baden, madame Borghèse à Piombino, et la reine de Hollande au château d'Arenemberg.

Or, comme le château d'Arenemberg est situé à une demi-lieue seulement de Constance, il me prit un grand désir de mettre mes hommages aux pieds de cette majesté déchue, et de voir ce qui restait d'une reine dans une femme lorsque le destin lui avait arraché la couronne du front, le sceptre de la main et le manteau des épaules, et de cette reine surtout, de cette gracieuse fille de Joséphine Beauharnais, de cette sœur d'Eugène, de ce diamant de la couronne de Napoléon.

J'en avais tant entendu parler dans ma jeunesse comme d'une belle et bonne fée, bien gracieuse et bien secourable, et cela par les filles auxquelles elle avait donné une dot, par les mères dont elle avait racheté les enfants, par les condamnés dont elle avait obtenu la grâce, que j'avais un culte pour elle. Joignez à cela le souvenir de romances que ma sœur chantait, qu'on disait de cette reine, et qui s'étaient tellement répandues de ma mémoire dans mon cœur qu'aujourd'hui encore, quoiqu'il y ait

vingt ans que j'aie entendu ces vers et cette musique, je répéterais les uns ou je noterais les autres sans transposer un mot, sans oublier une note. C'est que des romances de reine, c'est qu'une reine qui chante, cela ne se voit que dans les *Mille et une Nuits*, et cela était resté dans mon esprit comme un étonnement doré.

Il était trop matin pour me présenter en personne au château; j'y déposai ma carte, et je sautai dans un bateau qui me conduisit en une heure à l'île Reichenau.

C'est dans cette petite église, située au milieu de l'île, que sont déposés les restes de Charles le Gros, cinquième successeur de Charles le Grand; son épitaphe, qu'on lit dans le chœur, au-dessous d'un portrait qui passe pour le sien, raconte toute son histoire. La voici traduite textuellement :

« Charles le Gros, neveu de Charles le Grand, entra puissamment dans l'Italie, qu'il vainquit, obtint l'empire, et fut couronné César à Rome; puis, son frère Ludwig de Germanie étant mort, il devint, par droit d'hérédité, maître de la Germanie et de la Gaule. Enfin, manquant à la fois par le génie, par le cœur et par le corps, un jeu de fortune le jeta du faîte de ce grand empire dans cette humble retraite, où il mourut, abandonné de tous les siens, l'an de Notre-Seigneur 888. »

Comme il n'y avait rien autre chose à voir dans l'église ni dans l'île, nous remontâmes dans la barque et fîmes voile pour Arenemberg.

En entrant au château de Volberg, qu'habite madame Parquin, lectrice de la reine et sœur du célèbre avocat de ce nom, je trouvai une invitation à dîner chez madame de Saint-Leu et des lettres de France : l'une d'elles contenait l'ode magnifique de Victor Hugo sur la mort du roi de Rome.

Je la lus en me rendant à pied chez la reine Hortense (1).

(1) Nos lecteurs s'apercevront facilement que toute la première partie de ce volume a été écrite en 1834, et par conséquent avant les événements de Strasbourg.

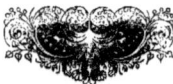

La reine Hortense.

UNE EX-REINE.

L e château d'Arenemberg n'est point une résidence royale; c'est une jolie maison qui pourrait appartenir indifféremment à M. A-guado, à M. de Schickler ou à Scribe : ainsi l'émotion que j'éprouvai appartenait tout entière à une cause morale qui remuait ma pen-sée, et nullement aux objets physiques qui frappaient mes yeux.

Cette émotion était telle, qu'après avoir désiré ardemment voir madame de Saint-Leu, au moment où ce désir allait être réalisé, je m'arrêtais à chaque pas pour retarder le moment de l'entrevue, plongeant mes yeux dans chaque échappée de vue, regardant sans distinguer, et bien plus disposé à retourner en arrière qu'à continuer mon chemin : c'est'

Charlemagne.

que j'étais sur le point de voir se réaliser une chimère ou de perdre une illusion; c'est que j'aimais presque autant m'en aller à l'instant avec un doute que de me retirer plus tard avec un désenchantement. Tout à coup, à trente pas de moi, au détour d'une allée, j'aperçus trois femmes et un jeune homme : mon premier mouvement fut de fuir; mais il était trop tard, j'avais été vu; je sentis le ridicule d'une pareille retraite, je fixai les yeux sur le groupe qui s'avançait, je reconnus instinctivement la reine, je marchai vers elle.

Certes, elle ne se doutait guère, en venant au-devant de moi, de ce qui se passait alors dans mon âme; elle était loin de penser qu'au jour de sa puissance jamais homme, entrant dans la salle de réception du château de la Haye et s'approchant du trône où elle était assise dans toute la majesté du pouvoir, dans toute la splendeur de la beauté, n'avait ressenti une émotion pareille à celle que j'éprouvais; tous les sentiments génèreux que renferme le cœur de l'homme, l'amour, le respect, la pitié, se pressaient sur mes lèvres; j'étais prêt à tomber à genoux, et certes je l'eusse fait si elle eût été seule.

Elle vit probablement ce qui se passait en moi, car elle sourit ineffablement en me tendant la main.

— Vous êtes mille fois bon, me dit-elle, de ne point passer près d'une pauvre proscrite sans la venir voir.

C'était moi qui étais bon, c'était de son côté qu'était la reconnaissance! bien, mon cœur; cette fois tu ne t'étais pas trompé, jeune homme, c'est la reine de ton enfance, gracieuse et bonne; poëte, c'est ce son de voix, c'est ce regard que tu as rêvé à la fille de Joséphine; laisse battre librement ton cœur : une fois la réalité s'est trouvée à la hauteur du songe; regarde, écoute, sois heureux.

La reine s'appuya sur mon bras, elle me conduisit, car je ne voyais pas; nous marchâmes ainsi je ne sais combien de temps, puis nous rentrâmes dans le salon. La première chose qui rappela mes esprits, qui arrêta mes pensées, qui fixa mes yeux, fut un magnifique portrait.

— Oh! voilà qui est beau! m'écriai-je.

— Oui, dit madame de Saint-Leu; c'est Bonaparte au pont de Lodi.

— Ce tableau doit être de Gros, n'est-ce pas?

— De lui-même.

— Fait d'après nature, sans doute : c'est trop merveilleux de ressemblance et de modelé pour ne pas être ainsi.

— L'empereur a posé trois ou quatre fois.

— Il a eu cette patience?

— Gros avait trouvé un excellent moyen pour cela.

— Lequel?

— Il le faisait asseoir sur les genoux de ma mère.

Voyez-vous cette fille qui me parle de sa mère, qui est Joséphine, de son beau-père, qui est Napoléon, qui me fait assister à cette scène de ménage, qui me montre le lion doux et apprivoisé, l'empereur sur les genoux de l'impératrice; et, devant eux, Gros, l'homme de Jaffa, d'Eylau et d'Aboukir, son pinceau à la main, fixant sur la toile cette tête large à contenir le monde? et tout cela n'était pas un rêve!

J'allai m'asseoir dans un coin, et, laissant tomber mon front entre mes deux mains, je restai abîmé dans un océan de pensées. Lorsque je revins à moi et que je le levai les yeux, je vis que madame de Saint-Leu me regardait en souriant : elle comprenait trop bien les causes d'une pareille inconvenance pour attendre de moi des excuses, que je ne pensais, du reste, aucunement à lui faire. Elle se leva et vint à moi.

— Voulez-vous me suivre? me dit-elle.

— Oh! certes.

— Venez!

— Et quelle merveille allez-vous me faire voir?

— Mon reliquaire impérial.

Elle me conduisit devant un meuble fermé comme une bibliothèque, avec des carreaux de vitre, et sur chaque planche duquel, ainsi que sur une étagère, étaient rangés des objets qui avaient appartenu à Joséphine ou à Napoléon.

D'abord c'était, dans un portefeuille marqué d'un J et d'un N, la correspondance intime de l'empereur et de l'impératrice. Toutes les lettres étaient autographes, datées des champs de bataille de Marengo, d'Austerlitz, d'Iéna, écrites sur l'affût d'un canon, les pieds dans le sang, et toutes contenaient un mot de la victoire. Puis, des pages d'amour, mais de cet amour profond, ardent, passionné, comme le ressentaient Werther, René, Antony. Quelle organisation immense que celle de cet homme, qui renfermait à la fois tant de choses dans la tête et dans le cœur!

C'était ensuite le talisman de Charlemagne; or c'est toute une histoire que celle de ce talisman; écoutez-la.

Lorsqu'on ouvrit, à Aix-la-Chapelle, le tombeau dans lequel avait été inhumé le grand empereur, on trouva son squelette revêtu de ses habits romains; il portait sa double couronne de France et d'Allemagne sur son front desséché; il avait au côté, près de sa bourse de pèlerin, Joyeuse, cette bonne épée avec laquelle, dit le moine de Saint-Denis, il coupait en deux un chevalier tout armé; ses pieds reposaient sur le bouclier d'or massif que lui avait donné le pape Léon, et à son cou était suspendu le talisman qui le faisait victorieux. Ce talisman était un morceau de la vraie croix, que lui avait envoyé l'impératrice. Il était renfermé dans une émeraude, et cette émeraude était suspendue par une chaîne à gros anneaux d'or. Les bourgeois d'Aix-la-Chapelle le donnèrent à Napoléon lorsqu'il fit son entrée dans leur ville, en 1813, jeta en jouant cette chaîne autour du cou de la reine Hortense, lui avouant que, le jour d'Austerlitz et de Wagram, il l'avait portée lui-même sur sa poitrine, comme, il y a neuf cents ans, le faisait Charlemagne.

C'était enfin la ceinture qui ceignait ses reins aux Pyramides; c'était l'anneau de mariage qu'il avait passé lui-même au doigt de la veuve de Beauharnais; c'était le portrait du roi de Rome, brodé par Marie-Louise, sur lequel s'était reposé son dernier regard. Cet œil d'aigle s'était fermé sur le même objet que j'avais à mon tour sous les yeux; sa bouche mourante avait touché ce satin, son dernier soupir l'avait humecté, et il y avait un mois à peine que l'enfant était mort, à son tour, les yeux sur le portrait de son père. Le temps et la liberté nous révéleront peut-être le secret providentiel de ce double trépas; en attendant, prosternons-nous et adorons.

Je demandai à voir l'épée rapportée de Sainte-Hélène par Marchand, et léguée par le duc de Reichstadt au prince Louis; mais la reine n'avait point encore reçu ce don mortuaire, et craignait de ne le recevoir jamais.

Madame Récamier.

La cloche du dîner sonna.

— Déjà! m'écriai-je.

— Vous reverrez tout cela demain, me dit-elle.

Après le dîner, nous rentrâmes au salon. Au bout de dix minutes, on annonça madame Récamier. Celle-là était encore une reine, reine de beauté et d'esprit : aussi la duchesse de Saint-Leu la reçut-elle en sœur.

J'ai beaucoup entendu discuter l'âge de madame Récamier; il est vrai que je ne l'ai vue que le soir, vêtue d'une robe noire, la tête et le cou enveloppés d'un voile de la même couleur; mais, à la jeunesse de sa voix, à la beauté de ses yeux, au modelé de ses mains, je parierais pour vingt-cinq ans.

Aussi fus-je bien étonné d'entendre ces deux femmes parler du Directoire et du Consulat comme de choses qu'elles avaient vues. Enfin, l'on pria madame de Saint-Leu de se mettre au piano.

— Cela vous fera-t-il plaisir? dit-elle en se retournant vers moi, à demi levée et attendant ma réponse.

— Oh! oui, répondis-je en joignant les mains.

— Elle chanta plusieurs romances dont elle avait dernièrement composé la musique.

— Si j'osais vous demander une chose... lui dis-je à mon tour.

— Eh bien! que me demanderiez-vous?

Une de vos anciennes romances.

— Laquelle?

Vous me quittez pour marcher à la gloire.

— O mon Dieu! mais c'est du plus loin qu'il me souvienne; cette romance est de 1809. Comment faites-vous pour vous la rappeler? Vous étiez à peine né lorsqu'elle était en vogue.

— J'avais cinq ans et demi; mais, parmi les romances que me chantait ma sœur, mon aînée de quelques années, c'était ma romance de prédilection.

— Il n'y a qu'un inconvénient, c'est que je ne me la rappelle plus.

— Je me la rappelle, moi.

Je me levai; et, m'appuyant sur le dos de sa chaise, je commençai à lui dicter les vers :

Vous me quittez pour marcher à la gloire,
Mon triste cœur suivra partout vos pas;
Allez, volez au temple de mémoire :
Suivez l'honneur, mais ne m'oubliez pas.

— Oui, c'est cela, me dit la reine avec tristesse. Je continuai :

A vos devoirs comme à l'amour fidèle,
Cherchez la gloire, évitez le trépas :

Dans les combats où l'honneur vous appelle
Distinguez-vous, mais ne m'oubliez pas.

— Ma pauvre mère! soupira madame de Saint-Leu.

Que faire, hélas! dans mes peines cruelles?
Je crains la paix autant que les combats :
Vous y verrez tant de beautés nouvelles,
Vous leur plairez!... mais ne m'oubliez pas.

Oui, vous plairez, et vous vaincrez sans cesse,
Mars et l'Amour suivront partout vos pas;
De vos succès gardez la douce ivresse,
Soyez heureux, mais ne m'oubliez pas.

La reine passa la main sur ses yeux pour essuyer une larme.

— Quel triste souvenir! lui dis-je.

— Oh! oui, bien triste! Vous savez qu'en 1808 les bruits du divorce commençaient à se répandre; ils étaient venus frapper ma mère au cœur; et, voyant l'empereur prêt à partir pour Wagram, elle pria M. de Ségur de lui faire une romance sur ce départ; il lui apporta les paroles que vous venez de dire, ma mère me les donna pour que j'en fisse la musique; et, la veille du départ de l'empereur, je les lui chantai. Ma pauvre mère! je la vois encore, suivant sur la figure de son mari, qui m'écoutait soucieux, l'impression que lui faisait cette romance, qui s'appliquait si bien à la situation de tous deux. L'empereur l'écouta jusqu'au bout; enfin, lorsque le dernier son du piano se fut éteint, il alla vers ma mère : — Vous êtes la meilleure créature que je connaisse, lui dit-il; puis, l'embrassant au front en soupirant, il rentra dans son cabinet; ma mère fondit en larmes, car de ce moment elle sentit qu'elle était condamnée. Vous concevez maintenant ce qu'il y a pour moi de souvenir dans cette romance; et, en me le disant, vous venez de toucher toutes les cordes de mon cœur comme un clavier.

— Mille pardons! comment n'ai-je pas deviné cela? Je ne demande plus rien.

— Si fait, dit la reine en se replaçant à son piano; si fait : tant d'autres malheurs sont venus passer sur celui-là, que c'est un de ceux sur lesquels j'arrête ma mémoire avec le plus de douceur; car ma mère, quoique séparée de l'empereur, en fut toujours aimée.

Elle laissa courir ses doigts sur le piano, un prélude plaintif se fit entendre; puis elle chanta avec toute son âme, avec le même accent qu'elle dut chanter devant Napoléon.

Je doute que jamais homme ait ressenti ce que j'éprouvai dans cette soirée.

⋘⋙

UNE PROMENADE DANS LE PARC D'ARENEMBERG.

adame la duchesse de Saint-Leu m'avait invité à déjeuner pour le lendemain matin, à dix heures; comme j'avais passé une partie de la nuit à écrire mes notes, j'arrivai quelques minutes après l'heure indiquée; j'allais m'excuser de l'avoir fait attendre, ce qui était d'autant moins pardonnable, qu'elle n'était plus reine; mais elle me rassura avec une bonté parfaite, me disant que le déjeuner n'était que pour midi, et que, si elle m'avait invité pour dix heures, c'était afin d'avoir tout le temps de causer avec moi; en même temps, elle proposa une promenade dans le parc, je lui répondis en lui offrant mon bras.

Nous fîmes à peu près cent pas en silence, le premier je l'interrompis :

— Vous aviez quelque chose à me dire, madame la duchesse?

— C'est vrai, dit-elle en me regardant, je voulais vous parler de Paris; qu'y avait-il de nouveau quand vous l'avez quitté?

— Beaucoup de sang dans les rues, beaucoup de blessés dans les hôpitaux, pas assez de prisons et trop de prisonniers (1).

— Vous avez vu les 5 et 6 juin?

— Oui, madame.

— Pardon, mais je vais être bien indiscrète peut-être; d'après quelques mots que vous avez dits hier, je crois que vous êtes républicain?

Je souris.

— Vous ne vous êtes pas trompée, madame la duchesse; et cependant, grâce au sens et à la couleur que les journaux qui représentent le parti auquel j'appartiens, et dont je partage toutes les sympathies, mais non tous les systèmes, ont fait prendre à ce mot, avant d'accepter la qualification que vous me donnez, je vous demanderai la permission de vous faire un exposé de principes; à toute autre femme, une pareille profession de foi serait ridicule; mais à vous, madame la duchesse, à vous qui,

comme reine, avez dû entendre autant de paroles austères que vous avez dû écouter de mots frivoles en votre qualité de femme, je n'hésiterai point à dire par quels points je touche au républicanisme social, et par quelle dissidence je m'éloigne du républicanisme révolutionnaire.

— Vous n'êtes donc point d'accord entre vous?

— Notre espoir est le même, madame; mais les moyens par lesquels chacun veut procéder sont différents : il y en a qui parlent de couper des têtes et de diviser les propriétés; ceux-là, ce sont les ignorants et les fous. Il vous paraît étonnant que je ne me serve pas, pour les désigner, d'un nom plus énergique; c'est inutile, ils ne sont ni craints ni à craindre; ils se croient fort en avant et sont tout à fait en arrière; ils datent de 93, et nous sommes en 1852. Le gouvernement fait semblant de les redouter beaucoup, et serait bien fâché qu'ils n'existassent pas, car leurs théories sont le carquois où il prend ses armes; ceux-là ne sont point les républicains, ce sont les républiqueurs.

Il y en a d'autres qui oublient que la France est la sœur aînée des nations, qui ne se souviennent plus que son passé est riche de tous les souvenirs, et qui vont chercher, parmi les constitutions suisse, anglaise et américaine, celle qui serait la plus applicable à notre pays; ceux-là, ce sont les rêveurs et les utopistes : tout entiers à leurs théories de cabinet, ils ne s'aperçoivent pas, dans leurs applications imaginaires, que la constitution d'un peuple ne peut être durable qu'autant qu'elle est née de la situation géographique, qu'elle ressort de sa nationalité, et qu'elle s'harmonise avec ses mœurs. Il en résulte que, comme il n'y a pas sous le ciel deux peuples dont la situation géographique, dont la nationalité et dont les mœurs soient identiques, plus une constitution est parfaite, plus elle est individuelle, et moins par conséquent elle est applicable à une autre localité qu'à celle qui lui a donné naissance; ceux-là, ce ne sont point non plus les républicains, ce sont les républiquistes.

Il y en a d'autres qui croient qu'une opinion, c'est un habit bleu barbeau, un gilet à grands revers, une cravate flottante et un chapeau pointu; ceux-là, ce sont les parodistes et les aboyeurs; ils excitent les émeutes, mais se gardent bien d'y prendre part; ils élèvent les barricades et laissent les autres se faire tuer derrière; ils compromettent

(1) Ces lignes ont été écrites avant l'amnistie : je n'ai pas voulu les effacer, car, de reproche qu'elles étaient, elles sont devenues un éloge; il faut laisser à chaque chose le caractère du temps dans lequel elle a été mise au jour.

Le duc de Reischtadt.

leurs amis, et vont partout se cachant comme s'ils étaient compromis eux-mêmes; ceux-là, ce ne sont point encore les républicains, ce sont les républiquets.

Mais il y en a d'autres, madame, pour qui l'honneur de la France est chose sainte, et à laquelle ils ne veulent pas que l'on touche, pour qui la parole donnée est un engagement sacré, qu'ils ne peuvent souffrir de voir rompre, même de roi à peuple, dont la vaste et noble fraternité s'étend à tout pays qui souffre et à toute nation qui se réveille : ils ont été verser leur sang en Belgique, en Italie et en Pologne, et sont revenus se faire tuer ou prendre au cloître Saint-Merry; ceux-là, madame, ce sont les puritains et les martyrs. Un jour viendra où non-seulement on rappellera ceux qui sont exilés, où non-seulement on ouvrira les prisons de ceux qui sont captifs, mais encore où l'on cherchera les cadavres de ceux qui sont morts pour leur élever des tombes; tout le tort que l'on peut leur reprocher, c'est d'avoir devancé leur époque et d'être nés trente ans trop tôt; ceux-là, madame, ce sont les vrais républicains.

— Je n'ai pas besoin de vous demander, me dit la reine, si c'est à ceux-là que vous appartenez.

— Hélas! madame, lui répondis-je, je ne puis

pas me vanter tout à fait de cet honneur; oui, certes, à eux toutes mes sympathies ; mais, au lieu de me laisser emporter à mon sentiment, j'en ai appelé à ma raison; j'ai voulu faire pour la politique ce que Faust a fait pour la science, descendre et toucher le fond. Je suis resté un an plongé dans les abîmes du passé ; j'y étais entré avec une opinion instinctive, j'en suis sorti avec une conviction raisonnée. Je vis que la révolution de 1830 nous avait fait faire un pas, il est vrai, mais que ce pas nous avait conduits tout simplement de la monarchie aristocratique à la monarchie bourgeoise, et que cette monarchie bourgeoise était une ère qu'il fallait épuiser avant d'arriver à la magistrature populaire. Dès lors, madame, sans rien faire pour me rapprocher du gouvernement dont je m'étais éloigné, j'ai cessé d'en être l'ennemi, je le regarde tranquillement poursuivre sa période, dont je ne verrai probablement pas la fin; j'applaudis à ce qu'il fait de bon, je proteste contre ce qu'il fait de mauvais, mais tout cela sans enthousiasme et sans haine; je ne l'accepte ni ne le récuse, je le subis; je ne le regarde pas comme un bonheur, mais je le crois une nécessité.

— Mais, à vous entendre, il n'y aurait pas chance qu'il changeât?

— Non, madame.

— Si cependant le duc de Reichstadt n'était point mort et qu'il eût fait une tentative?

— Il eût échoué; du moins, je le crois.

— C'est vrai; j'oubliais qu'avec vos opinions républicaines Napoléon doit n'être pour vous qu'un tyran.

— Je vous demande pardon, madame, je l'envisage sous un autre point de vue : à mon avis, Napoléon est un de ces hommes élus dès le commencement des temps, et qui ont reçu de Dieu une mission providentielle. Ces hommes, madame, on les juge, non point selon la volonté humaine qui les a fait agir, mais selon la sagesse divine qui les a inspirés; non pas selon l'œuvre qu'ils ont faite, mais selon le résultat qu'elle a produit. Quand leur mission est accomplie, Dieu les rappelle; ils croient mourir, ils vont rendre compte.

— Et, selon vous, quelle était la mission de l'empereur?

— Une mission de liberté.

— Savez-vous que tout autre que moi vous en demanderait la preuve.

— Et je la donnerais, même à vous.

— Voyons; vous n'avez point idée à quel degré cela m'intéresse.

— Lorsque Napoléon ou plutôt Bonaparte apparut à nos pères, madame, la France sortait, non pas d'une république, mais d'une révolution. Dans un de ces accès de fièvre politique, elle s'était jetée si fort en avant des autres nations, qu'elle avait rompu l'équilibre du monde; il fallait un Alexandre à ce Bu-

céphale, un Androclès à ce lion ; le 13 vendémiaire les mit face à face : la Révolution fut vaincue; les rois, qui auraient dû reconnaître un frère au canon de la rue Saint-Honoré, crurent avoir un ennemi dans le dictateur du 18 brumaire ; ils prirent pour le consul d'une république celui qui était déjà le chef d'une monarchie, et, insensés qu'ils étaient, au lieu de l'emprisonner dans une paix générale, ils lui firent une guerre européenne. Alors Napoléon appela à lui tout ce qu'il y avait de jeune, de brave et d'intelligent en France, et le répandit sur le monde; homme de réaction pour nous, il se trouva être en progrès sur les autres ; partout où il passa il jeta aux vents le blé des révolutions : l'Italie, la Prusse, l'Espagne, le Portugal, la Pologne, la Belgique, la Russie elle-même, ont tour à tour appelé leurs fils à la moisson sacrée; et lui, comme un laboureur fatigué de sa journée, il a croisé les bras et les a regardés faire du haut de son roc de Sainte-Hélène ; c'est alors qu'il eut une révélation de sa mission divine, et qu'il laissa tomber de ses lèvres la prophétie d'une Europe républicaine.

— Et croyez-vous, reprit la reine, que, si le duc de Reichstadt ne fût pas mort, il eût continué l'œuvre de son père?

— A mon avis, madame, les hommes comme Napoléon n'ont pas de père et n'ont pas de fils ; ils naissent, comme des météores, dans le crépuscule du matin, traversent d'un horizon à l'autre le ciel qu'ils illuminent, et vont se perdre dans le crépuscule du soir.

— Savez-vous que ce que vous dites là est peu consolant pour ceux de sa famille qui conserveraient quelque espérance?

— Cela est ainsi, madame; car nous ne lui avons donné une place dans notre ciel qu'à la condition qu'il ne laisserait pas d'héritier sur la terre.

— Et cependant il a légué son épée à son fils.

— Le don lui a été fatal, madame, et Dieu a cassé le testament.

— Mais vous m'effrayez, car son fils à son tour l'a léguée au mien.

— Elle sera lourde à porter à un simple officier de la confédération suisse.

— Oui, vous avez raison, car cette épée, c'est un sceptre.

— Prenez garde de vous égarer, madame ; j'ai bien peur que vous ne viviez dans cette atmosphère trompeuse et enivrante qu'emportent avec eux les exilés. Le temps, qui continue de marcher pour le reste du monde, semble s'arrêter pour les proscrits. Ils voient toujours les hommes et les choses comme ils les ont quittés, et cependant les hommes changent de face et les choses d'aspect ; la génération qui a vu passer Napoléon revenant de l'île d'Elbe s'éteint tous les jours, madame, et cette marche miraculeuse n'est déjà plus un souvenir, c'est un fait historique.

— Ainsi, vous croyez qu'il n'y a plus d'espoir pour la famille Napoléon de rentrer en France ?

— Si j'étais le roi, je la rappellerais demain.

— Ce n'est point ainsi que je veux dire.

— Autrement, il y a peu de chances.

— Quel conseil donneriez-vous donc à un membre de cette famille qui rêverait la résurrection de la gloire et la puissance napoléoniennes ?

— Je lui donnerais le conseil de se réveiller.

— Et, s'il persistait, malgré ce premier conseil, qui, à mon avis aussi, est le meilleur, et qu'il vous en demandât un second ?

— Alors, madame, je lui dirais d'obtenir la radiation de son exil, d'acheter une terre en France, de se faire élire député, de tâcher par son talent de disposer de la majorité de la Chambre, et de s'en servir pour déposer Louis-Philippe et se faire élire roi à sa place.

— Et vous pensez, reprit la duchesse de Saint-Leu en souriant avec mélancolie, que tout autre moyen échouerait ?

— J'en suis convaincu.

La duchesse soupira.

En ce moment, la cloche sonna le déjeuner ; nous nous acheminâmes vers le château, pensifs et silencieux ; pendant tout le retour, la duchesse ne m'adressa point une seule parole ; mais, en arrivant au seuil de la porte, elle s'arrêta ; et, me regardant avec une expression indéfinissable d'angoisse :

— Ah ! me dit-elle, j'aurais bien voulu que mon fils fût ici, et qu'il entendît ce que vous venez de me dire !...

REPRISE ET DÉNOUMENT

DE

L'HISTOIRE DE L'ANGLAIS QUI AVAIT PRIS UN MOT POUR UN AUTRE.

Après le déjeuner, je pris congé de madame la duchesse de Saint-Leu ; à Steikborn, je trouvai Francesco, que j'avais dépêché en courrier, et qui m'attendait avec une voiture ; nous partîmes aussitôt ; et, sur les huit heures du soir, nous arrivâmes à l'hôtel de la Couronne, à Schaffausen.

Le lendemain, dès que je fus levé, je me mis en quête par la ville. La première chose qui s'offrit à mes regards, sur la place même de l'hôtel, fut une statue représentant un homme de la fin du quinzième siècle, ayant le poignet droit coupé ; cette circonstance, comme on le devine, éveilla aussitôt ma curiosité. Il était évident que quelque légende devait se rattacher à cette mutilation. Je cherchais des yeux quelqu'un qui pût me mettre au courant de l'histoire particulière de l'individu représenté, lorsque j'avisai le garçon de l'hôtel debout sur la porte et fumant flegmatiquement dans une pipe d'écume de mer des feuilles d'une herbe quelconque qu'on lui avait vendue pour du tabac. J'allai à lui, pensant que je ne pouvais mieux m'adresser qu'à un voisin, et je lui demandai s'il savait quelle circonstance avait opéré la solution de continuité que j'avais remarquée entre l'avant-bras et la main du personnage dont je désirais connaître la biographie ; mon maître d'hôtel tira gravement sa pipe de sa bouche, étendit

Schaffhouse. — Page 82.

la main dans la direction de la statue, et me répondit : — L'histoire est écrite. Confiant dans cette indication, je retournai vers le manchot, je le regardai de la tête aux pieds ; mais je n'aperçus pas la moindre ligne calligraphique ; je crus que mon homme avait voulu se moquer de moi, et je revins dans l'intention de lui faire des remerciments de sa politesse.

— Eh bien ! me dit mon homme avec le même calme, avez-vous lu ?

— Comment voulez-vous que je m'y prenne pour cela ? lui répondis-je ; il n'y a rien d'écrit.

— Avez-vous regardé derrière ?

— Non.

— Eh bien ! regardez.

Je retournai à la recherche de l'inscription ; et, en effet, en tournant autour du piédestal, j'aperçus des lettres à moitié effacées ; heureusement que, lorsque j'eus déchiré le premier mot, je devinai le reste ; c'était ce vers de Virgile :

Auri sacra fames, quid non mortalia pectora cogis !

C'était une charmante sentence, dont je recon-

— Mais enfin, qui est donc mort? Parlez — Page 82.

naissais la vérité, mais qui pouvait s'appliquer à tant de circonstances, qu'elle ne m'apprenait rien de ce que je désirais savoir; j'eus de nouveau recours à mon homme.

— Eh bien? me dit-il.

— Eh bien! j'ai lu.

— Alors vous êtes content?

— Pas du tout.

— N'avez-vous pas trouvé une inscription?

— Sans doute; mais elle ne me dit pas pourquoi votre bonhomme a le poignet coupé.

— Alors, me répondit dédaigneusement le cuisinier, c'est que vous ne savez pas le latin.

Je n'en pus pas tirer autre chose; de sorte que, bon gré, mal gré, il fallut bien me contenter de cette réponse, tant soit peu humiliante pour un homme qui sait son Virgile par cœur.

Du reste, comme c'était, au dire du même cicerone, la seule chose qu'il y eût à voir à Schaffausen, je rentrai dans l'hôtel, d'où je comptais repartir aussitôt mon déjeuner; le garçon profita de ce moment pour m'apporter le registre de l'auberge, afin que je m'y inscrivisse. En jetant machinalement les yeux sur l'avant-dernière page, je reconnus le nom de sir Williams Blundel; il avait passé à Schaffausen il y avait douze jours. Comme je ne faisais pas grand fonds sur l'intelligence de mon servant, je le priai de dire au maître de l'hôtel de monter à la chambre du Français dont il lui reportait la signature, et qui avait à lui parler. La manière dont sir Williams m'avait quitté à Zurich m'avait laissé quelques inquiétudes; ces caractères timides et concentrés qui renferment tout en eux-mêmes ont des tristesses d'autant plus profondes, qu'elles ressemblent à du calme, et des désespoirs d'autant plus mortels, qu'ils n'ont ni cris ni larmes; il en résulte que leurs blessures saignent au dedans, et qu'ils étouffent presque toujours d'un épanchement de douleurs. Je désirais donc savoir quel aspect avait mon compagnon de route, ce qu'il avait fait pendant le temps qu'il était resté à Schaffausen, et quelle route il avait suivie en partant.

L'hôte entra; c'était un gros homme, qui devait porter habituellement une face des plus réjouies; cependant, pour le quart d'heure, il lui avait imposé une expression de douleur officielle qui jurait si énergiquement avec la physionomie que la nature lui avait donnée dans un moment d'hilarité, que j'augurai qu'il allait m'annoncer quelque malheur. En effet, avant que j'eusse ouvert la bouche : — Ah! monsieur, me dit-il, si j'avais su hier votre nom, je me serais empressé de monter près de vous. J'ai à vous rendre une lettre de votre ami. À ces paroles, mon hôte poussa un gémissement qui tenait le milieu entre un hoquet et un sanglot.

— De quel ami? dis-je.

— Ah! monsieur, continua-t-il en décomposant de plus en plus son visage, c'était un bien digne jeune homme, à sa folie près.

— Mais qui donc est fou? interrompis-je.

— Hélas! hélas! continua l'hôte, il est guéri maintenant. La mort est un grand médecin.

— Mais enfin qui donc est mort? parlez.

— Comment! vous ne savez pas? me dit l'aubergiste.

— Je ne sais rien, mon cher; allez donc!

— Vous ne savez pas qu'on n'a pas même retrouvé son corps.

— Mais le corps de qui, enfin?

— L'autre, ça m'est égal, vous m'entendez : il ne logeait pas ici, il était descendu au Faucon d'or, son corps pouvait s'en aller au diable; mais celui de ce pauvre M. Williams, qui avait l'air d'une jeune...

— Comment! m'écriai-je, sir Williams est mort?

— Mort, mon cher monsieur!

— Et comment est-il mort, mon Dieu?...

— Mort noyé, malgré tout ce que j'ai pu lui dire.

— Mort noyé!

— Hélas! oui, et voilà la lettre qu'il vous a écrite.

Je tendis machinalement la main, et je pris la lettre, mais sans la lire, tant j'étais écrasé sous l'inattendu de cette nouvelle.

— On a eu beau lui répéter que c'était une folie, continua l'aubergiste, bah! plus on lui a parlé du danger, plus il s'est entêté à la chose.

— Mais enfin, repris-je en revenant à moi, comment ce malheur lui est-il arrivé? car il est mort par accident; il ne s'est pas suicidé, n'est-ce pas?

— Hum! hum!... Dieu sait le fond, voyez-vous? Mais, quant à moi, j'ai bien peur qu'il n'ait eu de mauvaises intentions contre lui-même. Voulez-vous que je vous dise? je crois qu'il avait un grand chagrin dans le cœur.

— Vous ne vous trompez pas, mon ami; mais enfin donnez-moi quelques détails. Comment est-il mort? noyé, dites-vous? Son bateau a donc chaviré? ou bien est-ce en se baignant?

— Non, monsieur, rien de tout cela; imaginez... C'est toute une histoire, voyez-vous?

— Eh bien! racontez-la-moi.

— Vous saurez donc... Pardon si je m'assieds.

— Faites, faites; je suis si impatient, que j'oubliais de vous inviter à le faire.

— Eh bien! vous saurez donc, comme j'avais l'honneur de vous le dire, qu'il y a trois semaines, à peu près, deux jeunes fashionables anglais vinrent à Schaffausen, et descendirent... je ne sais pourquoi; car, sans amour-propre, la Couronne vaut bien le Faucon; mais le confrère, c'est un intrigant : croiriez-vous qu'il va attendre les voyageurs à la porte de Constance, et que là...

— Revenons à notre affaire, mon ami; vous disiez que deux jeunes Anglais étaient descendus au Faucon d'or; après?

— Oui, monsieur; à Schaffausen, il n'y a pas grand'chose à voir; mais à une lieue, une lieue et demie d'ici, nous avons la fameuse chute du Rhin, dont il n'est pas que vous ayez entendu parler; le fleuve se précipite de soixante-dix pieds de hauteur dans un abîme...

— Bien, mon ami, je sais cela; retournons à nos Anglais.

— Ils étaient donc venus pour voir la chute; en conséquence, le matin, ils prirent un guide, quoique ce soit tout à fait inutile de prendre un guide, il y a une grande route de vingt-quatre pieds de large : mais le propriétaire du Faucon d'or leur avait dit :

— Milords, il faut prendre un guide! Vous comprenez, parce que le guide fait une remise à celui qui lui procure des pratiques.

— C'est bien, mon ami, je sais à quoi m'en tenir sur l'aubergiste du Faucon d'or; et la preuve, c'est que je suis venu chez vous; mais cependant je dois vous prévenir que, si vous ne me racontez pas

La chute du Rhin.

l'événement d'une manière plus concise, je serai obligé d'aller demander ce récit à votre confrère.

— Voilà, monsieur, voilà ; cependant, sauf votre respect, permettez-moi de vous dire qu'il ne raconterait pas la chose aussi bien que moi, attendu que c'est un bavard qui...

Je me levai avec impatience, l'aubergiste apprécia cette démonstration hostile, me fit signe de la main qu'il arrivait au récit, et continua :

— Nos deux Anglais étaient donc devant la chute du Rhin, au bas du château de Lauffen ; ils regardèrent quelque temps le fleuve, qui se change tout à coup en cascade et se précipite de quatre-vingts pieds ; ils n'avaient pas ouvert la bouche, pas sourcillé de contentement ou de mécontentement, lorsque tout à coup le plus jeune dit au plus vieux : — Je parie vingt-cinq mille livres sterling que je descends la chute du Rhin dans une barque. Le plus vieux laissa tomber la provocation comme s'il n'avait rien entendu, prit son lorgnon, regarda l'eau bouillonnante, descendit quelques pas, afin de découvrir l'abîme où elle se précipitait, puis revint près de son camarade, et, avec le même flegme, lui dit tranquillement : — Je parie que non.

Deux heures après, les deux amis revinrent à Schaffausen, et se firent servir à dîner comme si rien n'était.

Après le dîner, le plus jeune fit monter le maître de l'auberge, et lui demanda où il pourrait acheter un bateau.

Le lendemain, l'aubergiste du Faucon le conduisit dans tous les chantiers ; mais il ne trouva rien qui lui convînt, et commanda un bateau neuf. Aux instructions qu'il donna pour sa confection, et à quelques mots qui lui échappèrent, le constructeur devina dans quel but il demandait ce bateau ; il interrogea à son tour la singulière pratique qui lui arrivait. Sir Arthur Mortimer, c'était le nom du plus jeune Anglais, n'ayant aucun motif pour cacher son projet, lui raconta le pari. Il faut lui rendre justice, Peter fit tout ce qu'il put pour le dissuader ; mais sir Arthur, impatienté, se leva pour aller faire la commande dans un autre chantier ; alors Peter vit que c'était une résolution prise, et que, rien ne pouvant la faire changer, autant valait qu'il en profitât qu'un autre ; il prit le dessin que lui avait fait sir Arthur, et promit le bateau pour le dimanche suivant.

Le même jour, le bruit se répandit dans les environs qu'un Anglais avait parié de descendre la chute du Rhin ; personne n'y pouvait croire, tant la résolution paraissait folle. Tout le monde allait demander la vérité à Peter, qui répondait en montrant son bateau, qui commençait déjà à prendre tournure. L'Anglais venait voir tous les jours s'il avançait, et faisait tranquillement ses observations ; les choses allaient le mieux du monde.

Sur ces entrefaites, sir Williams Blundel arriva à Schaffausen, et descendit chez moi. Il paraissait triste et abattu ; je demandai ses ordres, il balbutia quelques mots que je n'entendis pas ; n'importe, je le fis conduire à la plus belle chambre, celle-ci, au reste, et je lui fis servir un dîner comme il n'aurait pas pu, je vous en réponds, en obtenir un au Faucon d'or. Quand son valet de chambre descendit, je l'interrogeai pour savoir si milord faisait un long séjour à Schaffausen. J'appris alors qu'il partait le lendemain ; aussitôt il me vint une idée, c'était de retenir sir Williams jusqu'au dimanche, et c'était chose facile, il me semblait : je n'avais qu'à lui dire ce qui devait se passer ce jour-là.

En conséquence, quand je crus qu'il était au dessert, je montai dans sa chambre ; j'entrai discrètement et sans bruit ; il tenait à la main, contre laquelle il appuyait son front, un lambeau de voile vert, et paraissait absorbé dans une si profonde tristesse, qu'il ne fit pas attention à moi ; je lui fis trois révérences sans pouvoir le tirer de sa rêverie ; enfin, voyant qu'il me fallait joindre la parole à la pantomime, je lui demandai s'il était content de son dîner.

Ma voix le fit tressaillir, il leva la tête, m'aperçut devant lui, et aussitôt, cachant le voile dans son habit :

— Oui, très-content, très-content, me dit-il.

Dans ce moment, je m'aperçus qu'il n'avait touché à rien de ce qu'on lui avait servi ; je compris qu'il avait le spleen ; mon désir de le distraire n'en devint que plus fort.

— Le valet de chambre de milord m'a dit que Sa Grâce partait demain.

— Oui, c'est mon intention.

— Milord ne sait peut-être pas ce qui se passe ici.

— Non, je ne le sais pas.

— C'est que, si milord le savait, il resterait sans doute.

— Que se passe-t-il ?

— Un pari, milord : un compatriote de Votre Grâce a parié qu'il descendrait la chute du Rhin en bateau.

— Eh bien ! qu'y a-t-il là d'étonnant ?

— Ce qu'il y a d'étonnant, milord, c'est qu'il y a quatre-vingt-dix-neuf chances sur cent pour qu'il périsse.

— Vous en êtes sûr ? me dit sir Williams en me regardant fixement.

— J'en suis sûr, milord.

— Comment nomme-t-on mon compatriote ?

— Sir Arthur Mortimer.

— Où loge-t-il ?

— A l'auberge du Faucon d'or.

— Faites-moi conduire chez lui, je veux lui parler.

J'eus un instant de frayeur ; je pensai que sir

Sir Williams accepta le fauteuil et refusa le dîner.

Williams, mécontent du dîner auquel il n'avait pas touché, voulait changer d'hôtel, et vous concevez que ce n'était pas pour la perte, mais pour l'humiliation; en conséquence, j'ordonnai au plus intelligent de mes garçons, à celui qui vous a donné tous les renseignements sur la statue à laquelle il manque une main, vous vous rappelez?...

— Oui, oui.

— Je lui ordonnai donc, comme il parle anglais, de conduire sir Williams à l'hôtel du Faucon d'or, et d'être tout yeux, tout oreilles. Je n'eus pas besoin de lui recommander deux fois la chose; non-seule-ment il conduisit sir Williams jusqu'à la chambre de sir Arthur, mais encore il écouta à la porte.

Sir Arthur était en train de dîner; mais il paraît qu'il avait meilleur appétit que sir Williams, du moins à ce que put juger mon envoyé, d'après le cliquetis des fourchettes. Il reçut son compatriote avec une grande politesse, se leva, lui offrit un siège, et lui proposa de partager son repas. Sir Williams accepta le fauteuil et refusa le dîner. J'appris cette dernière circonstance avec plaisir, attendu qu'elle me prouva que ce n'était point par mépris qu'il n'avait pas touché au mien.

Vainement ils se jetèrent à ses pieds, embrassèrent ses genoux. — Page 86.

— Milord, dit sir Williams après un instant de silence, je vous demande pardon de mon indiscrétion, mais je viens d'apprendre d'un honnête aubergiste qui tient l'hôtel de la Couronne que vous avez fait un pari.

— Cela est vrai, monsieur, répondit sir Arthur.

Les deux Anglais s'inclinèrent; car il faut vous dire que mon garçon, qui est très-intelligent, quoique vous ayez l'air d'en douter, non seulement écoutait à la porte, mais encore regardait par le trou de la serrure, de sorte qu'aucun détail de la scène ne lui échappa. Je disais donc que les deux Anglais se saluèrent.

— Très-bien, répondis-je ; mais la conversation n'en resta point là, je présume?

— Ah! bien oui! vous allez voir. Ce pari, continua sir Williams, consiste, m'a-t-on dit, à descendre la chute du Rhin dans un bateau.

— Vous êtes parfaitement informé, monsieur.

Les deux Anglais se saluèrent de nouveau.

— Eh bien! milord, dit sir Williams, je viens vous demander à être votre compagnon de voyage.

— Comme intéressé dans le pari?

— Non, milord, comme amateur.

— Alors, c'est simplement pour le plaisir?

— Pour le plaisir, répondit sir Williams.

Les deux Anglais se saluèrent une troisième fois.

— Je vous ferai observer, reprit sir Arthur, que le bateau a été commandé pour moi seul.

— Et moi, je vous demanderai la permission, milord, de passer chez Peter et de lui transmettre de nouveaux ordres, bien entendu que la construction se fera à frais communs.

— Parfaitement, monsieur, et si vous voulez attendre que j'aie fini de dîner, nous irons ensemble.

Sir Williams fit signe qu'il était à la disposition de son compatriote, et Frantz, rassuré sur les craintes que je lui avais fait partager, revint me faire part de la conversation.

Deux heures après, sir Williams, en rentrant, me trouva sur la porte :

— Vous avez raison, me dit-il, je resterai chez vous jusqu'à dimanche.

— De ce moment, continua mon hôte, sir Williams parut beaucoup plus calme, il but et mangea comme vous et moi aurions pu faire; tous les jours il allait faire sa visite au bateau, qui avançait à vue d'œil. Enfin, le samedi matin, il fut fini et exposé à la porte de Peter; de sorte que personne ne put douter que l'expérience n'eût lieu le lendemain.

Le soir, sir Williams, après son dîner, demanda du papier, de l'encre et des plumes, et passa la nuit à écrire; le lendemain matin, qui était le jour du pari, il me fit appeler, me remit deux lettres, l'une pour vous, et c'est celle que je vous ai remise, et l'autre pour miss Jenny Burdett, et celle-là, selon ses instructions, je l'ai fait passer en Angleterre; puis il régla son compte, me paya le double de la somme portée sur la carte, laissa cent francs pour les domestiques, et se leva pour aller trouver sir Arthur. En ce moment, son valet de chambre et son cocher entrèrent les larmes aux yeux; ils venaient faire une dernière tentative près de leur maître; car, d'après tout ce qu'on leur avait dit, ils regardaient sa mort comme certaine; mais sir Williams fut inébranlable. Vainement ils le supplièrent, se jetèrent à ses pieds, embrassèrent ses genoux; sir Williams les releva, leur mit à chacun dans la main un contrat de rente de cent louis; puis, les embrassant comme s'ils étaient ses frères, il sortit sans vouloir écouter davantage leurs observations.

Les deux autres Anglais l'attendaient au Faucon d'or, où un déjeuner avait été préparé. Les trois gentlemen se mirent à table; sir Williams but et mangea de bon appétit et sans affectation : le déjeuner dura deux heures; au dessert, le compagnon de sir Arthur remplit un verre de vin de Champagne, et, élevant la main :

— A la perte de mon pari! dit-il, et puissé-je vous compter ce soir, à cette même table, les vingt-cinq mille livres sterling que j'espère avoir le bonheur de perdre. Les deux convives firent raison à ce toast; puis, s'étant levés de table, ils vinrent sur le balcon.

La place était encombrée de curieux; on était venu de Constance, d'Appenzell, de Saint-Gall, d'Aarau, de Zurich et du grand-duché de Bade. A peine parurent-ils sur le balcon, qu'on les accueillit avec de grands cris; ils saluèrent, puis sir Williams, jetant les yeux sur l'horloge :

— Milord, dit-il, l'heure va sonner, ne faisons pas attendre les spectateurs.

Sir Arthur demanda le temps d'allumer son cigare, et, la chose faite, les trois Anglais descendirent.

Le bateau était amarré à cent pas de Schaffhausen, sur la rive gauche du Rhin; près du bateau, le groom du second Anglais tenait deux chevaux en main, l'un pour son maître, qui devait suivre le bateau, l'autre pour lui, qui devait suivre son maître. Sir Williams et sir Arthur descendirent dans le bateau; lord Murdey, c'était le nom du troisième Anglais, monta à cheval; à un signal donné, Peter coupa la corde qui amarrait la barque. Un grand cri s'éleva des deux rives : elles étaient couvertes de spectateurs; à peine ceux-ci se furent-ils assurés que le pari tenait, qu'au lieu de suivre la marche du bateau, ils coururent d'avance à la chute du Rhin, afin de ne rien perdre du dénoûment de ce drame dont ils venaient de voir l'exposition.

Quant à sir Williams et à sir Arthur, ils avaient pris le cours du fleuve, et ils descendaient du même pas que l'eau, ne s'aidant des rames ni pour avancer ni pour se retenir. Pendant dix minutes à peu près, leur marche fut si lente, que sir Murdey les suivait au pas de son cheval; alors on commença d'entendre dans le lointain les rugissements de la cataracte; sir Arthur appuya une main sur l'épaule de sir Williams, monta à cheval; à un signal donné, Peter étendant l'autre du côté d'où venait le bruit, il lui fit en souriant signe d'écouter. Alors une batelier qui était sur le bord de l'eau leur cria que, s'ils voulaient revenir, il était encore temps, et qu'il se jetterait à la nage pour gagner leur barque et les ramener au rivage. Sir Arthur fouilla dans sa poche, tira sa bourse et la lança de toute sa force au batelier, aux pieds duquel elle tomba; le batelier la ramassa en secouant la tête. Quant à la barque, elle commençait à éprouver un mouvement plus rapide, et qui eût été insensible peut-être, si, pour la suivre, lord Murdey n'eût été obligé de mettre son cheval au petit trot.

Cependant, plus on approchait, plus le bruit de la chute devenait formidable; à une demi-lieue de l'endroit où elle se précipite, on distingue au-dessus de l'abîme un nuage de poussière d'eau, qui, repoussé par les rochers, remonte au ciel comme une fumée. A cette vue, sir Williams tira de sa poitrine le voile vert que je lui avais déjà vu entre les mains et le baisa; probablement c'était quelque souvenir de sa patrie, de sa mère ou de sa maîtresse.

— Oui, oui, interrompis-je, je sais ce que c'est; allez.

La barque commençait à se ressentir aussi de l'approche de la cataracte. Lord Murdey fut obligé de mettre son cheval au grand trot pour la suivre. Sir Arthur s'était assis, et commençait à s'assurer aux banquettes du bateau; quant à sir Williams, il était resté debout, les bras croisés et les yeux au ciel : un coup de vent enleva son chapeau, qui tomba dans le fleuve.

Cependant la barque avançait avec une rapidité toujours croissante; lord Murdey, pour la suivre, avait été obligé de mettre son cheval au galop; quant aux piétons, ceux qui s'étaient laissé rejoindre par elle ne pouvaient plus la suivre. Quelques rochers commençaient déjà à sortir leur tête noire et luisante hors de l'eau, et les aventureux navigateurs passaient emportés au milieu d'eux comme par le vol d'une flèche; sir Arthur penchait de temps en temps la tête hors de la barque et regardait la profondeur de l'eau, car il y avait des espaces sans rochers, où, par sa rapidité même, l'eau, claire comme une nappe, laissait voir le fond de son lit.

Quant à sir Williams, ses yeux ne quittaient pas le ciel.

A trois cents pas du précipice, la marche de la barque acquit une telle rapidité, que l'on eût cru qu'elle avait des ailes. Si vite que fût le cheval de lord Murdey, et quoiqu'il l'eût lancé dans sa plus forte allure, elle le laissa en arrière, comme aurait fait un oiseau. Le bruit de la cataracte était tel, qu'il couvrait les cris des spectateurs, et, je vous le dis, ces cris devaient cependant être terribles, car c'était une chose épouvantable à voir que ces deux hommes entraînés vers le gouffre, n'essayant pas de se retenir, et, quand ils l'eussent essayé, ne pouvant pas le faire. Enfin, pendant les trente derniers pas, hommes et bateau ne furent plus qu'une vision : tout à coup le Rhin manqua sous eux, la barque, précipitée au milieu de l'écume, rebondit sur un rocher; l'un des deux passagers fut lancé dans le gouffre, l'autre resta cramponné au bateau, et fut emporté avec lui comme une feuille; avant d'atteindre le bas de la cataracte, on les vit reparaître, tournoyer un instant et s'engloutir. Presque au même instant des planches brisées parurent à la surface de l'eau, et, reprenant le courant, furent entraînées par lui vers Kaisersthul. Quant aux corps de sir Williams et de sir Arthur, on n'en entendit jamais reparler, et lord Murdey payera les vingt-cinq mille livres sterling aux héritiers de son partenaire.

Voilà mot à mot comment la chose s'est passée, et il n'y a pas longtemps de cela; c'était dimanche dernier.

J'avais écouté ce récit tout haletant d'intérêt, et son dénoûment m'avait anéanti. Je pensais bien, lorsque sir Williams me quitta si brusquement à Zurich, qu'il nourrissait quelque mauvais dessein; mais je n'aurais pas cru que l'exécution en dût être si tragique et si prompte. Je me reprochais mon voyage dans les Grisons et cette chasse au chamois qui m'avait détourné de ma route. Si j'avais suivi mon premier itinéraire, je serais arrivé à Schaffausen deux ou trois jours à peine après sir Williams, et je ne doute pas que je ne l'eusse empêché de tenter la folle entreprise dans laquelle il avait trouvé la mort. Au reste, il était évident que, dans cette circonstance, il n'avait pas eu d'autre but que d'échapper au suicide par un accident, et j'aurais méconnu son intention que sa lettre ne m'eût laissé aucun doute; elle était simple et triste comme l'homme étrange qui l'avait écrite; la voici :

« Mon cher compagnon de voyage,

« Si j'ai jamais regretté de vous avoir quitté sans prendre de vous un congé plus amical, c'est à cette heure surtout, où ce congé se change en adieu. Je vous ai ouvert mon âme, vous y avez lu comme dans un livre; j'ai fait passer sous vos yeux toutes mes faiblesses, toutes mes espérances, toutes mes tortures; Dieu et vous savez seuls qu'il n'y avait de bonheur pour moi sur la terre que l'amour et la possession de Jenny; aussi, lorsque vous avez lu qu'elle appartenait à un autre, et que tout espoir était perdu désormais pour moi, ou vous me connaissez mal, ou vous avez dû deviner à l'instant que je ne survivrais pas à cette nouvelle. En effet, tout fugitif et errant que j'étais, il me restait toujours au fond du cœur cet espoir vague et sourd qui soutient le condamné jusqu'au pied de l'échafaud. Cet espoir illuminait des horizons fantastiques et inconnus comme ceux qu'on découvre dans un rêve; mais il me semblait toujours qu'en marchant dans la vie je finirais par les atteindre : voilà que tout à coup le mariage de Jenny tire un crêpe entre moi et l'avenir; voilà que mon soleil s'éteint, que je ne sais plus où je vais, et qu'autour de moi tout est ténèbres et désespoir. Vous voyez bien, mon cher poëte, qu'il faut que je meure; car que ferais-je d'une vie aussi solitaire et aussi décolorée?

« Mais, croyez-moi bien, cette résolution de mourir n'est point chez moi le résultat d'un paroxysme douloureux et aigu; je ne me sens de haine ni pour les hommes ni pour les choses, et, loin de maudire le Seigneur de m'avoir fait ainsi incomplet pour la vie, je lui rends grâce d'avoir ouvert au milieu de ma route une porte qui conduise au ciel. Heureux, je ne l'eusse point vue, et j'eusse continué mon chemin : malheureux, elle m'ouvre la seule vie qui me promette le repos : il faut bien que je cherche

A cette vue, sir Williams tira de sa poitrine le voile vert et le baisa. — PAGE 86.

l'ombre, puisque mes regards n'ont point la force de se fixer sur le soleil.

« Adieu, cette lettre fermée, j'écris à Jenny : à elle ma dernière pensée; elle saura qu'il y avait sous cette enveloppe ridicule, dont elle a tant ri sans doute, un cœur bon et dévoué, capable de mourir pour elle. Peut-être eût-il été plus généreux et plus chrétien de ne point attrister son bonheur de cette nouvelle, tout indifférente qu'elle lui sera sans doute; mais je n'ai pas eu le courage de la quitter pour toujours en lui laissant son ignorance et en emportant mon secret.

« Adieu donc encore une fois. Si jamais vous allez en Angleterre, faites-vous présenter chez elle : dites-lui que vous m'avez connu; dites-lui que, qu'elle le sût, je lui avais juré de mourir le jour où je perdrais l'espoir de la posséder, et que, le jour où j'ai perdu cet espoir, je lui ai tenu parole.

« Adieu, pensez quelquefois à moi, et ne riez pas trop à ce souvenir. »

La recommandation était inutile; deux grosses larmes coulaient de mes yeux et tombèrent sur la terre.

Le Château de Lauffen.

En effet, qui eût osé rire en face d'une pauvre organisation humaine si faible pour la vie et si forte pour la mort? Il y avait pour moi dans cette existence solitaire et incomprise quelque chose de tendre et de touchant, un long martyre moral, qui avait une auréole plus religieuse et plus sainte que toutes les douleurs physiques, et une humilité qui, en se courbant, devenait plus grande que l'orgueil.

Je résolus de consacrer le reste de la journée tout entière à la mémoire de sir Williams ; je réglai mes comptes avec l'hôte ; je chargeai Francesco du soin de faire transporter mon portemanteau jus-

qu'au château de Lauffen ; je pris mon bâton ferré, et je sortis de Schaffausen seul avec mes pensées, suivant lentement le bord du Rhin, aujourd'hui si solitaire et si silencieux, et il y avait quelques jours si peuplé et si bruyant, pour regarder deux hommes qui allaient mourir.

J'arrivai bientôt à l'endroit où le bateau avait été amarré, je reconnus le pieu fiché en terre et le bout de corde flottant dans l'eau : j'arrachai un échalas d'une vigne et je le jetai dans le fleuve pour voir quel était son cours. Ainsi que me l'avait dit l'aubergiste, il était peu rapide en cet endroit, où rien ne fait présager encore le voisinage de la cataracte. Je continuai mon chemin.

Au bout d'un autre quart d'heure de marche, je commençai à entendre un bruissement sourd et continu. Si je n'avais pas su l'existence d'une grande chute d'eau à trois quarts de lieue de l'endroit où je me trouvais, j'aurais cru à un orage lointain. Je continuai d'avancer, et, à mesure que j'avançais, le bruit devenait plus fort ; ce bruit, qui, dans toute autre circonstance, ne m'eût inspiré que de la curiosité, éveillait en moi une véritable terreur. En ce moment, un coup de vent emporta d'un arbre qui se levait au bord de la route quelques feuilles jaunies par l'automne : elles allèrent tomber sur le fleuve, dont le courant les emporta, aussi rapide et aussi insoucieux que lorsqu'il avait emporté ces deux hommes. Bientôt j'aperçus le nuage de poussière humide produit par le rejaillissement de la cascade : le cours du Rhin devenait de plus en plus rapide ; quelques rochers aux formes bizarres sortaient leurs têtes du fleuve comme des caïmans endormis ; l'eau préludait en se brisant contre eux à la chute immense qu'elle allait faire. De place en place, de belles nappes unies comme une glace et d'un vert d'émeraude laissaient voir jusqu'au sable du fleuve d'une manière si transparente, qu'on aurait pu compter les cailloux dont il était semé ; enfin j'arrivai à l'endroit où tout à coup le lit manquant au fleuve, il se précipite, en une seule masse de vingt pieds d'épaisseur et dans une largeur de trois cents, au fond d'un abîme de soixante-dix.

Ou j'ai bien mal exprimé l'intérêt que m'avait inspiré sir Williams, ou l'on doit se faire une idée de ce que j'éprouvai à cet aspect. La chute de cette cataracte immense, qui, en toute autre occasion, n'eût produit sur moi qu'un effet de curiosité, me causait alors une profonde terreur ; il me semblait que le terrain sur lequel j'étais devenait tout à coup mobile, je me sentais entraîné par ce courant furieux, j'approchais de la chute, j'entendais les rugissements du gouffre, je voyais son haleine, j'étais aspiré par la cataracte, le fleuve manquait sous mes pieds, je roulais d'abîmes en abîmes, sans haleine, sans voix, étouffé, rompu, brisé. On fait des rêves pareils quelquefois, puis on se réveille au moment où l'on croit mourir : on reprend ses esprits, on se tâte et l'on rit, convaincu qu'il est impossible que l'on coure jamais un pareil danger. Eh bien ! ce danger fantastique, deux hommes l'avaient couru ; ces angoisses horribles, deux hommes les avaient souffertes ; ils s'étaient sentis entraînés, précipités, dévorés ; ils avaient roulé de rochers en rochers, étouffés, rompus, brisés, et ne s'étaient pas réveillés au moment de mourir.

Je restais comme enchaîné à la partie supérieure de la cascade, quoique ce fût la moins belle ; mais ce n'était pas sa beauté que je cherchais : de quelque point que je l'examinasse, à travers la magie de l'aspect m'apparaissait la terreur du souvenir. Je descendis enfin, importuné par un homme qui, ne comprenant rien à mon immobilité, s'efforçait de m'expliquer en mauvais français que j'avais mal choisi mon point de vue, et que c'était d'en bas que la chute était belle. Je le suivis machinalement, étourdi par les rugissements de la cataracte et glissant sur les escaliers humides où son eau retombe en poussière. Enfin, après avoir descendu dix minutes à peu près, nous trouvâmes une construction en planches qu'on appelle le Fischetz ; elle conduit si près de la cataracte, qu'en levant la tête on la voit se précipiter sur soi, et qu'en étendant le bras on la touche avec la main.

C'est de cette galerie tremblante que le Rhin est véritablement terrible de puissance et de beauté : là, les comparaisons manquent ; ce n'est plus le retentissement du canon, ce n'est plus la fureur du lion, ce ne sont plus les gémissements du tonnerre ; c'est quelque chose comme le chaos, ce sont les cataractes du ciel s'ouvrant à l'ordre de Dieu pour le déluge universel ; une masse incommensurable, indescriptible enfin, qui vous oppresse, vous épouvante, vous anéantit, quoique vous sachiez qu'il n'y a pas de danger qu'elle vous atteigne.

Ce fut cependant sur cette galerie que l'idée vint à sir Arthur de descendre la chute du Rhin en bateau, et ce fut en la quittant qu'il proposa le pari mortel qu'accepta lord Murdey : c'est, je l'avoue, à n'y rien comprendre.

Après avoir vu la chute du Rhin du château de Lauffen, c'est-à-dire de la partie supérieure, et ensuite de Fischetz, c'est-à-dire de la partie inférieure, je voulus la voir encore du milieu de son cours ; à cet effet, je descendis le long de sa rive pendant une centaine de pas environ ; puis, dans une espèce de petite anse, je trouvai une douzaine de bateaux qui attendent les voyageurs pour les passer à l'autre bord. Je sautai dans l'un d'eux, Francesco me suivit avec mon portemanteau, et j'ordonnai alors au patron de me conduire au milieu du fleuve. Quoique déjà à cent pas de sa chute, il est encore aussi ému et aussi agité que l'est la mer dans un gros temps ; cependant, arrivés au centre de l'immense nappe d'eau, nous trouvâmes le milieu moins agité : c'est que la cataracte est partagée par un rocher, aux flancs duquel poussent des mousses, des lierres et des arbres, et que surmonte une espèce de girouette représentant Guillaume Tell, et que ce rocher brise l'eau qui s'écarte en bouillonnant à la base, mais laisse derrière lui toute une ligne calme et nue, si on la compare surtout au bouillonnement des deux bras qui l'enveloppent. Je demandai alors à mon batelier si, profitant de cette espèce de remou, nous pourrions remonter jusqu'au rocher ; il nous répondit que, sans être dangereuse, la chose était cependant assez difficile, à cause du clapotement des vagues, qui rejetait toujours la barque dans l'un ou l'autre courant, mais que, si cependant je voulais lui donner cinq francs, il le tenterait. Je répondis en lui mettant dans la main ce qu'il demandait, et il se mit à ramer vers la cataracte.

Ainsi qu'il m'en avait prévenu, nous eûmes quelque difficulté à surmonter les vagues, qui nous repoussaient toujours de la ligne; mais, grâce à son habileté, le batelier se maintint dans la bonne voie.

Plus nous approchions du rocher, plus le fleuve, bouillonnant à notre droite et à notre gauche, se calmait sous notre bateau. Enfin nous arrivâmes à un endroit assez calme, et où il fut plus facile à notre pilote de se maintenir. Placés où nous étions, au milieu même de son cours, tout couverts de son écume et de sa poussière, la cataracte était admirable; le soleil, prêt à se coucher, teignait la partie supérieure de la chute d'une riche couleur rose, tandis qu'un arc-en-ciel enflammait la vapeur qui s'élevait de l'abîme, et qui, comme je l'ai dit, rejaillissait à plus de deux cents pieds de haut. Je restai ainsi près d'une demi-heure en extase; puis enfin le batelier me demanda où je comptais aller coucher; je lui répondis que je comptais coucher sur la grande route, et qu'à cet effet j'allais m'enquérir d'une voiture à Neuhausen ou à Altembourg, attendu que, n'ayant pas grand'chose à voir, je comptais mettre à profit la nuit et me retrouver en me réveillant à une dizaine de lieues de Schaffausen.

— S'il ne faut qu'un moyen de transport à monsieur, me dit le batelier, et si une barque lui semblait un aussi bon lit qu'une voiture, il n'aura pas besoin d'aller à Neuhausen ni à Altembourg pour trouver ce qu'il lui faut; je n'ai qu'à lever mes deux avirons, et nous partirons aussi vite que si nous étions emportés par les deux meilleurs chevaux du duché de Bade.

La proposition était si tentante, que je trouvai la chose ne peut mieux pensée. Nous fîmes prix à dix francs, payables à Kaisersthul. A peine le marché fut-il arrêté, que le batelier cessa de s'opposer à la rapidité du courant, et que, ainsi qu'il me l'avait promis, la petite barque, légère comme une hirondelle, s'éloigna de la chute avec une rapidité qui, pendant quelques secondes, nous ôta la respiration.

Pendant dix minutes à peu près, nous pûmes encore embrasser tout l'ensemble de la cascade, moins grande, au reste, de loin que de près, attendu que de près la chute même borne l'horizon, tandis que de loin elle n'est plus que l'ornement principal du tableau, et que ses accompagnements sont pauvres et mesquins. Le château de Lauffen est peu pittoresque, son architecture lourde pèse sur la cascade, le village de Neuhausen est insignifiant, pour ne rien dire de plus; enfin les vignes qui entourent ses deux fabriques ne contribuent pas peu à leur donner un aspect bourgeois des plus antipoétique. Il faudrait, pour faire un digne cadre à cette magnifique cataracte, les pins de l'Italie, les peupliers de la Hollande, ou les beaux chênes de notre Bretagne.

Au premier coude que fit le fleuve, je perdis tout cela de vue; mais longtemps encore j'entendis le mugissement de la cascade, et j'aperçus, par delà des bouquets d'arbres qui bordent les sinuosités du Rhin, la poussière blanche qui forme au-dessus de la cataracte un nuage éternel. Enfin la distance amortit ce bruit, les ténèbres me dérobèrent la vapeur, et je commençai à songer aux moyens de passer dans mon bateau la moins mauvaise nuit possible.

Il s'élevait du fleuve une humidité pénétrante, un vent frais courait à sa surface, et, pour me garantir de ce double inconvénient, je n'avais qu'une blouse de toile écrue et un pantalon de coutil blanc. Je tâchai d'y remédier en me couchant au fond du bateau; je me fis un traversin de ma valise, je fourrai mes mains dans mes poches, et, grâce à ces précautions, je parvins à réagir assez victorieusement contre la fraîche haleine de la nuit. Du reste, nous allions toujours un train fort convenable; sur les deux rives, je voyais fuir les arbres, les vignes et les maisons; cette fuite finit par produire sur mon esprit l'effet d'une valse trop prolongée. La tête me tourna, je fermai les yeux, et, bercé par le courant de l'eau, je finis par tomber dans une espèce de somnolence qui n'était plus la veille et n'était pas encore le sommeil. Tout endormi que j'étais, je me sentais vivre, un refroidissement général me gagnait, je comprenais que j'aurais eu besoin de secouer cet engourdissement et de me réchauffer par la pensée; mais je n'en avais pas le courage, et je me laissais aller à cette douloureuse léthargie. De temps en temps, je me sentais emporté plus rapidement, j'entendais un bruit plus fort et plus effrayant, je soulevais ma tête appesantie, et je me voyais emporté comme une flèche sous une arche de pont contre laquelle le fleuve écumant venait se briser. Alors, j'éprouvais un vague instinct du danger, un frisson courait par tout mon corps, mais cependant la terreur n'était point assez forte pour me réveiller; je continuais mon cauchemar, et je sentais que de minute en minute mes membres s'engourdissaient davantage, et que l'espèce de rêve même qui agitait mon cerveau était près de s'effacer et de s'éteindre. Enfin, j'arrivai à un assoupissement complet, grâce auquel, si j'étais tombé à l'eau, je me serais certainement noyé sans m'en apercevoir et en croyant continuer mon rêve. Je ne sais combien de temps dura cette léthargie; je sentis que l'on faisait ce qu'on pouvait pour m'en tirer; j'aidai de mon mieux les efforts de Francesco et du batelier. Grâce à ce concours de bonne volonté de ma part et d'efforts de la leur, je passai heureusement de la barque à bord; je me vis entrer dans un château fort, puis je me trouvai dans un lit bien chaud, où je me dégourdis peu à peu. Alors, je pus demander dans quelle partie du monde j'avais abordé, et j'appris assez in-

différemment que j'habitais le château Rouge, et que, moyennant rétribution, j'y recevrais l'hospitalité du grand-duc de Bade.

KŒNIGSFELDEN.

Nous partîmes le lendemain, au point du jour; ma nuit avait été un long cauchemar où la réalité se mêlait avec le rêve; il me semblait que mon lit avait conservé le mouvement du bateau. Je me sentais attiré par la cataracte; puis, au moment d'être précipité, ce n'était plus moi que le danger menaçait, c'était sir Williams : je l'avais revu les bras croisés et les yeux au ciel, et le pauvre garçon avait bouleversé tout mon sommeil. Qu'était devenu son corps? Le Rhin le roulerait-il jusqu'à l'Océan, et l'Océan le jetterait-il aux rives de l'Angleterre qu'il avait quittées si désespéré, et auxquelles il retournait guéri? Je traversai le pont qui séparait le grand-duché de Bade du canton d'Argovie; mais je m'arrêtai au milieu pour jeter un dernier regard sur le Rhin : à travers le brouillard qui nous enveloppait, j'apercevais jusqu'à une certaine distance ses vagues bouillonnantes, et il me semblait à tout instant qu'au sommet de ces vagues j'allais voir se dresser le corps de ce pauvre Blundel; je ne pouvais m'arracher des bords du fleuve; il me semblait qu'en les abandonnant je perdais un suprême espoir; enfin, il fallut me décider, je jetai un dernier regard, un

dernier adieu sur le cours du fleuve, et je pris la route de Baden.

Pendant une heure, je marchai au milieu de ce brouillard; puis enfin, vers les huit ou neuf heures du matin, cette voûte mate et froide s'échauffa et jaunit dans un coin, quelques pâles rayons percèrent la nuée; bientôt elle se déchira par bandes et s'en alla rasant le sol, formant des vallées dont les parois semblaient solides, et des montagnes de vapeurs qu'on eût cru pouvoir gravir : peu à peu cette mer de nuages se souleva, montant doucement, et découvrant d'abord les vignes, puis les arbres, puis les montagnes; enfin, toutes ces îles flottantes sur la mer du ciel se confondirent dans son azur, et finirent par se mêler et se perdre dans les flots limpides de l'éther.

Alors se déroula devant moi une route riante et gracieuse, qui vint, riche de toutes les coquetteries de la nature, essayant de me distraire des émotions de la veille; les prairies avec leur fraîcheur, les arbres avec leur murmure, la montagne avec ses cascades, tentèrent de me faire oublier le crime du fleuve. Je me retournai vers lui, lui seul continuait à charrier une masse de vapeurs; lui seul, comme un tyran, essayait de se cacher à la vue de Dieu. Je ne sais comment une idée aussi bizarre me vint, je ne sais comment elle prit une réalité dans mon es-

La ville de Baden.

prit ; mais le fait est que je fis plusieurs lieues sous cette préoccupation que toute ma raison ne pouvait écarter. Ainsi est fait l'orgueil de l'homme, toujours prompt à croire, avec ses souvenirs instinctifs et despotiques de l'Éden, qu'il est le souverain de la terre, et que tous les objets de la création sont ses courtisans.

J'arrivai ainsi, à travers un pays délicieux, à la ville de Baden. Je mis à profit le temps que l'aubergiste me demanda pour préparer mon dîner, et je montai sur le vieux château qui domine la ville. C'est encore une de ces grandes aires féodales dispersées par la colère du peuple. Cette forteresse, qu'on appelait le rocher de Bade, resta entre les mains de la maison d'Autriche jusqu'en 1415, époque à laquelle les confédérés s'en emparèrent et se vengèrent, en la démolissant, de ce que ses murs avaient offert si longtemps un asile imprenable à leurs oppresseurs, qui y résolurent les campagnes de Morgarten et de Sempach. Du sommet de ces ruines, qui, du reste, n'offrent point d'autre intérêt, on domine toute la ville, rangée aux deux côtés de la Limmat, et qui, avec ses maisons blanches et ses contrevents verts, semble sortir des mains des peintres et des maçons : au second plan, des collines boisées, qui semblent le marchepied des glaciers, et enfin, à l'horizon, comme une dentelure gigantesque, les pics déchirés et neigeux des grandes Alpes, depuis la Yungfrau jusqu'au Glarnich.

Comme rien de bien curieux ne me retenait à Bade, que j'avais fait un assez long séjour à Aix pour avoir épuisé la curiosité que pouvait m'inspirer le mystère des eaux thermales, je me contentai de jeter un coup d'œil sur celles qui bouillonnent au milieu du cours de la Limmat; leur chaleur, qui est de trente-huit degrés, est due, dit-on, au gypse et à la marne recouverts de couches de pierres calcaires dont est formé le Legerberg, au travers duquel elles filtrent. Je donne cette opinion pour ce qu'elle vaut, en me hâtant toutefois d'en décliner la responsabilité.

Ce qui, du reste, m'attirait comme un aimant, c'était le désir de visiter le lieu où avait été assassiné l'empereur Albert, et que les descendants de ses ennemis ont appelé Kœnigsfelden ou le Champ du Roi. Ce champ, situé, comme nous l'avons dit, sur les rives de la Reuss, s'étend jusqu'à Windisch, l'ancienne Windonissa des Romains, fondée par Germanicus lors de ses campagnes sur le Rhin; la ville antique, dont il ne reste aujourd'hui d'autres ruines que celles qui sont cachées sous terre, couvrait tout l'espace qui s'étend de Hausen à Gebistorf, et se trouvait ainsi à cheval sur la Reuss, au confluent de l'Aar et de la Limmat. Quinze jours avant mon arrivée, un laboureur avait, avec sa charrue, effondré un vieux tombeau, et y avait trouvé les restes d'un casque, d'un bouclier et d'une de ces épées de cuivre que les Espagnols seuls savaient tremper dans l'Èbre, et auxquelles ils donnaient un tranchant supérieur à celui du fer et de l'acier.

C'est sur l'emplacement même où expira l'empereur Albert qu'Agnès de Hongrie, sa fille, éleva le couvent de Kœnigsfelden. A l'endroit où pose l'autel s'élevait le chêne contre lequel l'empereur assis s'adossait, lorsque Jean de Souabe, son neveu, lui perça la gorge d'un coup de lance. Agnès fit déraciner l'arbre, tout teint qu'il était du sang de son père, et elle en fit faire un coffre dans lequel elle enferma les habits de deuil qu'elle jura de porter tout le reste de sa vie.

Tout à l'entour du chœur sont les portraits de vingt-sept chevaliers à genoux et priant. Ces chevaliers sont les nobles tués à la bataille de Sempach. Parmi ces fresques est un buste, et ce buste est celui du duc Léopold, qui voulut mourir avec eux. Ce chœur, éclairé par onze fenêtres dont les vitraux coloriés sont les merveilles de la fin du quinzième siècle, est séparé de l'église par une cloison; on passe de l'un dans l'autre, et l'on se trouve au pied du tombeau de l'empereur Albert; il est de forme carrée, entouré d'une balustrade en bois peint, aux

quatre coins et aux quatre colonnes de laquelle sont appendues les armoiries des membres de la famille impériale qui dorment près de leur chef.

C'est qu'outre l'empereur Albert, qui a perdu la vie ici, cette pierre recouvre, dit l'inscription de la balustrade, « sa femme, madame Élisabeth, née à Koindten; sa fille, madame Agnès, ci-devant reine de Hongrie, ensuite aussi notre seigneur le duc Léopold, qui a été tué à Sempach. »

Autour de ces cadavres impériaux gisent les reliques ducales et princières du duc Léopold le Vieux, de sa femme Catherine de Savoie, de sa fille Catherine de Habsbourg, du duc de Lussen, du duc Henry et de sa femme Élisabeth de Vernburg, celles du duc Frédéric, fils de l'empereur Frédéric de Rome, et de son épouse Élisabeth, duchesse de Lorraine.

Puis encore, autour de ceux-là, et sous les dalles armoriées qui les couvrent, dorment soixante chevaliers aux casques couronnés, tués à la bataille de Sempach; enfin, dans les chapelles environnantes, et formant un cadre digne de cet ossuaire, reposent à droite sept comtes de Habsbourg et deux comtes de Griffenstein, et à gauche quatre comtes Lauffenbourg et cinq comtes de Reinach et de Brandis.

Il en résulte que, si aujourd'hui Dieu permettait que l'empereur Albert se soulevât sur sa tombe, et réveillât la cour mortuaire qui l'entoure, ce serait, certes, le plus noble et le mieux accompagné de de tous les rois qui, à cette heure, portent un sceptre et une couronne.

Au moment où je foulais aux pieds toutes ces cendres féodales, l'homme qui m'accompagnait vit que l'heure des vêpres était arrivée, et, quoique personne ne dût venir à cet appel, il sonna la cloche, la même qui fut donnée au couvent par Agnès. J'allai à lui, et lui demandai si l'on allait célébrer un office divin. — Non, me répondit-il, je sonne les vêpres pour les morts; laissons-leur leur église. — Nous sortîmes.

Cet homme sonne ainsi trois fois par jour : la première à l'heure de la messe, la seconde à l'heure des vêpres, et la troisième à l'heure de l'angelus.

Nous passâmes dans le couvent de Sainte-Claire, où est située la chambre à coucher où Agnès entra, le cœur plein de jeunesse et de vengeance, à l'âge de vingt-sept ans, resta plus d'un demi-siècle à prier, et sortit, comme elle le dit elle-même, purgée de toute souillure, pour rejoindre son père, à l'âge de quatre-vingt-quatre ans.

Sur le panneau, et en dehors de la porte de cette chambre, est peint en pied le portrait du fou de la reine, qui s'appelait Henrick, et qui était du canton d'Ury. Sans doute ce portrait est une allusion aux joies, aux plaisirs et aux vanités du monde, qu'Agnès, en entrant dans la retraite, laissait en dehors de sa cellule.

J.A. BEAUCÉ

Marie-Thérèse.

Cette cellule resta triste, nue et austère comme celle du plus sévère cénobite, tant que l'habita la fille d'Albert. Dans un cabinet, au pied du lit, est encore le coffre grossier, taillé dans le chêne, où la religieuse orpheline serrait ses habits de deuil. En certains endroits l'écorce a été respectée : ce sont ceux qui étaient tachés de sang. Après la mort d'Agnès, cette cellule fut habitée par Cécile de Reinach, qui, après avoir perdu son mari et ses frères à Sempach, vint à son tour demander asile au couvent et consolation à Dieu. Ce fut elle qui fit peindre dans cette même cellule les portraits des vingt-sept chevaliers agenouillés, dont les fresques de la chapelle ne sont que des copies.

La journée s'avançait ; il était trois heures, j'avais vu à Kœnigsfelden tout ce qui est curieux à voir ; je remontai dans la voiture que j'avais prise à Bade ; car je désirais arriver le même soir à Aarau. Cependant, quelque diligence que je me fusse promis de faire, au bout d'une heure j'arrêtai ma voiture au pied du Wulpesberg : c'est qu'à son sommet s'élève le château d'Habsbourg, et que je ne voulais pas passer si près du berceau des Césars modernes sans le visiter.

Ce château est situé sur une montagne longue et étroite ; il en reste une tour tout entière, qui, grâce à son architecture carrée et massive, est parfaitement conservée, quoiqu'elle date du onzième siècle ; une des salles, dont les boiseries, grâce au temps et à la fumée, sont devenues noires comme de l'ébène, conserve encore des restes de sculptures. Au flanc de la tour s'est cramponné un bâtiment irrégulier qui se soutient à elle ; il est habité par une famille de bergers, qui a fait une écurie de la salle d'armes du grand Rodolphe. Par un vieil instinct de faiblesse et par une antique habitude d'obéissance, quelques cabanes sont venues se grouper autour de ces ruines, qui furent la demeure du premier-né de la maison d'Autriche. Un nom et quelques pierres couvertes de chaume, voilà ce qui reste du château et des propriétés de celui dont la descendance a régné cinq cents ans, et ne s'est éteinte qu'avec Marie-Thérèse.

L'homme qui habite ces ruines, et qui s'en est constitué le cicerone, me fit voir, de l'une des fenêtres orientales, une petite rivière qui coule dans la vallée, et à laquelle se rattache une tradition assez curieuse. Un jour que Rodolphe de Habsbourg revenait de Mellingen, monté sur un magnifique cheval, il aperçut sur ses bords un prêtre portant le viatique : les pluies avaient enflé le torrent, et le saint homme ne savait comment le franchir. Il venait de se déterminer à se déchausser pour passer la rivière à gué, lorsque le comte arriva près de lui, sauta à bas de son cheval, mit un genou en terre pour recevoir la bénédiction de l'homme de Dieu ; puis, l'ayant reçue, lui offrit sa monture ; le prêtre accepta, passa la rivière à cheval ; le comte le suivit

à pied jusqu'au lit du mourant, et assista l'officiant dans la sainte cérémonie. Le viatique administré, le prêtre sortit, et voulut rendre au comte Rodolphe le cheval qu'il lui avait prêté ; mais le religieux seigneur refusa, et, comme le prêtre insistait : — A Dieu ne plaise, mon père, répondit le comte, que je sois assez orgueilleux pour oser me servir jamais d'un cheval qui a porté mon Créateur ! Gardez-le donc, mon père, comme un gage de ma dévotion à votre saint ordre : il appartient désormais à votre église.

Dix ans plus tard, le pauvre prêtre était devenu chapelain de l'archevêque de Mayence, et le comte Rodolphe de Habsbourg était prétendant à l'empire. Or, le prêtre se souvint que son seigneur s'était humilié devant lui, et il voulut lui rendre les honneurs qu'il en avait reçus. Sa place lui donnait un grand crédit sur l'archevêque ; celui-ci en avait à son tour sur les électeurs. Rodolphe de Habsbourg obtint la majorité et fut élu empereur de Rome.

Vers la fin du quinzième siècle, les confédérés vinrent mettre le siège devant le château de Habsbourg. Il était commandé par un gouverneur autrichien, qui se défendit jusqu'à la dernière extrémité. Plusieurs fois les Suisses lui avaient offert une capitulation honorable, mais il avait constamment refusé ; enfin, pressé par la famine, il envoya un parlementaire. Il était trop tard : ses ennemis, sachant à quel état de détresse la garnison était réduite, repoussèrent toute proposition, et exigèrent des assiégés qu'ils se rendissent à discrétion : alors la femme du gouverneur demanda la libre sortie pour elle, avec la permission d'emporter ce qu'elle avait de plus précieux. Cette permission lui fut accordée ; aussitôt les portes s'ouvrirent, et elle sortit du château, emportant son mari sur ses épaules ; les Suisses, esclaves de leur parole, la laissèrent passer ; mais, à peine avait-elle déposé à terre celui que cette pieuse ruse avait sauvé, qu'ils la poignarda, pour qu'il ne fût pas dit qu'un chevalier avait dû la vie à une femme.

Malgré tout ce que je pus faire de questions à mon cicerone, je n'en pus obtenir une troisième légende. En conséquence, voyant qu'il était au bout de son érudition, je regagnai ma voiture au jour tombant ; un quart d'heure après, je traversais l'établissement des bains de Schinznach, et j'arrivai à Aarau encore assez à temps pour me faire conduire à la meilleure coutellerie de la ville.

On m'avait beaucoup vanté ce produit de la capitale de l'Argovie ; et, d'après cette réputation, je me serais fait un scrupule de passer au milieu d'une industrie aussi célèbre sans en emporter un échantillon. Aussi, quelque chose que fût ma bourse, et quoique je ne dusse retrouver de l'argent qu'à Lausanne, je résolus de faire un sacrifice, convaincu qu'une telle occasion ne se rencontrerait jamais. En conséquence, j'achetai pour la somme de dix francs une paire de rasoirs renfermés dans leur

Il mit un genou en terre pour recevoir la bénédiction de l'homme de Dieu. — Page 95.

cuir, et, enchanté de mon emplette, je revins à l'hôtel pour en faire l'essai.

En passant la lame de l'instrument barbificateur sur le cuir destiné à en adoucir le mordant, je m'aperçus que le manche de ce cuir portait une adresse; j'en fus enchanté, afin de pouvoir la donner à ceux de mes amis qui viendraient en Suisse, et voudraient, comme moi, profiter de la circonstance pour se monter en rasoirs à la coutellerie d'Aarau.

Voici cette adresse :

A LA FLOTTE.

FRANÇOIS BERNARD.
Fabricant de Rasoirs et de Cuirs,
Rue Saint-Denis, 74.
A PARIS.

Ce sont les meilleurs rasoirs que j'aie jamais rencontrés.

Soleure.

L'ILE SAINT-PIERRE.

'humiliation que j'éprouvai d'avoir fait douze cents lieues pour venir acheter à Aarau des rasoirs de la rue Saint-Denis fit que le lendemain, aussitôt mon déjeuner, je quittai l'auberge de la Cigogne, où j'étais descendu la veille au soir; je continuai ma route par Olten, jolie petite ville du canton de Soleure, située sur les bords de l'Aar, et dont les habitants élevèrent autrefois un monument à Tibère-Claude Néron, *quod viam per Jurassi valles duxit*. Comme il n'existe aucune trace de cette antique voie romaine, je ne m'y arrêtai que le temps de faire souffler le cheval, et, vers les trois heures de l'après-midi, j'arrivai à Soleure : il me restait juste le temps nécessaire pour aller voir coucher le soleil sur le Weissenstein.

Ce qui m'avait surtout déterminé à cette excursion, c'est qu'au contraire des montagnes des Alpes le Weissenstein, qui appartient au Jura, est arrivé à un degré de civilisation qu'il doit sans doute à son voisinage de la France. Pour arriver à sa cime la plus élevée, on n'a qu'à se mettre dans une bonne calèche et à dire : — Marchez! Cela vous coûte vingt francs, c'est-à-dire un peu moins cher que si vous faisiez la route à pied et en prenant un guide. Ce mode de locomotion m'allait d'autant mieux, que je commençais à être au bout de mes forces, et que je sentais tous les jours diminuer ma sympathie pour les montagnes. J'en avais tant laissé derrière moi, que les souvenirs que j'en conservais ressemblaient beaucoup à un chaos, et que, dans cet entassement de Pélion sur Ossa, je commençais vraiment à ne plus distinguer Ossa de Pélion. Aussi je remerciai Dieu de m'avoir gardé, contre ses habitudes providentielles, la meilleure pour la dernière. Je m'étendis aussi moelleusement que possible dans la calèche, je m'en remis au cocher de la fortune de César, j'élevai Francesco au rang de mon historiographe, lui recommandant de retenir avec attention et fidélité tout ce que la route offrait de remarquable, et je m'endormis du sommeil de l'innocence; trois heures après, je me réveillai à la porte de l'auberge. Je demandai aussitôt à Francesco ce qu'il avait remarqué sur la route ; il me répondit que ce qui l'avait le plus frappé, c'est qu'elle avait été toujours en montant.

Comme je n'avais pas pris le temps de manger à Soleure, je recommandai à madame Brunet, mon hôtesse, de donner tous les soins au dîner qu'elle allait me servir. Elle réclama une heure pour faire un chef-d'œuvre, et me demanda si je ne voulais pas mettre cette heure à profit en montant sur le sommet du Rothiflue. Je frissonnai de tous mes membres : je crus que j'avais été abominablement volé ; que la montagne où j'étais si doucement parvenu n'était qu'une déception, et que j'allais être condamné à en grimper une autre avec mes propres jambes ; mais, en me retournant, j'aperçus, à travers les portes de la cuisine, un horizon si étendu et si magnifique, que je me rassurai un peu. Je demandai alors ce que je verrais de plus en haut du Rothiflue qu'en haut du Weissenstein ; on me répondit que je verrais les vallées du Jura, une partie de la Suisse septentrionale, la forêt Noire, et quelques montagnes des Vosges et de la Côte-d'Or ; à ceci je répondis que, depuis quatre mois, j'avais vu tant de montagnes, que je me figurais parfaitement ce que celles-là pouvaient être, et que je me contenterais du panorama du Weissenstein. En échange, je demandai s'il serait possible de me préparer un bain ; madame Brunet me répondit que c'était la chose du monde la plus facile, et que je n'avais seulement qu'à dire si je le voulais d'eau ou de lait.

Dans les dispositions de sybaritisme où je me trouvais, on devine ce que cette dernière proposition

éveilla en moi de désirs; malheureusement un bain de lait devait être une volupté d'empereur qu'un banquier seul pouvait se permettre. Je me rappelai les mesures de lait parisiennes qu'on déposait à ma porte le matin, et que mon domestique additionnait mensuellement, les unes au bout des autres, à soixante-quinze centimes chaque; et je calculai que, surtout pour moi, il en faudrait bien douze ou quinze cents, et cela au minimum ; or, douze cents fois soixante-quinze centimes ne laissent pas que de faire une somme. Je mis la main à la poche de mon gilet, faisant glisser les unes après les autres, entre mon pouce et mon index, les cinq dernières pièces d'or qui me restaient pour aller à Lausanne; et, convaincu qu'elles ne pourraient pas même suffire pour à-compte, je demandai vertueusement un bain d'eau.

— Vous avez tort, me dit madame Brunet, le bain de lait n'est pas beaucoup plus cher, et il est infiniment plus bienfaisant.

J'eus alors une peur, c'est qu'à cette hauteur le bain d'eau lui-même ne fût hors de la portée de mes moyens pécuniaires.

— Comment? dis-je vivement, et quelle est donc la différence ?

— Le bain d'eau coûte cinq francs, et le bain de lait dix.

— Comment, dix francs? m'écriai-je, dix francs un bain de lait!

— Dame! monsieur, me dit ma bonne hôtesse, se trompant à l'intention, ils sont un peu plus chers dans ce moment-ci, parce que les vaches redescendent; aux mois d'août et de septembre, ils n'en coûtent que six.

— Comment? mais, madame Brunet, je ne me plains aucunement de la somme; faites-moi chauffer un bain de lait, et bien vite.

— Monsieur le prendra-t-il dans sa chambre?

— On peut le prendre dans sa chambre?

— C'est à volonté.

— En dînant?

— Sans doute.

— Près de la fenêtre?

— A merveille.

— En regardant le coucher du soleil?

— Parfaitement.

— Et le dîner sera mangeable avec tout cela?... Mais c'est un paradis que votre auberge, madame Brunet!

— Monsieur, me répondit mon hôtesse en me faisant une révérence, je prends des pensionnaires et fais des remises sur les prix quand on reste quinze jours.

Malheureusement je ne pouvais profiter de l'offre économique que me faisait madame Brunet; je me contentai donc de lui recommander la plus grande diligence, et je montai dans ma chambre. Comme il n'y avait que moi de voyageur, on me donna la plus grande et la plus commode; j'allai au balcon, et j'avoue que, quoique familiarisé avec les plus belles vues de la Suisse, je restai en admiration devant celle-ci.

Qu'on se figure un demi-cercle de cent cinquante lieues, borné à droite par la grande chaîne des Alpes, et à gauche par un horizon incommensurable, dans lequel sont enfermés trois rivières, sept lacs, douze villes, quarante villages et cent cinquante-six montagnes, tout cela subissant les variations de lumière d'un coucher de soleil d'automne, tout cela vu d'une baignoire adhérente à une table couverte d'un excellent dîner, et l'on aura une idée du panorama du Weissenstein, découvert dans les meilleures conditions possibles; quant à moi, il me parut magnifique.

Cependant je n'ose le décrire, tant, dans ma religion pour l'exactitude et la vérité, je me défie de l'influence du bain et du dîner.

Je dormais du plus beau et du plus saint sommeil quand, le lendemain, Francesco entra dans ma chambre à quatre heures du matin; il avait jugé que, puisque j'avais vu le coucher du soleil, je ne pouvais pas me dispenser de voir son lever pour faire pendant; comme j'étais réveillé, je pensai que ce que j'avais de mieux à faire était de me ranger à son opinion.

Mais j'avais pris dans l'auberge de madame Brunet des habitudes de sybarite; de sorte qu'au lieu de me lever, je fis traîner mon lit auprès de la fenêtre, et je n'eus qu'à me donner la peine d'ouvrir les yeux pour jouir du même spectacle qui, sur le Faulhorn et le Rhighi, m'avait coûté tant de fatigues et tant de peines. Malgré le laisser-aller de mes manières, le soleil ne me fit pas attendre, il s'éleva avec sa régularité et sa magnificence ordinaires, faisant étinceler comme des volcans cette chaîne immense de glaciers qui s'étend depuis le mont Blanc jusqu'au Tyrol. Je suivis tous les accidents de lumière de son retour comme j'avais suivi toutes les variations de son départ; puis, lorsque cette lanterne magique merveilleuse commença de me fatiguer par sa sublimité même, je fis fermer ma fenêtre, tirer mes rideaux, repousser mon lit contre le mur, et, fermant les yeux, je me rendormis comme sur un rêve.

Comme, après une démonstration aussi expressive, personne n'osa plus rentrer dans ma chambre, je me réveillai bravement à midi, j'avais dormi seize heures, moins les quarante minutes que j'avais employées à regarder le lever du soleil.

Il n'y avait pas de temps à perdre si je voulais visiter Soleure avec quelque détail: aussi je fis atteler, et, une heure et demie après, je descendais à la porte de la ville.

Elle est d'une forme parfaitement carrée et la mieux fortifiée de la Suisse; une vieille tour, que les habitants disent romaine et antérieure au Christ, est, je crois, du septième ou du huitième siècle.

Elle s'élevait d'abord seule, comme l'indique son nom *Solothurn;* mais peu à peu les maisons vinrent s'appuyer à elle, et, se rassemblant sous sa protection, formèrent une ville qui offre cela de remarquable, qu'elle procède en tout par le nombre onze: elle a onze rues, onze fontaines, onze églises, onze chanoines, onze chapelains, onze cloches, onze pompes, onze compagnies de bourgeois et onze conseillers.

Soleure possède l'arsenal le mieux organisé de toute la Suisse; la première salle contient un parc d'artillerie de trente-six canons; elle est soutenue par trois colonnes chargées de trophées; la première est ornée des dépouilles de Morat, elle porte une bannière du duc de Bourgogne et un drapeau des chevaliers de Saint-Georges; la seconde est un souvenir de la bataille de Dornach, et l'on reconnaît à leur double tête les aigles d'Autriche; enfin la troisième conserve deux drapeaux pris à la bataille de Saint-Jacques, sur notre roi Louis XI.

La seconde salle est celle des fusils: elle en contenait, à l'époque où je la visitai, six mille parfaitement en état et près à être distribués en cas de besoin.

La troisième salle est celle des armures: deux mille armures complètes des quinzième, seizième et dix-septième siècles y sont classées au hasard, sans aucun ordre et sans aucune science. Au milieu de l'arsenal s'élève une table ovale, autour de laquelle sont assis treize guerriers figurant les treize cantons. Les Suisses ont choisi pour habiller les mannequins qui les représentent treize armures colossales, qui semblent avoir appartenu à une race de Titans. Cela me rappela Alexandre, qui avait fait enterrer, avec son nom et l'olympiade de son règne, des mors de chevaux d'une grandeur gigantesque, afin que la postérité mesurât la taille de ses guerriers à celle de leurs montures.

En sortant de l'arsenal, nous allâmes visiter le cimetière de Schouzevil; nous y étions conduits par un pèlerinage politique: il renferme la tombe de Kosciusko. C'est un monument formant un carré long, et sur lequel est écrite cette épitaphe:

VISCERA
THADDÆI KOSCIUSKO
DEPOSITA DIE XVII OCTOBRIS
M DCCC XVIII

Comme la ville n'offre pas d'autre curiosité, et que, grâce au somme que j'avais fait au Wessenstein, je pouvais prendre sur ma nuit, je fis mettre le cheval à la voiture à huit heures du soir, et j'arrivai à Bienne à une heure du matin.

Pendant que Francesco frappait à l'hôtel de la Croix-Blanche, j'examinai une charmante fontaine qui se trouve sur la place; elle est surmontée d'un groupe qui paraît dater du seizième siècle, et qui représente un ange gardien emportant dans ses bras un agneau que Satan essaye de lui enlever. L'allégorie de l'âme entre le bon et le mauvais principe était trop évidente pour que j'en cherchasse une autre.

En 1826, lorsqu'on creusa autour de cette fontaine pour faire un bassin, on trouva une grande quantité de médailles romaines ; une partie fut déposée à l'hôtel de ville, et l'autre enfouie, avec quantité pareille de pièces françaises au millésime de la même année, sous les nouvelles fondations. Ce fut l'aubergiste qui me donna ces détails, et cela dans mon idiome maternel, dont je commençais à m'ennuyer ; car à Bienne on entre tout à coup et de plein bond dans la langue française, que dix personnes à peine parlent à Soleure.

Le lendemain, à huit heures, mes bateliers étaient prêts, j'allai les rejoindre à la pointe qui s'avance entre Nydau et Vingel ; de l'endroit de l'embarquement, nous embrassâmes tout le panorama du petit lac de Bienne, l'un des plus jolis de la Suisse, et qui est célèbre près des touristes modernes par le séjour que fit Rousseau dans son île de Saint-Pierre. On aperçoit de loin cette île, qui se présente sous le même aspect que celle des Peupliers à Ermenonville, à l'exception, cependant, qu'à Ermenonville ce sont les peupliers qui sont un peu plus grands que l'île, tandis qu'à Saint-Pierre c'est l'île qui est un peu plus grande que les peupliers. Elle est, au reste, et pour plus de précautions, ceinte d'un mur de pierre élevé dans le but de lui donner de la consistance, afin que, dans quelque crue du lac, elle n'aille pas échouer à la plage comme la demeure flottante de Latone.

Notre navigation, poussée par le vent de nord-est, était charmante. Au nord la chaîne du Jura, couverte de sapins dans ses hautes sommités, de hêtres et de chênes dans ses moyennes régions, venait mirer sa pente couverte de vignes et tachetée de maisons dans l'azur de l'eau. Au midi s'étendait une chaîne de petites collines sans noms, derrière lesquelles se cachent Berne et Morat, et au dessus desquelles regardent comme des géants les pics neigeux des grandes Alpes ; enfin, à l'occident, gît,

ombreuse et calme, la petite île de Saint-Pierre, et derrière elle la ville de Cerlier, bâtie en amphithéâtre, et dont les maisons semblent grimper la pente de Jolimont, pour aller s'asseoir sur son plateau.

Peu d'années se passent sans que le lac de Bienne ne gèle. Cette circonstance atmosphérique a donné lieu à une coutume assez singulière, de laquelle mes bateliers n'ont pu me donner l'explication. Le receveur de l'île Saint-Pierre, qui appartient à l'hôpital de Berne, doit une mesure de noix au premier qui arrive à l'île à l'aide de la croûte de glace qui se forme alors sur le lac. C'est presque toujours un habitant de Glarès qui remporte ce prix ; mais aussi peu d'années se passent sans que l'on ait à déplorer la perte de quelque pèlerin trop pressé, sous lequel la glace, à peine formée encore, se brise, et qui disparaît pour ne reparaître qu'au dégel. Il est vrai que la mesure de noix vaut huit batz, et que huit batz valent vingt-quatre sous.

Nous abordâmes à l'île Saint-Pierre après une heure de navigation à peu près ; nous traversâmes un beau bois de chênes, nous laissâmes à notre gauche un petit pavillon, et nous arrivâmes à l'auberge où est la chambre de Rousseau, que le calcul bien plus que la vénération a conservée telle qu'elle était lorsqu'il l'habita.

C'est une petite chambre carrée, sans papier, et à solives saillantes, éclairée au midi par une seule fenêtre donnant sur le lac, et d'où la vue, par une échappée, s'étend jusqu'aux grandes Alpes. Treize chaises de paille, deux tables, une commode et un lit de bois pareil aux tables et aux chaises, un pupitre peint en blanc et un poêle de faïence verte, en forment tout l'ameublement. Une trappe placée dans un coin communique, à l'aide d'une échelle, aux appartements inférieurs, et peut au besoin servir d'escalier dérobé.

Quant aux murs, ils sont couverts des noms des admirateurs du *Contrat social*, de l'*Émile*, et de la *Nouvelle Héloïse*, venus de toutes les parties du monde. C'est une collection de signatures fort curieuse, à laquelle il n'en manque qu'une seule, celle de Rousseau.

Neufchâtel.

UN RENARD ET UN LION.

omme il suffit d'une demi-heure pour visiter dans tous ses détails l'île de Bienne, et que j'avais pris mes bateliers pour tout un jour, je me fis conduire, par mesure d'économie, à Cerlier, où nous arrivâmes sur le midi : nous nous mîmes immédiatement en route pour Neufchâtel, que nous découvrîmes au bout de trois heures de marche, en sortant de Saint-Blaise.

La ville se présente, de ce côté, sous un point de vue assez pittoresque, qu'elle doit au vieux château qui lui a fait, il y a treize ou quatorze cents ans, donner son nom de Château-Neuf à une langue de terre chargée de fabriques, qui s'avance dans le lac, et aux jardins qui entourent ses maisons et donnent à chacune d'elles l'aspect d'une villa. Une seule chose nuit au caractère du paysage, c'est la couleur jaunâtre des pierres avec lesquelles les murs sont bâtis, et qui donnent à la ville l'apparence d'un immense joujou taillé dans du beurre.

Nous entrâmes dans Neufchâtel par une porte de barricades; elle datait de la révolution de 1831. Cette révolution, conduite par un homme d'un grand courage, nommé Bourquin, avait pour but de soustraire la ville au principat de la Prusse, et de la réunir entièrement à la confédération suisse.

Il est vrai que la position de Neufchâtel était étrange, dépendant à la fois d'une république et d'un royaume, envoyant deux députés à la diète helvétique, et payant une contribution à Frédéric-Guillaume; ayant sa noblesse et son peuple qui relèvent d'elle, et qui sont royalistes, et sa bourgeoisie et ses paysans, qui ne relèvent que d'eux-mêmes, et qui sont républicains.

Au moment où j'arrivai à Neufchâtel, le procès de propriété se plaidait encore : les Neufchâtelois, ignorant ce qu'ils étaient, attendaient de jour en jour la décision qui les ferait. Suisses ou Prussiens, cependant les haines étaient en présence, et la garnison du château, au-dessus de laquelle les insurgés avaient été briser la couronne et les pattes de l'aigle qui porte sur sa poitrine l'écusson fédératif, n'osait descendre dans la ville ; le soir, des chansons séditieuses se chantaient à haute voix dans les rues. Ces chansons étaient un véritable appel aux armes. Le moment était peu favorable pour recueillir les légendes ou les traditions; tous les souvenirs étaient venus se fondre dans celui de la révolution, et les seuls héros de Neufchâtel étaient, à cette époque, quelques pauvres jeunes gens, prisonniers en Prusse, dont les noms, localement célèbres, n'ont pas franchi les murs de la ville pour laquelle ils se sont dévoués. Aussi ne restai-je qu'une nuit à Neufchâtel; d'ailleurs, à l'autre bout du lac, m'attendait Granson, avec ses souvenirs héroïques du quatorzième et du quinzième siècle.

Nous avons raconté, dans notre premier volume, comment Othon de Granson, dont l'église de Lausanne garde le mausolée, fut tué en champ clos, à Bourg en Bresse, par Gérard d'Estavayer, qui le blessa d'abord et lui coupa, vivant encore, les mains, suivant les conditions du combat; maintenant il nous reste à dire comment le noble duc Charles de Bourgogne fut outrageusement battu et défait par les bonnes gens des cantons.

Une grande question se débattait en France vers la fin du quinzième siècle; c'était celle de la monarchie et de la grande vassalité. Certes, au premier abord et en examinant les champions qui représentaient les deux principes, les chances semblaient peu douteuses, et les prophètes superficiels eussent cru pouvoir prédire d'avance de quel côté serait la victoire. L'homme de la royauté était un vieillard

portant la tête courbée plutôt encore par la fatigue que par l'âge, habitant un château fort situé loin de sa capitale, n'ayant autour de lui qu'une petite garde d'archers écossais, un barbier dont il avait fait son ministre, un grand prévôt dont il avait fait son exécuteur, et deux valets dont il avait fait ses bourreaux. Il avait encore auprès de lui des chimistes et des médecins italiens et espagnols qui passaient leur vie dans des laboratoires souterrains. Ils y préparaient des breuvages étranges et inconnus; de temps en temps ils étaient appelés par le roi, qu'ils trouvaient chaque fois agenouillé devant l'image de quelque saint ou de quelque madone. Le roi et le chimiste causaient à voix basse, au pied de l'autel, de choses religieuses et saintes sans doute, car leur entretien était fréquemment interrompu par des signes de croix, des prières et des vœux ; puis, un temps après cette conférence mystérieuse, on entendait dire que quelque prince révolté contre le roi, et qui s'apprêtait à faire à la France une rude guerre, était trépassé subitement, au moment même où il rassemblait ses soldats, ou que quelque veuve de grand baron, dont la grossesse, si elle était bénie de Dieu, devait perpétuer la race et la puissance d'une grande maison féodale, était accouchée avant le terme d'un enfant mort. Aussitôt le roi, à qui tout prospérait ainsi, allait faire un pèlerinage d'actions de grâce soit au mont Saint-Michel, soit à la Croix-de-Saint Laud, soit à Notre-Dame d'Embrun, et l'on voyait alors sortir de sa tanière, la tête couverte d'un petit bonnet de feutre entouré d'images de plomb, vêtu d'un justaucorps de drap râpé, enveloppé dans un vieux manteau bordé de fourrures, et armé seulement d'une courte et légère épée, ce roi étrange, qui semblait le dernier des bourgeois d'une de ses bonnes villes, et que le peuple appelait le renard du Plessis-lès-Tours.

L'homme de la féodalité, au contraire, était un capitaine dans la force de l'âge, portant haute et fière sa tête casquée et couronnée; habitant des palais magnifiques ou des tentes somptueuses; toujours entouré de barons et de princes; recevant comme un empereur les envoyés d'Aragon et de Bretagne, les ambassadeurs de Venise et le nonce du pape ; rendant et faisant hautement et publiquement justice ou vengeance, et frappant en plein soleil de la hache ou du poignard. Sa préoccupation, à lui, était de ressusciter à son profit l'ancien royaume de Bourgogne, qu'on appelait la Cour-Dorée. Il avait en propre le Mâconnais, le Charolais et l'Auxerrois; il comptait forcer le roi René à abdiquer en sa faveur le duché d'Anjou et le royaume d'Arles; il avait conquis la Lorraine; il tenait en gage le pays de Ferrette et une partie de l'Alsace; il avait acheté pour trois cent mille florins le duché de Gueldres; il convoitait le duché de Luxembourg; il tenait prêts et exposés dans l'église de Saint-Maxi-

Le roi René.

min le sceptre et la couronne, le manteau et la bannière; celui qui devait le sacrer était choisi, et c'était Georges de Bade, évêque de Metz; il avait parole de l'empereur Frédéric III d'être nommé par lui vicaire général, et en échange il lui avait promis sa fille Marie pour son fils Maximilien. Enfin il étendait les bras pour toucher d'une main à l'Océan, et de l'autre à la Méditerranée, et chaque fois qu'il se montrait à ses futurs sujets et qu'il parcourait son royaume à venir, c'était sur quelque cheval de guerre dont l'équipement avait coûté le prix d'un duché, ou sous quelque dais d'or, humblement porté par quatre seigneurs, et alors les peuples, qui le regardaient passer dans sa magnificence, pensaient en tremblant à sa force, à sa puissance et à sa colère, et se rangeaient sur son passage en disant : « Malheur à nos villes, malheur à nous! car voici venir le lion de Bourgogne. »

Ces deux hommes, qui se trouvaient ainsi en face l'un de l'autre et prêts à lutter, c'étaient Louis le Rusé et Charles le Téméraire.

Voici quelle était la position du roi de France :

Il venait de signer un traité avec le duc de Bretagne, allié incertain, qu'il ne maintenait dans son amitié que par l'or et les promesses ; il venait de renouveler les trêves avec le roi d'Aragon. Il avait fait assassiner le comte d'Armagnac, qui cherchait à introduire les Anglais en France, fait avorter la comtesse, qui était enceinte, et s'était emparé du comté. Il avait empoisonné le duc de Guienne et réuni son duché à la couronne; il avait mis le duc d'Alençon en jugement et confisqué ses seigneuries; il avait fait exécuter le connétable de Saint-Pol et aboli sa charge; il avait fait assiéger le duc de Nemours dans Carlat; enfin il venait de marier sa fille Jeanne à Louis, duc d'Orléans, et sa fille Anne à Pierre de Bourbon, sire de Beaujeu. En ce moment, c'est-à-dire vers la fin de l'année 1473, il s'occupait de réconcilier l'archiduc Sigismond avec les Suisses, faisant offrir à l'un l'argent nécessaire pour le rachat de son duché, et aux autres de les prendre à sa solde. Il envoyait une ambassade au roi René pour produire les anciennes prétentions qu'il avait à titre de créancier et d'héritier, par sa mère, de toutes les seigneuries et domaines de la maison d'Anjou, et les nouveaux droits que madame Marguerite, reine d'Angleterre, qu'il venait de délivrer par la paix de Pecquigny, y avait ajoutés encore par la cession entière qu'elle avait consentie de tous ses héritages dans la succession du roi René. Puis, tous les troubles apaisés à l'occident et au midi, tous ses filets tendus à l'orient et au nord, il prétexta, comme toujours, un pèlerinage, choisit Notre-Dame-du-Puy-en-Velay, qui était célèbre par une image de la Vierge, sculptée en bois de Sethim par le prophète Jérémie, le 19 de février 1476, il partit de Plessis-lès-Tours dans cette sainte intention ; mais, ayant reçu de grandes nouvelles, il

s'arrêta à Lyon. L'araignée était au centre de sa toile.

Voici maintenant quelle était la position du duc de Bourgogne :

Il venait de conclure un traité d'alliance avec l'empereur ; il s'était emparé de la Lorraine; il avait fait son entrée à Nancy, ayant le duc de Tarente, fils du roi de Naples, à sa droite, le duc de Clèves à sa gauche, et à sa suite le comte Antoine, grand bâtard de Bourgogne, les comtes de Nassau, de Marle, de Chimay et de Campo-Basso; il comptait parmi ses généraux Jacques, comte de Romont, oncle du jeune duc régnant de Savoie, et, parmi ses dévoués, Louis, évêque de Genève; il avait contracté alliance avec le duc de Milan, au fils duquel il avait promis sa fille, déjà promise au duc de Calabre et à l'archiduc Maximilien. Il venait d'obtenir du roi René la parole qu'il le nommerait son héritier; enfin, disposant du pays de Ferrette, qui lui était cédé en gage par le duc Sigismond, il y avait envoyé un gouverneur, Pierre de Hagenbach, qui était un homme de grand courage à la guerre, mais violent, luxurieux et cruel; du reste, courtisan de l'ambition du duc, et de ses plus amis et de ses plus fidèles. Tout lui paraissait donc préparé à merveille pour faire la guerre au roi de France lorsque les mêmes nouvelles qui avaient arrêté Louis à Lyon arrêtèrent Charles à Nancy.

Comme nous l'avons dit, Pierre de Hagenbach avait été envoyé comme gouverneur dans le pays de Ferrette. Il y était insolemment entré, suivi de son armée et précédé de quatre-vingts hommes d'armes marchant devant lui, portant sa livrée, qui était blanche et grise, avec des dés brodés en argent et ces deux mots : Je passe. Une des principales conditions de la mise en gage du pays de Ferrette était que les libertés des villes et des habitants seraient conservées : la première chose que fit le gouverneur, au mépris de cet engagement, fut de mettre un pfenning de taxe sur chaque pot de vin qui se devait boire. Il interdit la chasse aux nobles; ce qui était cependant une prérogative inaliénable, puisqu'ils étaient possesseurs libres de leurs terres. Il donna des bals dans lesquels ses soldats s'emparèrent des maris, et déchirèrent les habits des femmes jusqu'à ce qu'elles fussent nues; il enleva des maisons paternelles de jeunes filles qui n'étaient pas nubiles encore ; il força des couvents, et donna à ses soldats comme un butin de guerre les épouses du Seigneur. Il s'était emparé du château d'Ortembourg et de tout le val de Viller, qui appartenaient aux Strasbourgeois. Il avait fait des courses dans les principautés des seigneurs de l'Alsace et des bords du Rhin, et dans les évêchés des prélats de Spire et de Bâle; il avait arrêté et mis à rançon un bourgmestre de Schaffhausen; il avait planté l'étendard de Bourgogne dans la seigneurie de Schenkelberg, qui appartenait aux gens

Les spectateurs mirent en liberté les vingt-six bourgeois.

de Berne, et, lorsque ceux-ci avaient réclamé contre cette violation des ligues, il avait répondu que, s'ils ne se taisaient pas, il irait à Berne écorcher leur ours pour s'en faire des fourrures; enfin un de ses lieutenants, le seigneur de Haendorf, avait fait prisonnier un convoi de marchands suisses qui se rendaient avec leurs toiles à la foire de Francfort, et les avaient conduits au château de Schuttern.

De si grandes et si outrageuses insultes ne pouvaient durer : les bourgeois de Thann réclamèrent contre l'impôt, et envoyèrent une ambassade de trente bourgeois au gouverneur; le gouverneur les fit sai-

sir par ses soldats, et ordonna de leur couper la tête. Quatre avaient déjà subi ce supplice, lorsqu'au moment où le bourreau levait l'épée sur le cinquième, sa femme poussa de tels cris, qu'ils émurent les spectateurs; ceux-ci se précipitèrent vers l'échafaud, tuèrent le bourreau avec sa propre épée, et mirent en liberté les vingt-six bourgeois qui restaient à exécuter.

De leur côté, les gens de Strasbourg avaient appris qu'un convoi de marchands qui se rendaient dans leur ville avait été arrêté sur leurs terres, les marchandises pillées et les marchands conduits au

26

Mais les soldats allemands présentèrent leurs longues piques.

château de Schuttern : or, ils gardaient déjà rancune au gouverneur de la prise d'Ortembourg et du val de Viller lorsque cette dernière violation de tout droit combla la mesure. Ils se réunirent, s'armèrent, tombèrent à l'improviste sur la forteresse dont Hagenbach avait fait une prison, délivrèrent les marchands suisses, et les emmenèrent en triomphe, après avoir rasé le château du Guessler bourguignon.

Au milieu de cette effervescence et de ces haines croissantes, il arriva que Pierre de Hagenbach oublia de payer un capitaine allemand qu'il tenait à sa solde avec deux cents hommes de sa nation. Celui-ci, qui se nommait Frédéric Wœgelin, et qui était de petite taille et de mince apparence, ayant d'abord été garçon tailleur, monta chez le gouverneur pour réclamer ce qui était dû à lui et à ses hommes. Hagenbach répondit à cette réclamation en menaçant Frédéric Wœgelin de le faire jeter à la rivière; le capitaine descendit, fit battre le tambour. Hagenbach, entendant cet appel à la révolte, se précipita dans la rue, l'épée à la main, pour tuer l'insolent qui osait lui résister; mais les soldats allemands présentèrent leurs longues piques, les bourgeois

saisirent des haches et des faux, les femmes des
fourches et des broches; Hagenbach, abandonné du
peu de soldats qui l'avaient suivi, se sauva dans
une maison; aussitôt Wœgelin l'y poursuivit, le
fit prisonnier, et le remit aux mains du bourgmestre. Le même jour les Lombards et les Flamands
qui tenaient garnison, voyant le gouverneur pris,
la révolte générale, et manquant de chefs pour se
défendre, entrèrent en pourparlers, et demandèrent
à se retirer avec la vie sauve. Cette permission leur
fut accordée. Aussitôt les gens de Strasbourg allèrent
reprendre possession du château d'Ortembourg et
du val de Viller.

Le duc Sigismond, apprenant ces nouvelles, accepta l'argent que lui offraient, au nom du roi de
France, les villes de Strasbourg et de Bâle, fit signi-
fier au duc Charles qu'il tenait ce remboursement à
sa disposition; et, sans attendre sa réponse, envoya
Hermann d'Eptingen, avec deux cents cavaliers,
reprendre possession de ses domaines. Le nouveau
landvoegt fut reçu avec joie, et tout le pays rentra
incontinent sous la puissance de son ancien seigneur.

Tous ces évènements arrivèrent vers le temps
de Pâques; de sorte que les habitants ne firent
qu'une seule fête de la délivrance de leur pays et
de la résurrection de Notre-Seigneur.

Cependant la cause première de tout ce désordre,
Pierre de Hagenbach, avait été transféré de chez le
bourgmestre dans une tour. A peine cette arresta-
tion fut-elle connue, qu'un grand cri, qui demandait
justice et ne formait qu'une seule voix, s'éleva de
toutes les villes. L'archiduc la leur promit, et, pour
qu'elle fût bien réglée, il décida que des juges, élus
parmi les plus graves et les plus sages, se réuni-
raient à Brisach, où devait s'instruire le procès, aux
envoyés de Strasbourg, de Colmar, de Schelestadt,
de Fribourg en Brisgau, de Bâle, de Berne et de
Soleure, et à ces juges, qui représentaient la bourgeoisie, il adjoignit seize chevaliers, pour représenter la noblesse.

De tous côtés le bruit de ce jugement se répandit,
et les villes que nous avons nommées envoyèrent
alors non pas seulement deux juges pour juger,
mais une partie de leur population pour assister au
jugement. De son cachot, situé au-dessous des voû-
tes de la porte, le prisonnier les entendait passer,
et demandait quels étaient ces hommes. Le geôlier
répondait que c'étaient des gens assez mal vêtus,
de haute taille, de puissante apparence, montés sur
des chevaux aux courtes oreilles, et à ces paroles
Hagenbach s'écriait : — Mon Dieu, Seigneur, ce
sont les Suisses que j'ai tant maltraités! Mon Dieu,
Seigneur, ayez pitié de moi!

Le 4 mai, on vint le chercher pour lui donner la
torture : il la supporta, comme un homme fort et
brave qu'il était, sans rien dire autre chose, sinon
qu'il n'avait fait qu'exécuter les ordres qu'il avait

reçus, et que son seul juge et son seul souverain
étant le duc Charles de Bourgogne, il n'en reconnaissait pas d'autre.

Lorsque la question fut terminée, on conduisit
l'accusé sur la place où siégeaient les juges; il y
trouva, outre le tribunal, un accusateur et un avocat; il fut interrogé par ses juges, répondit comme
il avait fait à ses tortionnaires; alors l'accusateur
se leva et demanda sa mort. Son avocat répondit en
plaidant pour sa vie. Puis, les interrogatoires, le
réquisitoire et le plaidoyer entendus, on l'emmena
de nouveau; les juges restèrent douze heures en
délibération. Enfin, à sept heures du soir, les juges
le firent rappeler, et sur la place publique, au milieu d'un auditoire de trente mille personnes, sous
la voûte du ciel et le regard de Dieu, le tribunal
rendit la sentence qui condamnait Pierre de Hagenbach à la peine de mort. Le condamné entendit
son arrêt d'un visage impassible, et la seule grâce
qu'il demanda fut d'avoir la tête tranchée. Alors
huit exécuteurs se présentèrent; car les villes
avaient envoyé non-seulement des spectateurs et des
juges, mais encore des bourreaux. Le tribunal
n'eut donc que le choix à faire : le bourreau de Colmar fut préféré, comme étant le plus adroit.

Alors les seize chevaliers se levèrent à leur tour,
et le plus vieux et le plus irréprochable d'entre eux
demanda, au nom de l'honneur de l'ordre,
que messire Pierre de Hagenbach fût dégradé de sa
dignité et de ses honneurs. Aussitôt Gaspard Heu-
ter, héraut de l'empire, s'avança jusqu'au bord de
l'estrade et dit :

« Pierre de Hagenbach, il me déplaît grandement
que vous ayez si mal employé votre vie mortelle, de
façon qu'il vous faut, pour l'honneur de l'ordre,
que vous perdiez aujourd'hui la dignité de la chevalerie; car votre devoir était de rendre justice; car
vous aviez fait serment de protéger la veuve et l'or-
phelin; car vous vous êtes engagé à respecter les
femmes et les filles et à honorer les saints prêtres;
et, tout au contraire, à la douleur de Dieu et à la
perte de votre âme, vous avez commis tous les cri-
mes que vous deviez empêcher, ou du moins punir.
Ayant ainsi forfait au noble ordre de la chevalerie
et aux serments jurés, les seigneurs ici présents
m'ont enjoint de vous ôter vos insignes; mais, ne
vous les voyant pas en ce moment, je me contente-
rai de vous proclamer indigne chevalier de Saint-
Georges, au nom duquel vous avez reçu l'accolade
et avez été honoré du baudrier. »

Puis, après un instant de silence, Hermann
d'Eptingen, gouverneur pour l'archiduc, s'approcha à son tour du condamné, et lui dit :

« En vertu du jugement qui vient de te dégrader
de la chevalerie, je t'arrache ton collier, ta chaîne
d'or, ton anneau, ton poignard et ton gantelet, je
brise tes éperons, et je t'en frappe le visage comme
à un infâme. »

À ces mots, il le soufflets.

A ces mots, il le souffleta, et se retournant vers le tribunal et l'auditoire :

« Chevaliers, continua-t-il, et vous tous qui désirez le devenir, gardez dans votre mémoire cette punition publique, qu'elle vous serve d'exemple, et vivez noblement et vaillamment dans la crainte de Dieu, dans la dignité de la chevalerie et dans l'honneur de votre nom. »

Alors Hermann d'Eptingen alla reprendre sa place ; Thomas Schutz, prévôt d'Einsisheim, se leva à son tour, et s'adressant au bourreau :

« Cet homme, lui dit-il, est à vous ; faites selon la justice. »

Ces paroles dites, les juges et les chevaliers montèrent à cheval, et le peuple suivit. En tête de toute cette escorte marchait, à pied et entre deux prêtres, Pierre de Hagenbach ; il s'avançait à la mort en soldat et en chrétien, avec un visage calme et un cœur pieux. Arrivé à la place où devait se faire l'exécution (cette place était une grande prairie aux portes de la ville), il monta d'un pas ferme sur l'échafaud, fit signe au bourreau d'attendre que chacun eût pris sa place pour bien voir ; puis à son tour il éleva la voix et dit : « Ce que je plains, ce n'est ni mon corps qui va mourir, ni mon sang qui va couler ; mais ce que je regrette, ce sont les malheurs que fera ma mort ; car je connais monseigneur de Bourgogne, et il ne laissera pas ce jour sans vengeance. Quant à vous dont j'ai été le gouverneur pendant quatre ans, oubliez ce que j'ai pu vous faire souffrir par défaut de sagesse ou par malice, rappelez-vous seulement que j'étais homme, et priez pour moi. »

Alors il baisa le crucifix que lui présenta le prêtre, et tendit au bourreau sa tête, qui tomba d'un seul coup.

Cette exécution faite, l'archiduc Sigismond, le margrave de Bade, les villes de Strasbourg, de Colmar, de Haguenau, de Schelestadt, de Mulhausen et de Bade entrèrent en négociation avec les ligues suisses, et, se réunissant contre le danger commun, signèrent une alliance pour dix ans.

Puis les seigneurs de l'Empire, traversant en alliés cette Suisse dont ils avaient été cent cinquante ans les ennemis, chevauchèrent jusqu'à Zurich, s'embarquèrent sur le lac, et, au milieu du concours d'un peuple immense qui accourait des villes et descendait des montagnes, allèrent pieusement faire leurs dévotions à Ensielden, au couvent de Notre-Dame-des-Ermites.

Voilà les nouvelles qu'apprirent à Nancy le duc de Bourgogne, et à Lyon le roi Louis ; elles furent apportées au premier par Étienne de Hagenbach, qui venait lui demander vengeance pour son frère, et au second par Nicolas de Diesbach, qui venait lui demander secours au nom des ligues.

PRISE DU CHATEAU DE GRANSON.

Le roi de France se hâta de passer un traité avec les Suisses : il s'engagea à leur donner aide et secours dans leurs guerres contre le duc de Bourgogne, et à leur faire payer dans sa ville de Lyon vingt mille livres par an ; de leur côté, ils mettaient un certain nombre de soldats à sa disposition.

Presque en même temps qu'à Louis de France, les Suisses envoyaient une ambassade à Charles de Bourgogne ; mais, au contraire du roi, le duc les accueillit fort mal, et leur déclara qu'ils eussent à se préparer à le recevoir ; car il allait leur faire la guerre avec toute sa puissance. A cette menace, le plus vieux des ambassadeurs s'inclina tranquillement, et dit au duc : « Vous n'avez rien à gagner contre nous, monseigneur ; notre pays est rude, pauvre et stérile ; les prisonniers que vous ferez sur nous n'auront point de quoi payer de riches rançons, et il y a plus d'or et d'argent dans vos éperons et dans les brides de vos chevaux que vous n'en trouverez dans toute la Suisse. »

Mais la résolution du duc était prise, et le 11 janvier il quitta Nancy pour se mettre à la tête de son armée : c'était une assemblée royale, et dont la puissance aurait pu faire trembler celui des souverains de l'Europe à qui il lui eût pris l'envie de faire la guerre ; il avait amené avec lui trente mille hommes de la Lorraine ; le comte de Romont l'avait rejoint avec quatre mille Savoyards, et six mille soldats arrivés du Piémont et du Milanais l'attendaient aux frontières de la Suisse ; puis d'autres encore de toutes langues et de toutes contrées, le tout formant, dit Commines, un nombre de cinquante mille, voire plus. Il avait sous ses ordres le fils du roi de Naples, Philippe de Bade, le comte de Romont, le duc de Clèves, le comte de Marle et le sire de Château-Guyon ; il menait à sa suite des équipages qui, par leur magnificence, rappelaient ceux de ces anciens rois asiatiques qui, comme lui, venaient pour anéantir les Spartiates. ces Suisses de l'ancien monde. Parmi ces équipages étaient sa chapelle et sa tente ; sa chapelle, dont tous les vases sacrés étaient d'or, et qui contenait les douze apôtres en argent, une châsse de saint André en cristal, un magnifique chapelet du bon duc Philippe, un livre d'heures couvert de pierreries, et un ostensoir d'un merveilleux travail et d'une incalculable richesse. Enfin sa tente, qui était ornée de l'écusson de ses armes formé d'une mosaïque de perles, de saphirs et de rubis, tendue de velours rouge broché d'un lierre courant dont le feuillage était d'or et les branchages de perles, et dans laquelle le jour entrait par des vitraux coloriés, enchâssés dans des baguettes d'or. C'est dans cette tente, qui renfermait ses armures, ses épées et ses poignards, dont les poignées étincelaient de saphirs, de rubis et d'émeraudes ; ses lances, dont le fer était d'or et les manches d'ivoire et d'ébène ; toute sa vaisselle et ses joyaux ; son sceau, qui pesait deux marcs ; son collier de la Toison, son portrait et celui du duc son père ; c'est dans cette tente, dis-je, où le jour il recevait les ambassadeurs des rois sur un trône d'or massif, et que, le soir, couché sur une peau de lion, il se faisait lire l'histoire d'Alexandre dans un magnifique manuscrit, dans lequel sa ressemblance et celle des seigneurs de sa cour avait été substituée à celle du vainqueur de Porus et des capitaines qui, après lui, devaient se partager son empire. Cependant son héros de prédilection était Annibal, et s'il n'avait pas mis, disait-il, Tite-Live dans une cassette d'or, comme avait fait Alexandre pour Homère, c'est qu'il renfermait Tite-Live tout entier dans son cœur, qui était le plus noble tabernacle qui se pût trouver dans la chrétienté.

Autour de la chapelle et du pavillon royal, dont le service était fait par des valets, des pages et des archers aux habits éclatants de dorures, s'élevaient quatre cents tentes, où logeaient tous les seigneurs de sa cour et tous les serviteurs de sa maison ; puis venaient ses soldats, qui, forcés de camper, vu leur grand nombre, mettaient le feu aux villages pour se chauffer ; car, nous l'avons dit, la saison était encore rigoureuse ; puis enfin, pour les besoins et les plaisirs de cette multitude, suivaient, au nombre de six mille, les marchands de vivres, de vin et d'hypocras, et les filles de joyeux amour. Le bruit de cette multitude, qui retentissait dans les vallées du Jura, s'étendait bien vite dans les montagnes des Alpes. Le vieux comte de Neufchâtel, le margrave Rodolphe, dont le fils, Philippe de Bade, était dans

Iverdun.

l'armée du duc, et qui était allié des Suisses, du haut de la Hasenmatt et du Rothiflue, vit s'avancer toute cette puissance ; il fit aussitôt venir cinq cents de ses sujets, plaça des garnisons dans les châteaux qui commandaient les défilés, remit sa ville de Neufchâtel aux mains de messieurs des ligues, et s'en alla à Berne, où les confédérés avaient établi le centre de leurs opérations. Les gens de Berne, aux nouvelles qu'il leur apporta, virent qu'il n'y avait pas de temps à perdre ; ils écrivirent aussitôt à leurs confédérés des ligues suisses et à leurs nouveaux alliés d'Allemagne, pour leur demander aide et secours : « Pensez, disaient-ils aux derniers, que nous parlons le même langage, que nous faisons partie du même empire ; car, tout en combattant pour notre indépendance, nous ne nous croyons pas séparés de l'empereur ; d'ailleurs, en ce moment, notre cause est commune : il s'agit de préserver l'Allemagne et l'Empire de cet homme dont l'esprit ne connaît nul repos et les désirs aucune borne. Nous vaincus, c'est vous qu'il voudra mettre sous sa domination. Envoyez-nous donc des cavaliers, des arquebusiers, des archers, de la poudre, des canons et des couleuvrines, afin que nous puissions nous délivrer de lui. Au reste, nous avons bon espoir que l'affaire ne sera pas longue et finira bien. » Ces lettres écrites, Nicolas de Scharnachtal, avoyer de Berne, alla se placer à Morat avec huit mille hommes : c'était tout ce que les Suisses avaient pu rassembler jusque-là.

Cependant le comte de Romont était entré sur les terres de la Confédération par Jougne, que les Suisses avaient laissée sans défense ; puis aussitôt il avait marché sur Orbe, dont les Suisses se retirèrent aussi volontairement et devant lui ; enfin il était arrivé devant Iverdun, avait établi son siège autour de la ville, située à l'extrémité sud-ouest de Neufchâtel, et se préparait à lui donner l'assaut le lendemain, lorsque pendant la nuit on introduisait un moine de Saint-François dans sa tente : il venait, au nom du parti bourguignon et de ceux des bourgeois d'Iverdun qui regrettaient d'être passés sous la domination suisse, offrir au comte le moyen de pénétrer dans la ville. Ce moyen était facile à faire comprendre et plus facile encore à exécuter : deux maisons bourguignonnes touchaient aux remparts, leurs caves adhéraient aux murailles ; il n'y avait qu'à percer un trou, et par ce trou introduire les gens du comte de Romont.

La proposition offerte fut adoptée : dans la nuit du 12 au 13 janvier, au moment où la garnison, à l'exception des sentinelles et des hommes de garde, dormait de son premier sommeil, les soldats du comte de Romont furent introduits, et se répandirent aussitôt dans les rues en criant : « Bourgogne ! Bourgogne ! ville gagnée ! » Aux cris et au bruit des trompettes qui les accompagnaient, la ville s'emplit de tumulte ; les Suisses sortirent à moitié nus des maisons ; les Bourguignons voulurent y entrer ; on se battit dans les rues, sur le seuil des portes, dans l'intérieur des appartements. Enfin, grâce au mot d'ordre de la nuit, répété à haute voix dans une langue que leurs ennemis ne comprenaient pas, les Suisses parvinrent à se rassembler sur la place, et de là, sous la conduite de Hamsen Schurpf, de Lucerne, se faisant jour à travers les Bourguignons à l'aide de leurs longues piques, ils firent leur retraite vers le château, où les reçut Hans Müller, de Berne, qui en avait le commandement.

Le comte de Romont les suivait à la portée du trait ; il commença le siège du château, dans lequel la famine ne devait pas tarder à l'introduire ; car, outre qu'il était assez mal approvisionné, le temps ayant manqué pour faire venir des vivres salés, le nouveau renfort de garnison qui venait d'y entrer devait promptement mener à fin le peu qu'il y en avait. Les Suisses ne perdirent cependant pas courage, ils démolirent ceux des bâtiments qui n'étaient pas strictement nécessaires, transportèrent leurs décombres sur leurs murailles, et, lorsque le comte de Romont voulut tenter l'escalade, ils firent pleuvoir sur ses soldats cette grêle meurtrière que Dieu

avait envoyée aux Amorrhéens. Alors le comte de Romont, voyant l'impossibilité d'escalader les murailles, fit combler les fossés avec de la paille, des fascines et des sapins tout entiers ; puis, lorsqu'il eut entouré la forteresse de matières combustibles, il y fit mettre le feu, et en moins d'une demi-heure celle-ci eut une ceinture de flammes au-dessus desquelles les plus hautes tours s'élevaient à peine leurs têtes.

Les Bourguignons eux-mêmes regardaient ce spectacle avec une certaine terreur, lorsqu'une des portes s'ouvrit, le pont-levis s'abaissa au milieu des flammes comme une jetée du Tartare, et la garnison tout entière tomba sur les spectateurs, qui, mal préparés à cette sortie, prirent la fuite en désordre, entraînant avec eux le comte de Romont blessé. Une partie des assiégés alors, sans perdre de temps, éteignit l'incendie, tandis que l'autre se répandait par la ville, entrait dans les maisons, ramassait à la hâte les vivres de ses ennemis, et rentrait dans la citadelle avec cinq canons et trois voitures de poudre. Le lendemain, les Bourguignons, mal remis encore de cette surprise, entendirent les assiégés pousser de grands cris de joie ; en même temps, ils virent arriver par la route de Morat un renfort d'hommes que Nicolas de Scharnachtal envoyait au secours de la garnison. Ils prirent ces hommes pour l'avant-garde de l'armée confédérée, et, craignant d'être enfermés entre deux feux, ils abandonnèrent Iverdun. Les habitants, qui étaient Bourguignons dans le cœur, suivirent l'armée. La nuit suivante, la ville entière fut livrée aux flammes, et, à la lueur de cet immense incendie, les Suisses, avec leur artillerie, bannières déployées, trompettes en tête, se retirèrent au château de Granson, que l'on était convenu de défendre jusqu'à la dernière extrémité.

Ils y étaient à peine enfermés qu'arriva toute l'armée du duc : il avait quitté Besançon le 6 février, était arrivé à Orbe le 11, y était resté plusieurs jours, et, le 19 au matin, il était venu poser son camp devant la ville, dont il avait résolu de faire lui-même le siège. Le même jour il tenta un assaut, dans lequel il fut repoussé et perdit deux cents hommes ; cinq jours après il en ordonna un autre, s'avança malgré les machines jusqu'au pied du rempart, contre lequel il avait déjà fait dresser les échelles, lorsque les Suisses ouvrirent les portes, sortirent comme ils l'avaient fait à Iverdun, renversèrent les échelleurs, et tuèrent quatre cents Bourguignons. Le duc changea alors de plan ; il établit des batteries sur les points élevés, et foudroya le château. Dans cette extrémité, Georges de Stein, commandant de la garnison, tomba malade ; Jean Tiller, chef de l'artillerie, fut tué sur une couleuvrine qu'il pointait lui-même ; enfin le magasin à poudre, soit par imprudence, soit par trahison, prit feu et sauta ; de sorte que la garnison en vint à un état si désespéré, que deux hommes se dévouèrent, sortirent nuitamment, traversèrent le lac à la nage, au milieu des barques des Bourguignons, et coururent à Berne demander secours au nom de la garnison de Granson.

Mais ils arrivaient trop tôt : les hommes des vieilles ligues n'avaient point encore répondu à l'appel de leurs frères, les secours de l'Empire n'étaient point encore arrivés. Berne en était encore réduite à son noyau d'armée, dont Nicolas de Scharnachtal avait été nommé chef. La moindre tentative imprudente brisait l'espoir qui reposait sur cette petite troupe prête à se dévouer, non pas pour secourir un château, mais pour sauver la patrie. Messieurs de Berne se contentèrent donc d'envoyer un convoi de vivres et de munitions. Ce convoi arriva à Estavayer; mais la ville de Granson était bloquée du côté du lac comme du côté de la terre, et Henri Dittlinger, qui commandait cette expédition inutile, aperçut de loin la forteresse démantelée à moitié, vit les signaux de détresse, mais ne put se hasarder, avec sa faible escorte, à lui porter aucun secours.

Ce fut un coup terrible porté à la garnison, qui un instant avait repris courage, que cette impuissance de leurs frères à les soulager. Alors les dissensions commencèrent à éclater entre les chefs : Jean Weiller, qui avait succédé à Georges de Stein, demanda que l'on se rendît, tandis que Hans Müller, le capitaine d'Iverdun, qui commandait toujours la brave garnison qui s'était si bien défendue, donna l'ordre exprès de n'ouvrir ni portes ni poterne sans l'ordre de messieurs des Alliances.

Sur ces entrefaites et au milieu de ces débats, un gentilhomme de l'Empire se présenta de la part du margrave Philippe de Bade, venant offrir à la garnison des conditions honorables : c'était un homme du pays, parlant la langue allemande; cette confraternité d'idiome disposa la garnison en sa faveur; son discours acheva par la terreur ce que sa présence avait commencé. Selon lui, Fribourg avait été mis à feu et à sang, on avait tout égorgé sans miséricorde, depuis le vieillard touchant à la tombe jusqu'à l'enfant dormant au berceau; les gens de Berne, au contraire, qui avaient demandé humblement merci à monseigneur, et qui lui avaient apporté les clefs de leur ville sur un plat d'argent, avaient été épargnés; quant aux Allemands du bord du Rhin, ils avaient rompu l'alliance, il ne fallait donc pas compter sur eux. La garnison avait certes assez fait à Iverdun et à Granson pour sa gloire personnelle et pour le salut de la patrie, qu'elle n'avait pu sauver; monseigneur était grandement émerveillé de sa vaillance, et, au lieu de les en punir, il leur promettait récompenses et honneurs. Toutes ces offres étaient garanties sur l'honneur de monseigneur Philippe de Bade.

Il y eut alors grande émotion parmi les assiégés : Hans Müller persista dans son opinion qu'il fallait s'ensevelir sous les ruines du château plutôt que de se rendre : il citait Briey, en Lorraine, où le duc avait fait de pareilles promesses qu'il n'avait pas tenues. — Mais son adversaire Jean Weiller lui répondit que, cette fois, monseigneur Philippe garantissait le traité; il lui démontra l'impossibilité de résister à une si grande puissance, qu'elle couvrait à perte de vue les plaines, les campagnes et les vallées. En ce moment, quelques soldats gagnés par des femmes de joyeuse vie, qui du camp bourguignon avaient passé dans la ville, se révoltèrent, criant que l'heure était venue de se rendre quand tous les moyens de défense étaient épuisés. Hans Müller voulut répondre; mais sa voix fut couverte et étouffée par les murmures. Weiller profita de ce moment pour emporter la reddition : on donna cent écus au parlementaire, afin d'acquérir sa protection, et sous sa conduite la garnison, sans armes, sortit du château, et s'achemina vers le camp, se remettant entièrement à la miséricorde du duc de Bourgogne.

Charles entendit une grande rumeur dans son armée; il s'avança aussitôt sur le seuil de sa tente, et alors il vit venir à lui les huit cents hommes de Granson. — Par Saint-Georges! dit-il à ce spectacle, auquel il était loin de s'attendre, quelles gens sont ces gens-ci? Que viennent-ils demander, ou quelles nouvelles apportent-ils?

— Monseigneur, dit le fatal ambassadeur qui avait si bien réussi dans sa mission, c'est la garnison du château qui vient se rendre à votre volonté et à votre merci.

— Alors, dit le duc, ma volonté est qu'ils soient pendus, et ma merci est qu'on leur accorde le temps de demander à Dieu le pardon de leurs péchés.

A ces mots, et sur un signe du duc, les prisonniers furent entourés, divisés par dix, par quinze et par vingt; on leur lia les mains derrière le dos et l'on en fit deux parts : une pour être pendue, l'autre pour être noyée. La garnison de Granson fut destinée à la corde, et celle d'Iverdun à la noyade.

On signifia ce jugement aux Suisses, ils l'écoutèrent avec calme. A peine fût-il prononcé, que Weiller s'agenouilla devant Müller, et lui demanda pardon de l'avoir entraîné dans sa perte; Müller le releva, l'embrassa aux yeux de toute l'armée, et nul ne pensa à reprocher sa mort à l'autre.

Alors arrivèrent les gens d'Estavayer, que les Suisses avaient fort maltraités trois ans auparavant, et ceux d'Iverdun, dont ils venaient de brûler la ville; ils accoururent réclamer l'office de bourreaux; leur demande leur fut accordée. Une heure après, l'exécution commença.

On mit six heures à pendre la garnison de Granson à tous les arbres qui entouraient la forteresse, et dont quelques-unes furent chargés de dix ou

— Alors, ma volonté est qu'ils soient pendus. — PAGE 111.

douze cadavres; puis, cette exécution terminée, le duc dit :

— A demain la noyade, il ne faut pas user tous les plaisirs en un jour.

Le lendemain, après le déjeuner, le duc monta dans une barque richement préparée; elle avait des tapis et des coussins de velours et des voiles brodés; son pavillon de Bourgogne flottait au mât; elle forma le centre d'un grand cercle, formé de cent autres barques chargées d'archers; au milieu de ce cercle, on amena les prisonniers, et, les uns après les autres, on les précipita dans le lac, et, lorsqu'ils revenaient à la surface, on les assommait à coups d'aviron, ou on les perçait à coups de flèche.

Tous moururent en martyrs, et sans qu'un seul demandât merci; ils étaient plus de sept cents.

Le seigneur de Vaux-Marcus vint au-devant de lui et s'agenouilla. — Page 114.

LA BATAILLE.

endant que cette terrible exécution s'opérait, les confédérés rassemblaient leurs troupes : à Nicolas de Scharnachtal et à ses huit mille Bernois étaient venus se joindre Pierre de Faucigny, de Fribourg, avec cinq cents hommes ; Pierre de Romestal, avec deux cents de Bienne ; Conrad Voegt, avec huit cents de Soleure. Alors Nicolas de Scharnachtal se hasarda à faire un mouvement, et se porta sur Neufchâtel : à peine y fut-il, qu'Henri Goldli l'y joignit avec quinze cents hommes de Zurich, de Baden, de l'Argovie, de Baumgarten et des pays d'alentour, qu'on nommait les bailliages libres ; puis Petermann flot, avec huit cents hommes de Bâle ; Hasfurter, avec huit cents de Lucerne ; Raoul Reding, avec quatre mille des vieilles ligues allemandes, qui comprenaient Schwitz, Uri, Unterwalden, Zug et Glaris; puis le contingent de la commune de Strasbourg, qui se composait de quatre cents cavaliers et de douze cents arquebusiers, sans compter deux cents cavaliers armés par l'évêque; puis les gens des communes de Saint-Gall, de Schaffhausen et d'Appenzell; puis enfin Hermann d'Eptingen, avec les hommes d'armes et les vassaux de l'archiduc Sigismond.

Le duc apprit l'approche de cette nuée d'ennemis; mais il s'en inquiéta peu; car, réunis tous ensemble, ils formaient à peine le tiers de son armée; encore la plupart d'entre eux méritaient-ils à peine le nom de soldats; il n'en prit pas moins quelques précautions stratégiques. Il s'avança avec les archers de sa garde pour prendre le vieux château de Vaux-Marcus, qui commandait le chemin de Granson à Neufchâtel, fort resserré en cet endroit entre les montagnes et le lac; mais, au lieu de rencontrer dans le seigneur qui le commandait la résistance que le comte de Romont avait éprouvée à Iverdun, et lui-même à Granson, il vit à son approche les portes de la forteresse s'ouvrir et le seigneur de Vaux-Marcus sans armes et sans suite, vint au-devant de lui, s'agenouilla comme devant son maître et seigneur, lui demandant la faveur de ses bonnes grâces et du service dans son armée. L'un et l'autre lui furent accordés; cependant le duc jugea prudent de l'employer autre part que dans sa seigneurie: il le fit en conséquence sortir avec la garnison, et mit en son lieu et place le sire Georges de Rosembos et cent archers pour garder le château rendu et les hauteurs environnantes.

Les Suisses, de leur côté, s'avançaient venant de Neufchâtel, et se rangeaient derrière la Reuss, petite rivière torrentueuse, qui prend sa source au temple des Fées et se jette dans le lac entre Labiel et Cortaillod. Les Suisses marchaient pas à pas et timidement, ignorant où ils rencontreraient leurs ennemis. Quant aux Bourguignons, pleins de confiance, ils avaient négligé d'éclairer leur armée, se reposant sur sa force et sur son nombre.

Le 1er mars, les Suisses passèrent la Reuss et s'avancèrent vers Gorgier; le 2, après la messe entendue dans le camp de messieurs de Lucerne, les hommes de Schwitz et de Thun, qui formaient ce jour-là l'avant-garde, prirent un chemin dans la montagne, laissèrent le château de Vaux-Marcus à gauche, et, arrivés sur la hauteur, ils rencontrèrent le sire de Rosembos et soixante archers. La rencontre fut le signal du combat; les archers lancèrent leurs flèches; les Suisses, armés seulement de leurs épées et de leurs piques, continuèrent de marcher, cherchant le combat corps à corps, le seul dans lequel ils pussent rendre à leurs ennemis le dommage qu'ils en recevaient. Les archers, trop faibles pour soutenir le choc, reculèrent; les gens

de Thun et de Schwitz atteignirent le point le plus élevé des hauteurs de Vaux-Marcus, et de là ils aperçurent toute l'armée bourguignonne en ordre de marche, rangée au bord du lac en avant de Concise, et de son aile gauche embrassant la montagne comme elle fait la corne d'un croissant. Ils s'arrêtèrent aussitôt, examinèrent bien la position de leur ennemi, et renvoyèrent derrière eux quatre hommes pour la faire connaître aux corps différents et leur servir de guide, afin qu'ils débouchassent par les points les plus importants. De son côté, le duc aperçut cette avant-garde, et, croyant que c'était toute l'armée, il quitta le petit palefroi qu'il montait, se fit amener un grand cheval gris, tout couvert de fer comme son maître, et s'élançant sur lui: — Marchons à ces vilains! cria-t-il, quoique de pareils paysans soient indignes de chevaliers comme nous.

La première troupe que rencontrèrent les quatre messagers fut celle commandée par Nicolas de Scharnachtal: aussitôt que le brave avoyer apprit que le combat était engagé, il ordonna à ses soldats de doubler le pas, et arriva au secours des gens de Thun et de Schwitz au moment même où l'armée bourguignonne s'ébranlait de son côté. Cette avant-garde, quoique à peine nombreuse de quatre mille hommes, ne voulut pas avoir l'air de craindre le choc; elle descendit en belle ordonnance, d'un pas rapide, mais en conservant ses rangs, vers une petite plaine au milieu de laquelle s'élevait la chartreuse de la Lance; les Suisses s'appuyèrent à cette chartreuse; puis, comme on entendait les chants de moines qui disaient la messe, les confédérés firent planter en terre piques, bannières et étendards, se mirent à genoux, et, prenant leur part de la messe qui se disait, et qui pour tant d'hommes devait être un service funèbre, ils commencèrent leur prière.

Comme en ce moment le duc n'était éloigné d'eux qu'à portée du trait, il se méprit à leur intention, et, s'avançant sur son front de bataille: — Par Saint-Georges! s'écria-t-il, ces canailles crient merci!... Gens des canons, feu sur ces vilains!... Au même instant, les gens des canons obéirent; on entendit le bruit d'une décharge; l'armée bourguignonne fut enveloppée de fumée, et les messagers de mort allèrent fouiller les rangs agenouillés des gens de la ligue, qui, quoique quelques-uns de leurs parents et de leurs amis se fussent couchés auprès d'eux, sanglants et mutilés, continuèrent leur prière. En ce moment la cloche du couvent sonna le lever-Dieu; l'armée suisse s'inclina plus bas encore, car chacun faisait son acte de contrition et demandait au Seigneur de le recevoir dans sa grâce. Le duc de Bourgogne, qui ne comprenait rien à cette humilité, ordonna une seconde décharge; les canonniers obéirent, et des boulets de pierre vinrent une seconde fois sillonner les rangs des pieux soldats, qui croyaient que ceux qui seraient tués dans

Tiens des canons, feu sur ces vilains!

un pareil moment leur seraient plus secourables au ciel par la prière qu'ils ne pourraient l'être sur la terre par leurs armes.

Mais, cette fois, lorsque le vent eut chassé la fumée, le duc aperçut les Suisses debout et s'avançant vers lui ; car la messe était finie.

Ils venaient d'un pas rapide, formant trois bataillons carrés, tout hérissés de piques ; dans les intervalles de ces bataillons des pièces d'artillerie, marchant du même pas qu'eux, faisaient feu tout en marchant, et les ailes de ce dragon immense, qui jetait des éclairs, de la fumée et du bruit, composées de gens armés à la légère et commandés par Félix Schwarzmurer de Zurich et Hermann de Mullinen, battaient d'un côté la montagne, et de l'autre s'étendaient jusqu'au lac.

Le duc de Bourgogne appela sa bannière, la fit placer devant lui, mit sur sa tête un casque d'or avec une couronne de diamants, et, voulant attaquer le vautour par le bec, il marcha droit au bataillon du milieu, commandé par Nicolas de Scharnachtal ; le sire de Château-Guyon attaqua le bataillon de gauche, et Louis d'Aimeries le bataillon de droite.

Le duc de Bourgogne s'était avancé si imprudemment, qu'il n'avait avec lui que son avant-garde : à vrai dire, elle était composée de l'élite de sa chevalerie ; aussi le choc fut-il terrible.

Il y eut un instant de mêlée où l'on ne put rien voir ; l'artillerie ne tirait plus, car les canonniers ne pouvaient distinguer les amis des ennemis ; le duc de Bourgogne et Nicolas de Scharnachtal se rencontrèrent : c'étaient le lion de Bourgogne et l'ours de Berne ; ni l'un ni l'autre ne reculèrent d'un pas ; les deux corps d'armée semblaient immobiles.

Le sire de Château-Guyon, qui commandait la belle chevalerie du duc, et qui, outre son courage, avait encore grande haine contre les Suisses, qui lui avaient robé toutes ses seigneuries, s'était jeté en désespéré contre le bataillon de gauche ; aussi l'avait-il rompu, et y avait-il pénétré comme un coin de fer dans un bloc de chêne. Déjà il n'était plus qu'à deux pas de la bannière de Schwitz, déjà il étendait la main pour la saisir ; mais entre lui et cette bannière il y avait encore un homme, c'était Hans in der Grub de Berne ; il leva une épée large comme une faux et pesante comme une massue ; l'épée gigantesque tomba sur le casque du sire de Château-Guyon ; il était d'une trop bonne trempe pour être entamé ; mais la force du coup était telle, que le chevalier, assommé comme sous un marteau, tomba de cheval. En même temps, Henri Elsener, de Lucerne, s'emparait de l'étendard du sire de Château-Guyon.

A droite, la chance était encore plus mauvaise aux Bourguignons : au premier choc, Louis d'Aimeries avait été tué, Jean de Lalain lui avait succédé, et il avait été tué aussi ; alors le duc de Poitiers avait

repris le commandement, et il avait été tué encore. Ainsi de ce côté les Bourguignons, non-seulement n'avaient eu aucun avantage, mais avaient même perdu beaucoup de terrain ; de sorte que c'était maintenant l'aile gauche des Suisses qui s'étendait au bord du lac et débordait l'aile droite du duc de Bourgogne ; le même mouvement s'opéra à l'autre aile lorsque le sire de Château-Guyon fut tombé. Alors ce fut le duc Charles qui se trouva en danger ; Saint-Sorlin et Pierre de Lignaro étaient tombés à ses côtés ; son porte-étendard avait été abattu, et il avait été obligé de reprendre lui-même sa bannière pour qu'elle ne tombât point aux mains des ennemis : force lui fut donc de battre en retraite et de reculer, et c'est ce qu'il fit, mais pied à pied, frappant et frappé sans relâche, et cela pendant une lieue, c'est-à-dire de Concise au bord de l'Arnon. Là, le duc retrouva son camp et son armée ; il changea de casque et de cheval, car le casque était tout bosselé, un coup de masse en avait brisé la couronne, et le cheval tout sanglant pouvait à peine se soutenir ; puis ce fut lui à son tour qui revint à la charge.

Au même moment, à sa gauche, au sommet des collines de Champigny et de Bonvillars, le duc vit apparaître une nouvelle troupe d'ennemis, du double au moins de celle qui l'avait si rudement ramené : elle descendait rapidement et avec bruit, faisant feu tout en courant de son artillerie, et dans les intervalles des décharges criant tout d'un cri : — Granson ! Granson ! Il se retourna alors pour faire face à ces nouveaux ennemis, qui n'avaient pas encore pris part au combat, et qui arrivaient frais et terribles. Mais à peine la manœuvre qu'il avait ordonnée était-elle accomplie, que, d'un autre côté, on entendit le son des trompes des hommes d'Uri et d'Unterwalden. C'étaient deux cornes gigantesques, qui avaient été données à leurs pères, l'une par Pépin, et l'autre par Charlemagne, lorsque ces Titans de la monarchie franke avaient traversé la Suisse, et qu'à cause de leurs mugissements on avait nommées la vache d'Unterwalden et le taureau d'Uri. A ce bruit inconnu et terrible, le duc s'arrêta :

— Qu'est-ce donc que ceux-ci ? s'écria-t-il.

— Ce sont nos frères des vieilles ligues suisses, qui habitent les hautes montagnes, et qui tant de fois ont mis en déroute les Autrichiens, répondit un prisonnier qui avait entendu la question : ce sont les gens de Glaris, d'Uri et d'Unterwalden... Malheur à vous, monseigneur ! car ce sont les gens de Morgarten et de Sempach.

— Oui, oui, malheur à moi ! dit le duc, car si leur simple avant-garde m'a déjà donné tant de mal, que sera-ce quand je vais avoir affaire à toute l'armée ?

En effet, toute l'armée attaquait le camp du duc par trois côtés différents, et, au premier choc, cette multitude de femmes et de marchands, se jetant au milieu des hommes d'armes, mit le désordre parmi les Bourguignons. Déjà le camp avait été troublé de la retraite du duc et de ses meilleurs hommes d'armes ; puis à l'aspect de ces enfants des montagnes aux cris sauvages, les Italiens les premiers prirent épouvante et s'enfuirent ; peu de temps après, de trois côtés à la fois, les canonnades éclatèrent, et les boulets des coulevrines creusèrent cette foule trois fois plus considérable, il est vrai, que ceux qui l'attaquaient, mais qui, ne s'attendant pas à être attaquée, n'était pas à ses rangs, n'avait point ses chefs, et n'entendait point les ordres. Le duc courait avec de grands cris par cette masse tremblante, accablait les soldats d'injures, les frappait à coups d'épée, chargeait avec quelques-uns des plus braves et des plus fidèles les ennemis les plus avancés, puis revenait à ses troupes, qu'il retrouvait plus émues et plus désordonnées encore que lorsqu'il les avait quittées. Enfin chacun se mit à fuir de son côté sans que rien pût le retenir, poussé d'une terreur panique : les uns dans la montagne, les autres par le lac, ceux-là sur la grande route ; si bien que le duc resta le dernier sur le champ de bataille, avec cinq de ses serviteurs, jusqu'à ce que, voyant tout perdu, il se mit à fuir à son tour, suivi de son bouffon, qui galopait sur son petit cheval, et criait d'une voix comique et lamentable à la fois :

— Oh ! monseigneur ! monseigneur ! quelle retraite et comme nous voilà annibalés !

Et le duc courut ainsi, sans s'arrêter, pendant six heures, jusqu'à la ville de Jougne, dans le passage du Jura.

Aussitôt que le champ de bataille fut vide d'ennemis, les Suisses tombèrent à genoux et remercièrent Dieu de leur avoir accordé une si belle victoire, puis procédèrent régulièrement au pillage du camp.

Car le duc Charles avait tout abandonné, tente, chapelle, armes, trésors et canons, et cependant quelque temps encore, à l'exception des engins de guerre, les Suisses furent loin de se douter de la valeur de leur prise ; ils prenaient les diamants pour du verre, l'or pour du cuivre, et l'argent pour de l'étain ; les tentes de velours, les draps d'or et de damas, les dentelles d'Angleterre et de Malines, furent divisés entre les soldats, puis coupés à l'aune comme de la toile, et chacun en emporta sa part.

Le trésor du duc fut partagé entre les alliés : tout ce qui était argent fut mesuré dans des casques, tout ce qui était or fut mesuré à la poignée.

Quatre cents pièces de canon, huit cents arquebuses, cinq cent cinquante drapeaux et vingt-sept bannières furent divisés entre les villes qui avaient fourni des soldats à la confédération. Berne eut de plus la châsse de cristal, les apôtres d'argent et les vases sacrés, comme étant la ville qui avait pris le plus de part à la victoire.

Un soldat trouva un diamant gros comme une noix dans une toute petite boîte entourée de pierres fines ; il jeta le diamant, qu'il prit pour un morceau de cristal comme il en avait ramassé parfois dans la montagne, et garda la boîte : cependant, après avoir fait une centaine de pas, il se ravisa et revint le chercher ; il le retrouva sous la roue d'un chariot, le ramassa et le vendit un écu au curé de Montagnis ; il passa de là dans les mains d'un marchand nommé Barthélemy, qui le vendit à la république de Gênes, qui le revendit à Louis Sforce, dit le More ; après la mort de ce duc de Milan et la chute de sa maison, Jules II l'acheta pour la somme de vingt mille ducats. Il avait orné la couronne du Grand Mogol, et brille aujourd'hui à la tiare du pape. Ce diamant est estimé deux millions.

A l'endroit où le premier choc avait eu lieu entre le duc de Bourgogne et Nicolas de Scharnachtal, on retrouva sur le sable deux autres diamants, qu'un coup d'épée avait enlevés de la couronne qui brillait sur le casque du duc. L'un de ces diamants fut acheté par un riche marchand nommé Jacques Fugger, qui refusa de le vendre à Charles-Quint, parce que Charles Quint lui devait déjà près de cinq cent mille francs qu'il ne lui payait pas, et à Soliman, parce qu'il ne voulait pas qu'il sortît de la chrétienté. Henri VIII l'acquit pour une somme de cinq mille livres sterling, et sa fille Marie le porta parmi sa dot à Philippe II d'Espagne. Depuis ce temps, il est resté dans la maison d'Autriche.

Le dernier, dont on avait d'abord perdu la trace, fut vendu, seize ans après la bataille, cinq mille ducats à un marchand de Lucerne, qui fit exprès le voyage de Portugal, et le vendit à Emmanuel le Grand et le Fortuné. Lorsqu'en 1762 les Espagnols envahirent le Portugal, Antonio, prieur de Crato, dernier descendant de la famille détrônée, émigra en France, y mourut, et laissa ce diamant parmi les objets précieux de sa succession. Nicolas de Harlay, sieur de Sancy, l'acheta et le revendit après lui avoir donné son nom. Il fait aujourd'hui partie des diamants de la couronne de France.

Cette déroute avait eu lieu le 2 mars : le roi Louis l'apprit trois jours après, et pensa qu'il était temps d'accomplir son pèlerinage. Le 7, il arriva à une petite auberge située à trois lieues et demie du Puy ; le lendemain, il fit à pied la route ; arrivé devant la porte de l'église, il passa sur ses habits un surplis et une chape de chanoine, entra dans le chœur, s'agenouilla devant le tabernacle, fit une oraison, et déposa trois cents écus sur l'autel.

—•◇•—

Les îles Borromées. — PAGE 118.

POURQUOI L'ESPAGNE N'AURA JAMAIS UN BON GOUVERNEMENT.

Lorsque j'eus bien fait le tour de Granson ; que, Philippe de Commines et Müller à la main, j'eus reconnu le champ de bataille; lorsqu'à l'extrémité septentrionale de la ville j'eus retrouvé les ruines du vieux château, je pris un bateau, je touchai par con-science archéologique à un rocher qui surgit au milieu du port et sur lequel s'élevait autrefois, dit-on, un autel à Neptune, et, après trois quarts d'heure de traversée, j'arrivai à Iverdun, où les Suisses avaient fait une si belle résistance quelques jours avant la bataille de Granson.

Iverdun fut l'une des douze villes que les Helvétiens brûlèrent lorsqu'ils abandonnèrent leur pays pour passer dans les Gaules et qu'ils rencontrèrent

César près d'Autun. Battus par le proconsul romain, une des conditions que leur imposa le vainqueur fut, comme on sait, de rebâtir les cités qu'ils avaient détruites. Ils obéirent, et les Romains, trouvant la ville nouvelle à leur convenance et parfaitement située à l'extrémité du lac, entre les rivières d'Orbe et de la Thièle, en firent une colonie romaine et l'environnèrent de fortifications ; la ville s'étendait alors sur un terrain, dont celui qu'elle occupe aujourd'hui ne forme guère que la cinquième partie.

En 1769, en creusant une cave près des moulins de la ville, on découvrit plusieurs squelettes bien conservés, dont la tête, selon la coutume antique, était tournée vers l'Orient ; ils étaient étendus dans une couche de sable sans cercueil ni tombeau ; entre leurs jambes étaient placés des urnes de terre, des lampes sépulcrales et de petits plats d'argile, dans lesquels on retrouva encore des os de volaille. Quelques médailles enterrées avec les cadavres portaient la date, les unes du règne de Constantin, les autres de celui de Julien l'Apostat.

Ebrodunum avait une compagnie de bateliers présidée par un préfet ; cette compagnie existe encore aujourd'hui, seulement le préfet est devenu abbé.

A l'une des extrémités de la ville, un vieux château, bâti en 1135, par Conrad de Bœringen, élève ses quatre tours aux quatre points cardinaux : on m'assura que c'était le même où Hans Müller, de Berne, avait fait, en 1476, une si vaillante défense.

Comme tout ce qu'il y a de curieux à Iverdun peut se voir en deux heures, je fis ma tournée le matin pendant que Francesco me cherchait un cocher qui s'engageât à me conduire le même jour à Lausanne. Lorsque je revins à l'hôtel, je trouvai le déjeuner prêt et le cheval attelé, et le soir, à six heures, nous étions dans la capitale du canton de Vaud, où je serrais de nouveau la main à mon bon et vieil ami Pellis, qui le même soir me fit faire connaissance avec M. Monnard, le traducteur de l'*Histoire de la Suisse*, par Zchokke, et l'un des patriotes les plus fermes et les plus éloquents de la diète.

Quelque envie que j'eusse de rester en si bonne société, le temps commençait à me presser, et il me fallut partir : je voulais visiter le lac Majeur et les îles Borromées, et compléter mon voyage de Suisse en allant toucher à Locarno, qui est dans le Tessin, seul canton que je n'eusse pas visité ; et, comme nous avancions dans la saison, de jour en jour le Simplon pouvait devenir impraticable. En conséquence, le lendemain, à midi, je pris congé de mon hôte, en lui promettant de revenir le voir pour un plus long temps, promesse que je lui renouvelle, et je m'embarquai sur le bateau à vapeur qui va de Genève à Villeneuve.

Je faisais ma rentrée dans le monde : il y avait véritablement six semaines que je l'avais quitté. La Suisse allemande est au bout de la terre : on n'y sait rien, aucun bruit n'y pénètre, aucun écho de politique d'art ou de littérature n'y retentit : tout au contraire, et d'un seul bond, je me trouvai sur un bateau à vapeur, où du contact des voyageurs de tous les pays s'échappe un cliquetis de nouvelles. Je me jetai en affamé sur les journaux français : ils étaient pleins de la révolution d'Espagne ; quelques-uns, qui jugent tout du point de vue de la France, qui croient tous les peuples arrivés à notre degré de civilisation, croyaient pour ce pays à un Eldorado politique. Moi seul je niais la possibilité d'appliquer à un peuple les institutions d'un autre, et voyais dans la contrefaçon de notre charte au delà des Pyrénées une source de révolutions à venir. La discussion s'échauffa enfin, comme cela arrive toujours, chacun des utopistes voulant avoir raison de son côté. Nous en appelâmes à un Espagnol qui fumait tranquillement son cigarito sans prendre part à notre discussion ; et, le reconnaissant juge compétent en pareille matière, nous lui demandâmes quel serait, selon lui, le meilleur gouvernement pour la Péninsule.

L'Espagnol tira son cigarito de sa bouche, rejeta une colonne de fumée que, depuis dix minutes, il amassait dans sa poitrine, puis répondit avec gravité : — L'Espagne n'aura jamais un bon gouvernement.

Comme cette réponse ne donnait raison ou tort à aucun, elle ne satisfit personne.

— Permettez-moi de vous dire, seigneur Espagnol, repris-je en riant, que vous me paraissez un peu trop pessimiste. L'Espagne n'aura jamais un bon gouvernement, dites-vous ?

— Jamais.

— Et à qui faut-il qu'elle s'en prenne de ce défaut de perfection ? Est-ce à son peuple ou à sa royauté, à son clergé ou à sa noblesse ?

— Ni à l'un ni à l'autre.

— A qui donc est-ce la faute, alors ?

— C'est la faute de saint Iago.

— Mais comment, repris-je avec le même sérieux, quoique la conversation parût dégénérer en plaisanterie, saint Iago, qui est le patron de l'Espagne, et qui jouit d'un certain crédit dans le ciel, peut-il s'opposer au premier bonheur d'un peuple, celui de l'amélioration politique, de laquelle découlent toutes les autres améliorations ?

— Voilà comment la chose est arrivée, répondit l'Espagnol : il advint qu'un jour le bon Dieu, lassé d'entendre les peuples se plaindre éternellement, ceux-ci d'une chose, ceux-là d'une autre, et ne sachant, au milieu des lamentations générales, à laquelle entendre, envoya un ange annoncer, à son de trompe, que chaque nation eût à bien réfléchir à ce qu'elle désirait, et à lui envoyer dans un an, au même jour, chacune un député chargé de sa requête, s'engageant d'avance à y faire droit. La nouvelle

fit grand bruit, chacun nomma son député : la
France saint Denis, l'Angleterre saint Georges, l'Italie saint Janvier, l'Espagne saint Iago, la Russie
saint Niwsky, l'Écosse saint Dunstan, la Suisse saint
Nicolas de Floue, que sais-je, moi? Il n'y eut pas
jusqu'à la république de Saint-Marin qui ne voulût
être représentée et avoir sa part de la munificence
céleste : c'était une élection générale par toute la
terre; enfin le jour arriva, et chaque saint se mit en
route chargé de ses instructions.

Le premier qui arriva fut saint Denis : il salua le
Père éternel, non pas en ôtant son chapeau de dessus sa tête, mais en ôtant sa tête de dessus ses
épaules : cela était une manière honnête de rappeler à Dieu le martyre qu'il avait subi pour son saint
nom; aussi cette salutation le disposa à merveille en
sa faveur.

— Eh bien! lui dit-il, tu viens de la France?

— Oui, monseigneur, répondit saint Denis.

— Que demandes-tu pour les Français?

— Je demande qu'ils aient la plus belle armée du
monde.

— J'y consens, dit le bon Dieu.

Saint Denis, enchanté, remit sa tête sur ses
épaules et s'en alla.

A peine était-il parti, que l'ange qui était de
service annonça saint Georges.

— Faites entrer, dit le bon Dieu.

Saint Georges entra et leva la visière de son casque.

— Eh bien! mon brave capitaine, tu viens au
nom de l'Angleterre, n'est-ce pas? Que demande-
t-elle?

— Monseigneur, répondit saint Georges, elle
demande à avoir la plus belle marine du monde.

— Très-bien, dit le bon Dieu, elle l'aura.

Saint Georges, qui avait tout ce qu'il voulait
avoir, baissa la visière de son casque et s'en alla.
A la porte, il rencontra saint Janvier.

— Bonjour, mon saint évêque, dit le bon Dieu;
enchanté de vous voir; au reste, je me doutais bien
que c'était vous que les Italiens m'enverraient : que
vous ont-ils chargé de me demander?

— D'avoir les premiers artistes du monde, monseigneur.

— Soit, dit le bon Dieu, je les leur promets.

Saint Janvier n'en demanda pas davantage; il remit sa mitre sur sa tête et sortit.

— Faites entrer, dit le bon Dieu.

— Seigneur, répondit l'ange, il n'y a personne.

— Comment! il n'y a personne? Et que fait donc
ce grand flâneur de saint Iago, qui galope toujours
et qui n'arrive jamais (1)?

— Seigneur, reprit l'ange, je l'aperçois là-bas,
là-bas, là-bas.

(1) Les Espagnols représentent saint Jacques sur un cheval
lancé à fond de train.

— Paresseux comme un Espagnol, murmura le
bon Dieu. Enfin, le voilà.

Saint Iago arriva tout essoufflé, sauta à bas de
son cheval, et se présenta devant le Seigneur.

— Eh bien, monsieur l'hidalgo, dit le bon Dieu,
voyons, que voulez-vous?

— Je veux, répondit saint Iago, respirant entre
chacune de ses paroles, je veux que l'Espagne ait
le plus beau climat du monde.

— Accordé, fit le bon Dieu.

— Je veux...

— Eh! mais ce n'est pas tout? interrompit le
bon Dieu.

— Je veux, continua saint Iago, que l'Espagne
ait les plus belles femmes du monde.

— Eh bien! soit, reprit le bon Dieu, je consens
encore à cela. Accordé.

— Je veux...

— Comment, comment! s'écria le bon Dieu, tu
veux encore, encore quelque chose?...

— Je veux, continua saint Iago, que l'Espagne
ait les plus beaux fruits du monde.

— Allons, dit le bon Dieu, il faut bien faire quelque chose pour ses amis. Accordé.

— Je veux, continua saint Iago, que l'Espagne
ait le meilleur gouvernement du monde.

— Oh! s'écria le bon Dieu l'arrêtant tout court,
assez comme cela... il faut bien qu'il reste quelque
chose aux autres. Refusé!...

Saint Iago voulut insister; mais le bon Dieu lui
fit signe de retourner à Compostelle. Saint Iago remonta sur son cheval et repartit au galop.

Voilà pourquoi l'Espagne n'aura jamais un bon
gouvernement.

L'Espagnol battit le briquet, ralluma son cigarito
qui s'était éteint, et se remit à fumer.

Comme je trouvais la raison qu'il m'avait donnée
aussi spécieuse que pas une de celles que trouvent
parfois, en circonstance pareille, nos hommes d'É-
tat, je m'en contentai pour le moment, et la suite
des événements me prouva que saint Iago n'était
point encore parvenu à obtenir du bon Dieu le don
qu'il avait eu l'imprudence de garder pour sa quatrième demande.

Nous touchâmes à Villeneuve vers les trois heures : comme on séjourne rarement dans cette petite ville pour y coucher, je ne me fiai pas à son
auberge, et, aussitôt le dîner fini, je me mis en
route pour Saint-Maurice, où j'arrivai à neuf heures
du soir; rien ne m'arrêtait plus dans le Valais, que je
visitais pour la seconde fois; je repartis en conséquence le lendemain dès le matin, et comme huit
heures sonnaient j'entrais dans l'hôtel de la poste, à
Martigny; c'était, si mes lecteurs ont bonne mémoire,
l'auberge où je m'étais arrêté dans mon voyage à
Chamouny, et où j'avais mangé le fameux bifteck
d'ours, qui depuis a fait tant de bruit dans le monde
littéraire et gastronomique.

San Ingo repartit au galop. — PAGE 119.

Je trouvai mon digne hôte toujours aussi accommodant que de coutume ; en conséquence, nous eûmes bientôt fait prix pour une carriole jusqu'à Domo d'Ossola, c'est-à-dire pour cinq jours. Je devais la laisser chez le maître de poste de cette petite ville ; puis le premier voyageur qui viendrait d'Italie en Suisse, comme j'allais de Suisse en Italie, devait la ramener ; de cette manière, l'allée et le retour étaient payés. Mon hôte m'indiqua de plus une facilité économique que j'ignorais : j'étais libre, quoique voyageant en poste, de ne prendre qu'un cheval en payant un cheval et demi ; comme je tirais vers la fin de mon voyage, et par conséquent vers la fin de mon argent, j'acceptai avec reconnaissance ce moyen de transport, que j'indique avec empressement.

Et je le propose avec d'autant plus de confiance aux voyageurs qui feront cette route, qu'ils n'en seront pas retardés d'une heure ni gênés d'une place ; le postillon s'assied sur le brancard, et, pour peu qu'on ajoute quelques batz à son pourboire, il s'arrange avec son cheval pour qu'il fasse à lui seul sa besogne et celle de son camarade. Le double marché se conclut ordinairement au moyen

Saint Éloi

d'une bouteille de vin que le voyageur donne au postillon, et d'un picotin d'avoine que le postillon promet à la bête. Grâce à cette convention, qui fut tenue scrupuleusement, de ma part du moins, nous arrivâmes le même soir à Brigg.

Là, une grande douleur nous attendait : mon arrangement avec mon pauvre Francesco était terminé ; je l'avais ramené à une douzaine de lieues de l'endroit où je l'avais pris, il me devenait inutile : nous n'avions donc plus qu'à compter ensemble et à nous séparer. Je le fis venir.

Le brave garçon, qui se doutait de la chose, monta le cœur gros ; la vie qu'il avait menée avec moi, quoiqu'un peu fatigante, était, sous tous les autres rapports, bien autrement confortable que celle qu'il allait retrouver à Munster ; de sorte qu'il était fort disposé, comme le jardinier du comte Almaviva, à ne pas renvoyer un si bon maître.

Aussi, à peine me vit-il tirer ma bourse de ma poche et calculer les jours pendant lesquels nous étions restés ensemble, qu'il se détourna pour me cacher ses larmes, qui bientôt dégénérèrent en sanglots : je l'appelai alors, il vint, me prit la main, et me supplia de le garder comme domestique, disposé qu'il était à me suivre partout, en Italie, en France, au bout du monde; malheureusement Francesco, qui faisait un excellent guide à Munster, aurait fait un fort mauvais groom à Paris; d'ailleurs c'était une trop grande responsabilité que celle d'enlever cet enfant à sa famille et à ses montagnes : aussi, quoique mon cœur fût assez d'accord avec sa prière, je tins ferme et je refusai.

Il était resté trente-trois jours avec moi : au prix que nous avions arrêté, cela faisait soixante-six francs ; j'y ajoutai quatorze francs de pourboire, afin de compléter la somme de quatre-vingts, et je lui mis quatre louis sur la table. C'était plus d'or que le pauvre enfant n'en avait vu de toute sa vie ; cependant il s'avança vers la porte sans les prendre : je le rappelai en lui demandant pourquoi il me laissait cette somme, qui était à lui. Alors il se retourna, et tout en sanglotant il me dit : — Si mon-

sieur le permet, j'irai demain lui faire la conduite dans le Simplon, je reviendrai en croupe derrière le postillon, et, au moment de me quitter, il sera bien temps qu'il me donne l'argent...

Je lui fis signe que j'y consentais, et il sortit un peu consolé.

Effectivement, le lendemain, Francesco m'accompagna jusqu'à la première poste : arrivés là, nous nous embrassâmes; lui s'en retourna tout pleurant vers Brigg, et moi, je continuai mon chemin tout pensif et tout attristé.

Je recommande cet enfant aux voyageurs qui prendront la route de la Furca : c'est une excellente créature, d'une probité sévère et d'une activité infatigable; ils le trouveront à Munster, d'où il m'a écrit ou plutôt fait écrire, il y a six mois : il y est connu sous le nom allemand de Franz et sous le nom italien de Francesco.

COMMENT SAINT ÉLOI FUT GUÉRI DE LA VANITÉ.

nnibal et Charlemagne, comme Bonaparte, ont franchi les Alpes et à peu près conquis l'Italie ; mais derrière eux, effaçant les vestiges de leur passage, les défilés des montagnes se sont refermés, les pics du mont Genèvre et du petit Saint-Bernard se sont recouverts de neige, et les générations qui ont succédé à celles de leurs enfants, ne retrouvant aucune trace de la route qu'ils avaient suivie que dans la tradition des localités et dans la mémoire des populations, se sont prises à douter de ces miracles, et ont presque nié les dieux qui les avaient opérés.

Bonaparte n'a pas voulu qu'il en fût ainsi pour lui, et, afin que sa religion guerrière n'eût point à souffrir des ravages de l'oubli et de l'atteinte du doute, il a lié l'Italie à la France comme une esclave à sa maîtresse ; il a étendu une chaîne à travers les montagnes, il a mis le premier anneau aux mains de Genèvre, sa nouvelle fille, et le dernier au pied de Milan, notre vieille conquête : ce souvenir de notre descente en Italie, cette chaîne dorée par le commerce, cette voie tracée par le passage de nos armées et battue par la sandale d'un géant, c'est la route du Simplon.

Cette route, rivale de celle de Tiberius Nero, de Julius César et de Domitianus, à laquelle chaque jour trois mille ouvriers ont travaillé pendant trois ans, qui grimpe aux flancs des montagnes, franchit les précipices et creuse les rochers, commence à Glys, laisse Brigg à gauche, et s'élève par une pente visible à l'œil, mais presque insensible à la marche, jusqu'au col du Simplon, c'est-à-dire pendant six lieues : c'est aux faiseurs d'itinéraires et non à nous de dire combien de ponts on passe, combien de galeries on traverse, combien d'aqueducs on franchit ; nous y renonçons d'autant plus facilement, qu'aucune description ne peut donner une idée du spectacle qu'on y rencontre à chaque pas, des oppositions et des harmonies que forment entre elles les vallées de Gauther et de la Saltine, et la chute des cascades se réfléchissant aux miroirs des glaciers : à mesure qu'on monte,

la végétation et la vie disparaissent. Ces sommités n'avaient point été faites pour le commun des hommes et des animaux ; là, le génie seul pouvait atteindre ; là, l'aigle seul pouvait vivre : aussi le village du Simplon, cette conquête artificielle de la vallée sur les montagnes, s'étend-il misérablement, comme un serpent engourdi, sur un plateau nu et sauvage : aucun arbre ne l'abrite, aucune fleur ne le décore, aucun troupeau ne l'anime ; il faut tout tirer des bas lieux, et l'on ne voit l'existence renaître, la nature revivre, qu'en descendant ses deux versants ; quant à son sommet, c'est le domaine des glaces et des neiges, c'est le palais de l'hiver, c'est le royaume de la mort.

Presque en quittant le village du Simplon, on commence à descendre, et, par un effet d'optique naturel, cette descente paraît plus rapide que la montée ; d'ailleurs elle est beaucoup plus tourmentée par les accidents de la montagne : tantôt elle pivote sur des angles aigus, tantôt elle se roule par mille ondulations autour de la montagne aussi loin que l'œil peut atteindre, et semble le serpent fabuleux qui encercle la terre. D'abord on rencontre la galerie d'Algaby, la plus longue et la plus belle, qui traverse deux cent quinze pieds de granit pour s'ouvrir sur la vallée de Gondo, chef-d'œuvre divin de décoration terrible qu'aucun pinceau ne peut imiter, qu'aucune plume ne peut décrire, qu'aucun récit ne peut rendre ; c'est un corridor de l'enfer, étroit et gigantesque ; à mille pieds au-dessous de la route le torrent ; à deux mille pieds au-dessus de la tête le ciel : la distance est si grande du chemin à la Doveria, qu'à peine l'entend-on mugir, quoiqu'on la voie furieusement écumer sur les roches qui forment le fond de la vallée : tout à coup un pont léger, d'une architecture aérienne, se présente, jeté d'une montagne à une autre, comme un arc-en-ciel de pierre : il conduit au bout de quelques pas à la galerie de Gondo, longue de sept cents pas, éclairée pas deux ouvertures.

En face de l'une d'elles on lit ces mots, écrits par une main habituée à graver des dates sur le granit :

ÆRE ITALICO
M DCCC V

Et l'homme qui les avait écrits croyait, comme Jésus-Christ et Mahomet, que non pas de sa naissance, non pas de sa fuite, mais de sa victoire, daterait pour l'Italie une ère nouvelle.

Bientôt la vallée s'élargit, l'air se réchauffe, la poitrine respire, quelques traces de végétation reparaissent, des échappées à travers les sinuosités de la montagne permettent à l'œil de se reposer sur un plus doux horizon. Un village apparaît avec un doux nom : c'est Isella, la sentinelle avancée et presque perdue de la molle Italie. Aussi derrière elle la vallée se referme : les rochers nus et gigantesques se rapprochent ; l'imprudente fille de la Lombardie a été prise au sortir d'un défilé qu'elle ne peut plus repasser : sur la route par laquelle elle est venue, une galerie s'est formée, c'est l'avant-dernière : elle repose sur un pilier de granit colossal, dont la masse noire se détache à sa sommité sur l'azur du ciel, à son milieu sur le tapis vert de la colline, à sa base sur la mousse blanche des cascades. Celle-là, on se hâte de la traverser, et soit illusion, soit véritable changement atmosphérique à sa sortie, les tièdes bouffées du vent d'Italie viennent au-devant de vous : à droite et à gauche les montagnes s'écartent, des plateaux se forment, et sur ces plateaux, comme des cygnes qui se réchauffent au soleil, on commence à apercevoir des groupes de maisons blanches, aux toits plats : c'est l'Italie, la vieille reine, la coquette éternelle, l'Armide séculaire qui envoie au-devant de vous ses paysannes et ses fleurs. Encore une rivière à franchir, encore une galerie à traverser, et vous voilà à Crevola, suspendu entre le ciel et la terre, sur un pont magique ; sous vos pieds vous avez la ville et son clocher, devant vous le Piémont. Puis, au loin, là-bas derrière l'horizon, Florence, Rome, Naples, Venise, ces villes merveilleuses dont les poëtes vous ont raconté tant de féeries, et dont aucun rempart ne vous sépare plus. Aussi la route, comme lassée de ses longs détours, heureuse de retrouver la plaine, s'élance-t-elle d'un seul jet de deux lieues jusqu'à Domo d'Ossola.

J'y tombai au milieu d'une procession tout italienne : une corporation de maréchaux ferrants fêtait saint Éloi. Dans mon ignorance, j'avais toujours cru ce bienheureux le patron des orfévres et l'ami du roi Dagobert, auquel il donnait parfois sur sa toilette des conseils fort judicieux ; mais j'ignorais complétement qu'il eût jamais été maréchal. Leur bannière, sur laquelle il était représenté brisant son enseigne, ne me laissait aucun doute à ce sujet : la seule chose qui me restât à éclaircir, c'était à quel moment de sa vie se rapportait l'action qui avait inspiré l'artiste ; car cette vie sanctifiée, je la connaissais à peu près, depuis son entrée chez le préfet de la monnaie de Limoges jusqu'à sa nomination au siége de Noyon, et je ne voyais rien dans tout cela qui pût s'appliquer au spectacle que j'a-

vais sous les yeux. En conséquence, je m'adressai au maître de poste, pensant que, pour une tradition de fer à cheval, c'était le meilleur historien qui se puisse trouver. Nous commençâmes par faire prix pour la voiture qui devait me conduire de Domo d'Ossola à Baveno. Puis, ce prix fait au double de ce qu'il valait, tant j'étais pressé de revenir à ma procession, j'obtins sur le père d'Oculi les renseignements biographiques suivants. Au reste, voici la tradition telle qu'elle me fut transmise dans sa naïveté primordiale et dans sa simplicité primitive : il est inutile de dire que nous n'en garantissons point l'authenticité.

Vers l'an 610, Éloi, qui était alors un jeune maître de vingt-six à vingt-huit ans, habitait la ville de Limoges, située à deux lieues seulement de Cadillac, son pays natal : dès sa jeunesse, il avait manifesté une grande aptitude pour les arts mécaniques ; mais, comme il n'était pas riche, il lui avait fallu demeurer simple maréchal. Il est vrai qu'il avait fait faire à ce métier de tels progrès, qu'entre ses mains il était presque devenu un art : les fers qu'il forgeait, et qu'il était parvenu à confectionner en trois chaudes (1), s'arrondissaient d'une courbe merveilleusement élégante, et brillaient comme de l'argent poli : les clous par lesquels il les fixait aux pieds des chevaux étaient taillés en diamants, et eussent pu être enchâssés comme des chatons de bague dans une monture d'or ; cette habileté d'exécution qui étonnait tout le monde finit par exalter l'ouvrier lui-même ; la vanité lui tourna la tête, et, oubliant que Dieu nous élève et nous abaisse à sa volonté, il fit faire une enseigne sur laquelle il était représenté ferrant un cheval, avec cette exergue, passablement insolente pour ses confrères, et blessante pour l'humilité religieuse :

Éloi, maître sur maître, maître sur tous.

L'inscription fit grande rumeur dès son apparition, et comme Éloi avait surtout affaire à une clientèle de commerçants, de chevaliers et de pèlerins, qui se croisaient incessamment devant sa boutique, l'orgueilleuse enseigne alla bientôt éveiller la susceptibilité des autres maréchaux ferrants, non-seulement de la France, mais encore de l'Europe.

De tous côtés s'éleva alors contre l'orgueilleux maître une clameur si grande, qu'elle monta jusqu'au paradis : le bon Dieu, ne sachant pas d'abord quelle cause l'occasionnait, s'en émut et regarda sur la terre ; ses yeux, qui par hasard étaient tournés vers Limoges, tombèrent sur la fameuse enseigne, et tout lui fut expliqué.

(1) En les remettant trois fois à la forge. Terme caractéristique que nous avons voulu conserver et que nous nous empressons d'expliquer à nos lecteurs.

— Oui, oui, pas mal. — Page 126.

De tous les péchés mortels, celui qui a toujours le plus fâché le bon Dieu, c'est l'orgueil : ce fut l'orgueil qui souleva Satan et Nabuchodonosor contre le Seigneur, et le Seigneur foudroya l'un et ôta la raison à l'autre : aussi Dieu cherchait-il déjà quelle punition il pourrait appliquer au nouvel Aman, lorsque Jésus-Christ, voyant son père préoccupé, lui demanda ce qu'il avait.

Dieu lui répondit en lui montrant l'enseigne ; Jésus-Christ la lut.

— Oui, oui, mon père, dit-il, c'est vrai, l'inscrip-

tion est violente, mais Éloi est véritablement habile, seulement il a oublié que sa force lui vient d'en haut; mais, à part son orgueil, il est plein de bons principes.

— J'en conviens, dit le bon Dieu, il a d'excellentes qualités; mais son orgueil les dépasse toutes autant que le cèdre dépasse l'hysope, et il les fera mourir sous son ombre. Avez-vous lu ? *Éloi, maître sur maître, maître sur tous*. C'est un défi non-seulement porté à l'habileté humaine, mais encore à la puissance céleste.

— Eh bien! mon père, que la puissance céleste lui réponde par la bonté et non par la rigueur; vous voulez la conversion et non la mort du coupable, n'est-ce pas? Eh bien! je me charge de le convertir.

— Hum! fit le bon Dieu en secouant la tête, tu te charges là d'une mauvaise besogne.

— Y consentez-vous? continua Jésus-Christ.

— Tu ne réussiras pas, dit le bon Dieu.

— Laissez-moi toujours essayer.

— Et combien de temps me demandes-tu?

— Vingt-quatre heures.

— Accordé, dit le Seigneur.

Jésus ne perdit pas de temps; il dépouilla ses habits divins, revêtit le costume d'un compagnon du devoir, se laissa glisser sur un rayon de soleil et descendit aux portes de Limoges.

Il entra aussitôt dans la ville, le bâton à la main, avec l'apparence d'un homme qui vient de faire une longue route; ensuite il alla droit à la maison d'Éloi; il le trouva forgeant : il en était à la troisième chaude.

— Dieu soit avec vous, maître! dit Jésus en entrant dans la boutique.

— Amen! répondit Éloi sans le regarder.

— Maître, continua Jésus, je viens de faire mon tour de France, et partout j'ai entendu parler de la science, de sorte que, pensant qu'il n'y avait que toi qui pouvais me montrer quelque chose de nouveau....

— Ah! ah! fit Éloi en jetant un regard rapide sur lui et en continuant de battre son fer.

— Veux-tu de moi pour compagnon? reprit humblement Jésus; je viens t'offrir mes services.

— Et que sais-tu? dit Éloi, lâchant négligemment le fer auquel il venait de donner le dernier coup de marteau et jetant sa pince.

— Mais, continua Jésus, je sais forger et ferrer aussi bien, je crois, que qui que ce soit au monde.

— Sans exception? dit dédaigneusement Éloi.

— Sans exception, répondit tranquillement Jésus.

Éloi se mit à rire.

— Que dis-tu de ce fer? reprit Éloi montrant complaisamment à Jésus celui qu'il venait d'achever.

Jésus le regarda.

— Je dis que ce n'est pas mal; mais je crois qu'on peut faire mieux.

Éloi se mordit les lèvres.

— Et en combien de chaudes ferais-tu un fer comme celui-là?

— En une chaude, dit Jésus.

Éloi se mit à rire : comme nous l'avons dit, il lui en fallait trois à lui et cinq ou six aux autres; il crut que le compagnon était fou.

— Et veux-tu me montrer comment tu t'y prends? dit-il d'un air goguenard.

— Volontiers, maître, répondit Jésus en ramassant tranquillement la pince et en prenant auprès de l'enclume un lingot de fer brut qu'il mit dans la forge; puis il fit un signe à Oculi, qui se mit à tirer la corde du soufflet. Le feu, étouffé d'abord sous le charbon, s'élança en petits jets bleus; des millions d'étincelles pétillèrent; bientôt la flamme rougissante embrasa l'aliment qui lui était offert : de temps en temps l'habile compagnon arrosait le foyer, qui, momentanément noirci, reprenait presque aussitôt une nouvelle force et une teinte plus vive; enfin le braise sembla une matière fondue. Au bout d'un instant, cette lave pâlit, tant toute la partie combustible du charbon était dévorée; alors Jésus tira du brasier son fer presque blanc, le posa sur l'enclume, et le tournant d'une main tandis qu'il le frappait et le façonnait de l'autre, en quelques coups de marteau il lui donna une forme et un fini desquels celui d'Éloi était loin d'approcher. La chose avait été si vivement faite, que le pauvre maître sur matière n'y avait vu que du feu.

— Voilà! dit Jésus-Christ.

Éloi prit le fer dans l'espoir d'y découvrir quelque paille; mais rien n'y manquait : aussi, quoique la mauvaise intention y fût, elle ne put trouver prise à en dire le moindre mal.

— Oui, oui, dit-il en le tournant et retournant, oui, pas mal... Allons, pour un simple ouvrier, pas mal. Mais, continua-t-il, espérant prendre Jésus en défaut, ce n'est pas tout que de savoir confectionner un fer, il faut encore savoir l'appliquer au pied de l'animal. Tu m'as dit que tu savais ferrer, je crois?

— Oui, maître, répondit tranquillement Jésus-Christ.

— Mettez le cheval au travail (1)! cria Éloi à ses garçons.

— Oh! ce n'est pas la peine! interrompit Jésus; j'ai une manière à moi, qui épargne beaucoup de peine et abrège beaucoup de temps.

— Et quelle est ta manière? dit Éloi étonné.

— Vous allez voir, répondit Jésus.

A ces mots, il tira un couteau de sa poche, alla au cheval, leva une de ses jambes de derrière, lui coupa le pied gauche à la première jointure, mit le pied dans l'étau, y cloua le fer avec la plus grande facilité, reporta le pied ferré, le rapprocha de la jambe, où il reprit aussitôt, coupa le pied droit, répéta la même cérémonie avec le même succès, continua ainsi pour les deux autres, et cela sans que l'animal parût s'inquiéter le moins du monde de ce que la manière du nouveau compagnon avait d'étrange et d'inusité.

Quant à Éloi, il regardait l'opération s'accomplir dans la stupéfaction la plus profonde.

(1) Le travail est un appareil en charpente, au milieu duquel on attache le cheval que l'on veut ferrer.

Il lui coupa le pied gauche à la première jointure.

— Voilà! maître, dit Jésus-Christ en recollant le quatrième pied.

— Je vois bien, dit saint Éloi faisant tous ses efforts pour cacher son étonnement.

— Ne connaissez-vous point cette manière? continua négligemment Jésus-Christ.

— Si fait, si fait, reprit vivement Éloi, j'en ai entendu parler... mais j'ai toujours préféré l'autre.

— Vous avez tort, celle-ci est plus commode et plus expéditive.

Éloi, comme on le pense bien, n'eut garde de renvoyer un si habile compagnon; d'ailleurs il craignait, s'il ne traitait pas avec lui, qu'il ne s'établît dans les environs, et il ne se dissimulait pas que c'était un concurrent redoutable.

Il fit donc ses conditions, qui furent acceptées, et Jésus fut installé dans la boutique comme premier garçon.

Le lendemain au matin, Éloi envoya Jésus-Christ faire une tournée dans les villages environnants ; il s'agissait de quelques commissions qui avaient besoin d'être remplies par un messager intelligent.

Jésus partit.

Il était à peine disparu au tournant de la grande rue, qu'Éloi se prit à songer sérieusement à cette nouvelle manière de ferrer les chevaux, qu'il ne connaissait pas.

Il avait suivi l'opération avec le plus grand soin; il avait remarqué à quelle jointure l'amputation avait été faite; il ne manquait pas, comme nous l'avons dit, d'une grande confiance en lui-même, il résolut de profiter de la première occasion qui s'offrirait de mettre à profit la leçon qu'il avait prise.

Elle ne tarda pas à se présenter.

Au bout d'une heure, un cavalier armé de toutes pièces s'arrêta à la porte d'Éloi; son cheval s'était déferré d'un pied de derrière à un quart de lieue de la ville, et, attiré par la réputation du maître, il avait piqué droit chez lui; il venait d'Espagne et retournait en Angleterre, où il avait, à propos de l'Écosse, de grandes affaires à régler avec saint Dunstan; il attacha son cheval à un des anneaux de fer de la boutique, entra dans un cabaret, et demanda un pot de bière, en recommandant à Éloi de se hâter.

Éloi pensa que, puisque la pratique était pressée, c'était le moment de mettre à exécution la manière expéditive dont il avait vu faire la veille un essai qui avait si bien réussi.

Il prit son couteau le mieux affilé, lui donna un dernier coup sur sa pierre à rasoir, leva la jambe du cheval, et, prenant le joint vers une grande justesse, il lui coupa le pied au-dessus du sabot.

L'opération avait été si habilement faite, que le pauvre animal, qui ne se doutait de rien, n'avait pas eu le temps de s'y opposer, et ne s'était aperçu de l'amputation que par la douleur même qu'elle lui avait causée; mais alors il poussa un hennissement si plaintif et si douloureux, que son maître se retourna et vit sa monture pouvant à peine se tenir debout sur les trois pieds qui lui restaient et secouant sa quatrième jambe, d'où s'échappaient des flots de sang.

Il s'élança hors du cabaret, se précipita dans la boutique et trouva Éloi qui ferrait tranquillement le quatrième pied dans son étau; il crut que le maître était devenu fou.

Éloi le rassura, lui disant que c'était une nouvelle manière qu'il avait adoptée, lui montra le fer parfaitement adhérent au sabot, et, sortant de sa boutique, se mit en devoir d'aller recoller le pied au moignon de la jambe, comme il avait vu faire la veille à son compagnon.

Mais il en advint cette fois tout autrement.

Le pauvre animal, qui depuis dix minutes perdait son sang, était couché sans force et tout prêt à mourir.

Éloi rapprocha le pied de la jambe; mais, entre ses mains, rien ne reprit, le pied était déjà mort et le reste du corps ne valait guère mieux.

Une sueur froide couvrit le front du maître : il sentit qu'il était perdu, et, ne voulant pas survivre à sa réputation, il tira de sa trousse le couteau qui avait si bien rempli son office, et il allait se l'enfoncer dans la poitrine lorsqu'il sentit qu'on lui arrêtait le bras; il se retourna, c'était Jésus-Christ.

Le divin messager avait achevé ses commissions avec la même promptitude et la même habileté qu'il avait coutume de mettre à tout ce qu'il faisait, et il était de retour deux heures plus tôt que ne l'attendait Éloi.

— Que fais-tu, maître? lui dit-il d'un ton sévère.

Éloi ne répondit pas, mais montra du doigt le cheval expirant.

— N'est-ce que cela? dit le Christ.

Et il ramassa le pied et le rapprocha de la jambe, et le sang cessa de couler, et le pied reprit, et le cheval se releva et hennit de bien-être; de sorte que, moins la terre rougie, on eût juré qu'il n'était rien arrivé au pauvre animal tout à l'heure si malade, et maintenant si vif et si bien portant.

Éloi le regarda un instant, confus et stupéfait, étendit le bras, prit dans sa boutique un marteau, et, brisant son enseigne, il alla à Jésus-Christ, et lui dit humblement :

— C'est toi qui es le maître, et c'est moi qui suis le compagnon.

— Heureux celui qui s'humilie, répondit le Christ d'une voix douce, car il sera élevé.

A cette voix si pure et si harmonieuse, Éloi leva les yeux, et il vit que son compagnon avait le front ceint d'une auréole; il reconnut Jésus, et il tomba à genoux.

— C'est bien, je te pardonne, dit le Christ; car je

A ces mots, il monta en croupe derrière le cavalier.

te crois guéri de ton orgueil ; reste *maître sur maître*, mais souviens-toi que c'est moi seul qui suis *maître sur tous.*

A ces mots, il monta en croupe derrière le cavalier et disparut avec lui.

Le cavalier était saint Georges.

Pauline.

PAULINE.

Cette narration terminée, je priai le maître de poste de visiter les pieds de ses deux chevaux, de peur qu'il ne leur arrivât en route le même accident qu'à la monture de saint Georges; puis, cette inspection finie, nous partîmes au grand trot sur une de ces routes sablées comme des allées de jardin anglais, qui, depuis l'occupation française, sillonnent le Piémont.

Il est impossible de rêver pour péristyle à l'Italie une route plus charmante; pendant deux lieues de plaines, qui paraissent plus fraîches et plus gracieuses encore après cette terrible vallée de Gondo, l'on arrive à Villa; car déjà, comme on le voit, tous les noms de cités finissent par une douce voyelle. Puis les maisons blanches succèdent aux chalets gris;

les toits font place aux terrasses, la vigne grimpe aux arbres de la route, enjambe le chemin et se balance en berceau. Au lieu des paysannes goîtreuses du Valais, on rencontre à chaque pas de belles vendangeuses au teint pâle, aux yeux veloutés, au parler rapide et doux; le ciel est pur, l'air est tiède, et l'on reconnaît, comme le dit Pétrarque, la terre aimée de Dieu; la terre sainte, la terre heureuse, que les invasions barbares, que les discordes civiles, que les colères des volcans n'ont pu dépouiller des dons qu'elle avait reçus du ciel. Une chose cependant s'opposait à ce que je l'appréciasse dans toute leur étendue : j'étais seul.

C'est une chose triste que d'être seul en voyage, que de n'avoir personne qui partage nos émotions de joie ou de crainte; aussi passai-je devant la vallée d'Anzasca sans presque m'arrêter, et cependant, au fond de ses sinuosités, au-dessus de ses vertes collines, s'élève, comme un géant chargé de veiller sur ces jardins enchantés, le mont Rosa, l'Adamastor de l'Italie. Une lieue plus loin, en approchant de Fariolo, et tandis que je regardais, à ma droite, une de ces dernières filles des Alpes qui vont mourir en collines et en monticules au bord des lacs qu'elles teignent de leur ombre, je vis se détacher du front de la montagne quelque chose comme un grain de sable, qui s'en vint roulant sur les pentes, bondissant par-dessus les ravins, grossissant toujours à mesure qu'il s'approchait, et finit par se changer en un rocher qui, passant avec le bruit de la foudre, et pareil à une avalanche de pierres, traversa la route à trente pas de la voiture, et, arrivé au bout de sa force d'impulsion, alla s'arrêter contre un orme qu'il courba; j'enviai presque le postillon, qui avait eu peur pour ses chevaux.

Espérer ou craindre pour un autre est la seule chose qui donne à l'homme le sentiment complet de sa propre existence.

J'arrivai au crépuscule sur les bords du lac Majeur, et je m'arrêtai à Baveno, dans une charmante auberge de granit rose, tout entourée d'orangers et de lauriers-roses; au dehors, c'était un palais enchanté; au dedans, c'était déjà une auberge italienne.

Une auberge italienne est une habitation assez tolérable encore l'été; mais l'hiver, attendu qu'aucune précaution n'a été prise contre le froid, c'est quelque chose dont on ne peut se faire aucune idée. On arrive glacé, on descend de voiture, on demande une chambre; le maître de la maison, sans se déranger de sa sieste, fait signe au garçon de vous conduire. Vous le suivez, dans la confiance que vous allez trouver un abri; erreur! vous entrez dans un énorme galetas aux murs blancs, dont l'aspect seul vous fait frissonner. Vous parcourez des yeux votre nouvelle demeure, votre vue s'arrête sur petite fresque; elle représente une femme nue, et en équilibre au bout d'une arabesque; rien que de la voir, vous

grelottez. Vous vous retournez vers le lit, vous voyez qu'on le couvre avec une espèce de châle de coton et une courte-pointe de basin blanc : alors les dents vous claquent. Vous cherchez de tous les côtés la cheminée, l'architecte l'a oubliée; il faut en prendre votre parti. En Italie, on ne sait pas ce que c'est que le feu : l'été on se chauffe au soleil, l'hiver au Vésuve; mais comme il fait nuit et que vous êtes à quatre lieues de Naples, vous vous empressez de fermer les fenêtres. Cette opération accomplie, vous vous apercevez que les carreaux sont cassés : vous en bouchez un avec votre mouchoir roulé en tampon, vous murez l'autre avec une serviette tendue en voile. Vous vous croyez enfin barricadé contre le froid; alors vous voulez fermer votre porte, la serrure manque; vous poussez votre commode contre, et vous commencez à vous déshabiller. A peine avez-vous ôté votre redingote, que vous sentez un vent coulis atroce : ce sont les panneaux qui ont joué, et qui ne touchent ni du haut ni du bas; alors vous détachez les rideaux des fenêtres, et vous en faites des rouleaux; puis, quand tout est bien calfeutré, quand vous le croyez, du moins, vous faites le tour de votre appartement avec votre bougie. Un dernier courant d'air, que vous n'avez pas encore senti, vous la souffle dans vos mains. Vous cherchez une sonnette, il n'y en a pas; vous frappez du pied pour faire monter quelqu'un, votre plancher donne sur l'écurie. Vous dérangez votre commode, vous tirez vos rideaux de leurs fentes, vous rouvrez votre porte et vous appelez : peine perdue, tout le monde dort; et quand on dort on ne se réveille pas, en Italie : c'est aux voyageurs de se procurer eux-mêmes ce dont ils ont besoin... Et comme, à tout prendre, c'est encore de votre lit que vous avez le plus à faire, vous le gagnez à tâtons, vous vous couchez suant d'impatience, et vous vous réveillez roide de froid.

L'été, c'est autre chose; tous les inconvénients que nous venons de signaler disparaissent pour faire place à un seul, mais qui à lui seul les vaut tous : aux moustiques. Il n'est point que vous n'ayez entendu parler de ce petit animal, qui affectionne particulièrement le bord de la mer, des lacs et des étangs; il est à nos cousins du nord ce que la vipère est à la couleuvre. Malheureusement, au lieu de fuir l'homme et de se cacher dans les endroits déserts comme celle-ci, il a le goût de la civilisation, la société le réjouit, la lumière l'attire : vous avez beau tout fermer, il entre par les trous, par les fentes, par les crevasses; le plus sûr est de passer la soirée dans une autre chambre que celle où l'on doit passer la nuit; puis, à l'instant même où l'on compte se coucher, de souffler sa bougie et de s'élancer vivement dans votre pièce. Malheureusement le moustique a les yeux du hibou et le nez de la hyène; il vous voit dans la nuit, il vous suit à la piste, si toutefois, pour être plus sûr encore de son affaire, il ne se pose pas sur vos cheveux. Alors vous croyez l'avoir mis en défaut, vous vous avancez en tâtonnant vers votre cou-chette, vous renversez un guéridon chargé de vieil-les tasses de porcelaine, que le lendemain on vous fera payer pour neuves; vous faites un détour pour ne pas vous couper les pieds sur les tessons, vous at-teignez votre lit, vous soulevez avec précaution la moustiquaire qui l'enveloppe, vous vous glissez sous votre couverture comme un serpent, et vous vous fé-licitez de ce que, grâce à ce faisceau de précautions, vous avez acheté une nuit tranquille; l'erreur est douce, mais courte : au bout de cinq minutes, vous entendez un petit bourdonnement autour de votre figure : autant vaudrait entendre le rauquement du tigre et le rugissement du lion; vous avez renfermé votre ennemi avec vous; apprêtez-vous à un duel acharné : cette trompette qui sonne est celle du com-bat à outrance. Bientôt le bruit cesse; c'est le mo-ment terrible : votre ennemi est posé, où? vous n'en savez rien; à la botte qu'il va vous porter il n'y a pas de parade; tout à coup vous sentez la blessure, vous y portez vivement la main, votre adversaire a été plus rapide encore que vous, et cette fois vous l'entendez qui sonne la victoire; le bourdonnement infernal enveloppe votre tête de cercles fantasti-ques et irréguliers, dans lesquels vous essayez vai-nement de le saisir : puis une seconde fois le bruit cesse. Alors votre angoisse recommence, vous por-tez les mains partout où il n'est pas, jusqu'à ce qu'une nouvelle douleur vous indique où il était ja-dis, où il était, car, au moment où vous croyez l'a-voir écrasé comme un scorpion sur la plaie, l'atroce bourdonnement recommence : cette fois il vous sem-ble un ricanement diabolique et moqueur; vous y répondez par un rugissement concentré, vous vous apprêtez à le surprendre partout où il va se poser; vous étendez les deux mains, vous leur donnez tout le développement dont elles sont susceptibles, vous tendez vous-même la joue à votre adversaire, vous voulez l'attirer sur cette surface charnue, que la paume de la main emboîterait si exactement. Le bourdonnement cesse, vous retenez votre haleine, vous suspendez les battements de votre cœur, vous croyez sentir, en mille endroits différents, s'enfon-cer la trompe acérée : tout à coup la douleur se fixe à la paupière, vous ne calculez rien, vous ne pensez qu'à la vengeance, vous vous appliquez sur l'œil un coup de poing à assommer un bœuf; vous voyez trente-six étincelles; mais ce n'est rien que tout cela, si votre vampire est mort : un instant vous en avez l'espoir, et vous remerciez Dieu qui vous a ac-cordé la victoire. Une minute après le bourdonne-ment satanique recommence : oh! alors vous rompez toute mesure; votre imagination se monte, votre tête s'exaspère, vous sortez de votre couverture, vous ne prenez plus aucune précaution contre l'attaque, vous vous levez tout entier dans l'espoir que votre anta-goniste commettra quelque imprudence, vous vous battez le corps des deux mains, comme un laboureur

bat la gerbe avec un fléau; puis enfin, après trois heures de lutte, sentant que votre tête se perd, que votre esprit s'égare, sur le point de devenir fou, vous retombez, anéanti, épuisé de fatigue, écrasé de sommeil; vous vous assoupissez enfin. Votre ennemi vous accorde une trêve, il est rassasié : le mouche-ron fait grâce au lion; le lion peut dormir.

Le lendemain, vous vous réveillez, il fait grand jour : la première chose que vous apercevez, c'est votre infâme moustique, cramponné à votre rideau, et le corps rouge et gonflé du plus pur de votre sang; vous éprouvez un mouvement d'effroyable joie, vous approchez la main avec précaution, et vous l'écrasez le long du mur comme Hamlet Polonius; car il est tellement ivre, qu'il ne cherche pas même à fuir. En ce moment, votre domestique entre, vous regarde avec stupéfaction, et vous demande ce que vous avez sur l'œil; vous vous faites apporter un miroir, vous y jetez les yeux, vous ne vous recon-naissez pas vous-même : ce n'est plus vous, c'est quelque chose de monstrueux, quelque chose comme Vulcain, comme Caliban, comme Quasimodo.

Heureusement j'abordais l'Italie dans une bonne époque : les moustiques étaient déjà partis, et la neige n'était point encore venue; je n'hésitai donc pas à ouvrir ma fenêtre toute grande; elle donnait sur le lac : j'ai rarement vu un plus ravissant spec-tacle.

La lune s'élevait derrière Lugano, au milieu d'une atmosphère calme et limpide; elle montait à l'hori-zon comme un globe d'argent, et, à mesure qu'elle montait, elle éclairait le paysage de sa pâle lumière : dans le lointain, elle se jouait confusément au mi-lieu d'objets inconnus et sans forme, auxquels je ne pouvais donner un nom, ne sachant si c'étaient des nuages, des montagnes, des villages ou des vapeurs. Les montagnes qui bordent le lac s'étendaient entre elle et moi ainsi qu'un paravent gigantesque, dont les sommets étincelaient comme s'ils étaient couron-nés de neiges, et dont les flancs et la base, cou-verts d'ombres, descendaient jusqu'au lac, brunis-sant les flots dans lesquels ils se réfléchissaient : quant au reste de l'immense nappe limpide et unie, c'était un miroir de vif-argent, au milieu duquel s'é-levaient, comme trois points sombres, les trois îles Borromées, qui, se découpant à la fois sur le ciel et dans l'eau, semblaient des nuages noirs, cloués sur un fond d'azur étoilé d'or.

Au-dessous de ma fenêtre se prolongeait jusqu'à la route une terrasse couverte de fleurs; j'y descen-dis afin de jouir plus complètement de ce spectacle, et je me trouvai dans une forêt de roses, de grena-des et d'orangers; je cassai machinalement quel-ques branches fleuries, en me laissant inonder de ce sentiment mélancolique qu'éprouve toute organisa-tion impressionnable au milieu d'une belle nuit calme et silencieuse, et dont aucun bruit humain ne vient troubler la religieuse et solennelle sérénité. Au milieu de cette quiétude de la nature, il semble que le temps, endormi comme les hommes, cesse de marcher, que la vie s'arrête et se repose, que les heures de la nuit sommeillent, les ailes repliées; qu'elles ne se réveilleront qu'au jour, et qu'alors seulement le monde continuera de vieillir.

Je restai une heure à peu près tout entier à ce spectacle, portant alternativement mes yeux de la terre au ciel, et sentant monter du lac une fraîcheur nocturne délicieuse. Du fond d'un massif d'arbres dont les pieds trempaient dans l'eau et dont les cimes, peu élevées, mais épaisses, se détachaient sur un fond argenté, un oiseau chantait par intervalles, comme le rossignol de Juliette; puis tout à coup l'éclat perlé de sa voix s'arrêtait à la fin d'une roulade; et, comme son chant était le seul son qui veillât, aussitôt qu'il cessait de chanter tout redevenait silencieux de son silence. Dix minutes après, il reprenait son hymne sans aucun motif de le reprendre, comme il l'avait interrompu sans aucune raison de l'interrompre : c'était quelque chose de frais, de nocturne et de mystérieux, parfaitement en harmonie avec l'heure et le paysage; c'était une mélodie qui devait être écoutée comme je l'écoutais, au clair de la lune, au pied des montagnes, au bord d'un lac.

Pendant un intervalle de silence, je distinguai le roulement lointain d'une voiture; il venait du côté de Domo d'Ossola, et me rappelait qu'il y avait sur la terre d'autres êtres que moi et l'oiseau qui chantait pour Dieu. En ce moment, il reprit son harmonieuse prière, et je ne songeai plus à rien qu'à l'écouter; puis il cessa son chant, et j'entendis de nouveau la voiture plus rapprochée : elle venait rapidement, mais point si rapidement encore cependant que mon mélodieux voisin ne pût recommencer son concert; mais cette fois, à peine fut-il terminé, que j'aperçus, au tournant de la route, la chaise de poste, que je distinguai à ses deux lanternes brillantes dans l'ombre, et qui s'avançait comme si elle avait eu les ailes d'un dragon, dont elle semblait avoir les yeux. A deux cents pas de l'auberge, le postillon se mit à faire bruyamment claquer son fouet, afin d'avertir de son arrivée . en effet, j'en-

tendis quelque mouvement dans l'écurie, au-dessus de laquelle était ma chambre; la voiture s'arrêta au-dessous de la terrasse que je dominais.

La nuit était si belle, si douce et si étoilée, quoique nous fussions déjà à la fin de l'automne, que les voyageurs avaient abaissé la capote de la calèche; ils étaient deux, un jeune homme et une jeune femme : la jeune femme enveloppée dans un manteau, la tête renversée et les yeux au ciel, le jeune homme la soutenant dans ses bras. En ce moment le postillon sortit avec les chevaux, et la fille de l'auberge s'approcha des voyageurs, et d'où j'étais, perdu et caché au milieu des orangers et des lauriers-roses qui garnissaient la terrasse, je reconnus Alfred de N... et *Pauline*.

Pauline, mais si changée encore depuis Pfeffers, Pauline si mourante, que ce n'était plus qu'une ombre; le même souvenir qui m'avait déjà passé dans l'esprit s'y présenta de nouveau. J'avais vu autrefois cette femme, belle et dans sa fleur : aujourd'hui si pâle et si fanée, elle allait sans doute chercher en Italie une atmosphère plus douce, un air plus vivace et le printemps éternel de Naples ou de Palerme. Je ne voulus pas la contrarier en me montrant à elle, et cependant je désirais qu'elle sût bien que quelqu'un priait pour sa vie : je pris une carte de visite dans ma poche, j'écrivis derrière avec mon crayon : *Dieu garde les voyageurs, console les affligés et guérisse les souffrants!* Je mis ma carte dans le bouquet que j'avais cueilli, et je laissai tomber le bouquet sur les genoux d'Alfred; il se pencha vers la lanterne de sa voiture pour regarder l'objet qui lui arrivait ainsi : il regarda ma carte, reconnut mon nom, lut ma prière; puis, cherchant des yeux où je pouvais être, et, ne me découvrant pas, il fit de la main un signe de remerciment et d'adieu; et, voyant les chevaux attelés, il cria au postillon : « En avant! » La voiture repartit avec la rapidité de la flèche, et disparut au premier angle du chemin.

J'écoutai son roulement jusqu'à ce qu'il s'éteignit, puis je me retournai du côté où chantait l'oiseau; mais j'attendis vainement.

C'était peut-être l'âme de cette pauvre enfant qui était déjà remontée au ciel.

Il fit de la main un signe de remercîment et d'adieu. — Page 132.

LES ILES BORROMÉES.

L e lendemain, en me réveillant, je vis à la clarté du soleil le paysage que j'avais entrevu la veille à la lumière de la lune; tous les détails perdus dans les masses d'ombres m'apparaissaient distinctement au jour : l'île Supérieure avec son village de pêcheurs et de bateliers, l'île Mère avec sa villa toute couverte de verdure, l'île Belle avec son entassement de piliers superposés les uns aux autres, enfin le bord opposé du lac où viennent finir les montagnes des Alpes et où commencent les plaines de la Lombardie.

Il y a cent cinquante ans, ces îles n'étaient que des roches nues, lorsqu'il vint dans l'esprit au comte Vitaliano Borromée d'y transporter de la terre et de maintenir cette terre, comme dans une caisse, par des murailles et des pilotis : cette opération terminée, le noble prince sema sur ce sol factice de l'or comme le laboureur sème du grain, et il y poussa des arbres, des villages et des palais C'est un magnifique caprice de millionnaire qui a voulu, comme Dieu, avoir son monde créé par lui.

Le garçon de l'hôtel vint me prévenir que deux choses m'attendaient, mon déjeuner et mon bateau : j'allai à la plus pressée.

On m'avait servi ma collation dans la salle à manger commune. Comme presque toutes les salles à manger d'Italie, elle était peinte en ocre jaune, avec quelques arabesques représentant des oiseaux et des sauterelles ; mais en outre elle avait un ornement particulier, assez original pour n'être point passé sous silence : c'était le portrait du maître de l'auberge, il signor Adami, en habit d'officier de la garde nationale piémontaise, et portant sous son bras un volume intitulé : Manuel du lieutenant d'infanterie. Cette surprise inattendue me fit grand plaisir ; je croyais qu'il n'y avait que dans la rue Saint-Denis que l'on rencontrait de pareilles enseignes.

Au premier morceau que je portai à ma bouche, mon étonnement cessa, et je vis qu'il était tout naturel que le signor Adami se fût fait peindre en officier : il était évident que le lieutenant s'occupait beaucoup plus de sa compagnie que l'hôtelier de ses marmitons.

Cette découverte me désespéra d'autant plus, que j'étais décidé à rester huit jours à Baveno : je demandai à parler à mon hôte, afin de m'expliquer tout aussitôt avec lui sur ma nourriture à venir. On me répondit qu'il était à Arona pour affaire de service. Je descendis dans mon bateau, et je donnai à mes bateliers l'ordre de me conduire à l'île des Pêcheurs.

Je tenais à acquérir la certitude que je pourrais tous les jours me procurer du poisson frais.

Ce doute éclairci affirmativement, je visitai l'île avec quelque tranquillité.

C'est une charmante plaisanterie qui ressemble en petit à un village, et qui a des maisons, des rues, une église, un prêtre et des enfants de chœur. Les filets, qui forment la seule richesse de ses deux cents habitants, sont étendus devant toutes les portes.

Nous nous embarquâmes et mîmes à la voile pour l'île Mère.

De loin, c'est une masse de verdure au milieu d'une large tasse d'eau : elle est toute plantée de pins, de cyprès et de platanes ; ses espaliers sont couverts de cédrats, d'oranges et de grenades ; les allées sont peuplées de faisans, de perdrix et de pintades : abritée de tous côtés contre le froid, s'ouvrant comme une fleur à tous les rayons du soleil, elle reste toujours verte, même lorsque les montagnes qui l'envi-

ronnent blanchissent sous les neiges de l'hiver. Le gardien du château me coupa une charge de cédrats, d'oranges et de grenades, qu'il fit porter dans mon bateau. Je n'avais pas vu, je l'avoue, cet excès d'hospitalité sans inquiétude pour ma bourse ; aussi, en revenant à ma barque, je demandai à mes mariniers ce qu'il me fallait donner à mon cicérone ; ils me dirent que, moyennant trois francs, il serait fort satisfait ; je lui en donnai cinq, en échange desquels il souhaita toutes sortes de prospérités à mon excellence. Sous ces heureux hospices, nous nous remîmes en route.

A mesure que nous avancions vers l'île Belle, nous voyions sortir de l'eau ses dix terrasses superposées les unes aux autres ; c'est, sinon la plus belle des îles de ce petit archipel, du moins la plus curieuse : tout y est taillé, marbre et bronze, dans le goût de Louis XIV ; une forêt tout entière d'arbres magnifiques, une forêt de peupliers et de pins, ces géants au doux murmure, qui parlent au moindre vent une langue poétique que comprennent sans doute l'air et les flots, puisqu'ils leur répondent dans le même idiome, s'élève sur des arcs de pierre qui baignent leurs pieds dans le lac, car l'île tout entière est enfermée dans un immense cercle de granit, comme un oranger dans sa caisse.

Nous y abordâmes, et nous mîmes le pied au milieu d'un parterre de fleurs étrangères et précieuses, qui toutes sont venues s'établir en colonies, de graines et de boutures, sous cette heureuse exposition : chaque terrasse est une plate-bande embaumée d'un parfum différent, au milieu duquel domine toujours celui de l'oranger, et peuplée de dieux et de déesses : la dernière est surmontée d'un Pégase et d'un Apollon : toute cette nympherie, au reste, est d'un rococo enragé, plein de tournure et d'ardeur.

Des terrasses nous descendîmes au château : c'est une véritable villa royale, pleine de fraîcheur, de verdure et d'eau ; il y a des galeries de tableaux assez remarquables ; trois chambres, dans lesquelles un des princes Borromée a donné l'hospitalité au chevalier Tempesta, qui, dans un mouvement de jalousie, avait tué sa femme, et dont l'artiste reconnaissant s'est fait un vaste album qu'il a couvert de merveilleuses peintures ; enfin un palais souterrain, tout en coquillages comme la grotte d'un fleuve, et plein de naïades aux urnes renversées, d'où coule abondamment une eau fraîche et pure.

Cet étage donne sur la forêt ; car le jardin est une véritable forêt pleine d'ombre, et à travers laquelle des échappées de vue sont ménagées sur les points les plus pittoresques du lac : un des arbres qui composent ce bois est historique ; c'est un magnifique laurier, gros comme le corps et haut de soixante pieds. Trois jours avant la bataille de Marengo, un homme dînait sous son feuillage ; dans l'intervalle du premier service au second, cet homme au cœur impatient prit son couteau, et, sur l'arbre contre le-

Nous nous embarquâmes pour l'île Mère.

quel il était appuyé, il écrivit le mot *victoire :* c'était alors la devise de cet homme, qui ne s'appelait encore que Bonaparte, et qui, pour son malheur, s'est appelé plus tard Napoléon.

Il ne reste plus trace d'une seule lettre de ce mot prophétique : tout voyageur qui passe enlève une parcelle de l'écorce sur laquelle il était écrit, et fait chaque jour au laurier une blessure plus profonde, dont il finira par mourir peut-être.

Au nord de la forêt, je rencontrai quelques petites maisons de pêcheurs et de bateliers, au milieu desquelles s'élève une auberge : le souvenir de mon déjeuner me revint alors, et je crus avoir fait une trouvaille. Je fis réveiller l'hôte, afin de m'informer de ce qu'il m'en coûterait pour huit jours passés chez lui : il me demanda quelque chose comme cent écus. J'aurais eu plus court et moins cher de louer le palais Borromée au prince lui-même : je lui fis en conséquence mes excuses de l'avoir réveillé, et l'invitai à aller se recoucher.

En conséquence, je remontai dans mon embarcation, et ordonnai de mettre le cap sur l'auberge *del signor Adami.*

Le soir il revint d'Arona. A part sa manie de garde nationale, que je lui ai bien pardonnée depuis par comparaison avec celle de nos enragés de Paris, que je ne connaissais pas alors comme maintenant, c'était un fort galant homme : nous eûmes vitement fait prix pour huit jours ; il me donna une chambre dont les fenêtres s'ouvraient sur le lac : je tirai mes livres de ma malle et je m'installai.

Je fis dans cette petite auberge, en face du plus beau pays du monde, au milieu d'une atmosphère embaumée, sous un ciel d'azur, les trois plus mauvais articles que j'aie jamais envoyés à la *Revue des Deux-Mondes.*

Il faut pour un travail heureux quatre murs et pas d'horizon : plus le paysage est grand, plus l'homme est petit.

Mon hôte était un si brave garçon, que je n'eus pas le courage de lui faire, pendant ces huit jours, une seule observation sur l'ordinaire de son hôtel : je me contentai, en partant, de substituer au titre du livre que son effigie guerrière portait sous le bras celui, plus confortable, de *Cuisinière bourgeoise.*

J'espère pour mes successeurs qu'il aura profité de l'avis.

Moyennant la somme de dix francs que je donnai à mes bateliers, et un bon vent que Dieu m'envoya gratis, en quatre heures je fus à Arona.

UNE DERNIÈRE ASCENSION.

Parmi les petites villes qui dominent le lac Majeur, Arona est une des plus charmantes, et on s'y arrêterait rien que pour la vue qu'on y découvre des fenêtres de l'hôtel, si on n'y était plus impérieusement appelé encore par la curiosité qu'inspire le colosse de saint Charles.

Car c'est à Arona que naquit, en 1538, le fameux archevêque de Milan, le cardinal Borromée, qui, par l'emploi qu'il fit de ses richesses, dont il fonda des établissements de charité, et par le dévouement avec lequel il exposa ses jours dans la peste de 1576, mérita de son vivant le titre de saint, qui fut ratifié après sa mort.

Aussi s'est-il emparé de tous les souvenirs de la ville. Je visitai d'abord le dôme où est son tombeau : ce monument est déjà une de ces églises d'Italie coquettement décorées dont Notre-Dame-de-Lorette essaye de nous donner une copie, et qui nous paraissent si étrangement pimpantes au premier coup d'œil, à nous autres hommes du nord, habitués aux pierres grises de nos sombres cathédrales. J'entrai dans celle-ci au moment où une messe des morts venait de finir. J'appelai un long et mince sacristain qui éteignait avec sa calotte une douzaine de cierges qui brûlaient autour d'une bière vide ; il me fit signe qu'aussitôt cette besogne terminée il serait à moi ; pour ne pas perdre mon temps, je me mis à regarder quelques tableaux de Ferrari et d'Appiani, qui garnissent les chapelles latérales : ni les uns ni les autres, quoique fort vantés aux étrangers, ne me parurent remarquables.

Le sacristain avait éteint ses cierges ; il revint à moi, et me conduisit dans la chapelle souterraine : c'est là que repose le corps de saint Charles Borromée ; son squelette est couché dans une châsse, revêtu de ses habits épiscopaux, les mains couvertes de gants violets, la mitre au front, et un masque de vermeil sur la figure : toute la chapelle est de mar-

Son squelette est couché dans une châsse, revêtu de ses habits pontificaux. — PAGE 155.

bre noir avec des ornements d'argent massif. Dans une petite armoire à côté de la châsse sont renfermés, à titre de reliques, les draps ensanglantés sur lesquels on fit l'autopsie du saint, mort à quarante-six ans d'une phthisie pulmonaire.

L'archevêque de Milan est un des premiers saints canonisés par la cour de Rome : ce fut en 1610, vingt-six ans seulement après sa mort, que Paul V, ratifiant le culte général qui était rendu à son tombeau, le convertit en autel ; aussi, autour de cette existence presque contemporaine ne retrouve-t-on aucune des vieilles légendes du martyrologe ; ce fut la propre vie de saint Charles qui fut un long miracle : né au milieu des désordres civils et religieux, vivant au milieu de la corruption de la prélature italienne, il fut le restaurateur obstiné de la discipline ecclésiastique, dont lui-même il donna l'exemple par son austérité. Durant ses études à Milan et à Pavie, il ne connut, comme autrefois saint Basile et saint Grégoire de Nazianze à Athènes, que les deux rues qui conduisaient l'une à l'église, l'autre aux écoles publiques ; à douze ans, il fut pourvu d'une des plus

La prière finie, saint Charles se releva. — Page 158.

riches abbayes de l'Italie : c'était un fief de sa famille ; à quatorze, d'un prieuré que lui résigna le cardinal de Médicis, son oncle, en montant sur le saint-siége, sous le nom de Pie IV, enfin, à vingt-trois ans, il était cardinal.

Ce fut alors que, pourvu des plus riches bénéfices de la Lombardie, revêtu de l'un des premiers rangs dans la hiérarchie ecclésiastique, entouré de ces séductions mondaines auxquelles cédaient à cette époque jusqu'aux souverains pontifes eux-mêmes, il fit trois parts de son bien, l'une pour les pauvres, la seconde pour l'Église, et la troisième pour sa maison. Un si grand abandon, une vie si chrétienne, lui avaient déjà acquis l'amour de tous, lorsqu'un évènement ajouta à ce sentiment celui du respect : un jour que le saint prélat faisait sa prière dans la chapelle archiépiscopale, un assassin entra dans l'église : c'était un moine de l'ordre des Humiliés, ordre dont saint Charles avait attaqué les débordements. Il s'approcha de l'officiant, et, au moment où l'on chantait cette antienne : *Non turbetur cor vestrum neque formidet*, il lui tira à bout portant un coup d'arquebuse. Saint Charles, jeté sur ses mains par la commotion, se releva, et, quoique se croyant blessé à mort, il ordonna de continuer l'office divin, s'offrant pour cette fois en sacrifice aux fidèles à la place du Fils de Dieu. La prière finie, saint Charles se releva, et la balle, arrêtée dans ses ornements épiscopaux, tomba à ses pieds : cet événement fut considéré comme un miracle.

Quelque temps après, la peste éclata à Milan : saint Charles aussitôt, et malgré les représentations de son conseil, s'y transporta avec toute sa maison. Pendant six mois, il resta au centre de la contagion, portant au chevet de tous les mourants abandonnés par l'art le secours de la parole : c'est alors qu'il vendit cette troisième part de biens qu'il s'était réservée pour lui-même, vaisselle d'or et d'argent, vêtements et meubles, statues et tableaux ; — puis, lorsqu'il n'eut plus rien à donner aux pauvres et aux mourants, il pensa à s'offrir lui-même à Dieu comme une victime expiatoire : partout où le fléau était le plus cruel et le plus acharné, il alla pieds nus, la corde au cou, la bouche collée aux pieds d'un crucifix, priant le Seigneur avec des larmes de prendre sa vie en échange de celle de ce peuple qu'il frappait ainsi. Enfin, soit que le terme du fléau fût arrivé, soit que les prières du saint fussent entendues, la colère de Dieu remonta au ciel.

A peine sorti de cette longue épreuve, Charles reprit le cours de sa vie pastorale ; mais Dieu avait accepté le sacrifice offert : ses forces étaient épuisées ; une phthisie pulmonaire se déclara, et, dans la nuit du 3 au 4 novembre 1584, le saint envoyé termina sa laborieuse carrière.

Cent ans après, les habitants des rives du lac, réunis à la famille de saint Charles, lui votèrent une statue colossale, dont l'exécution fut confiée aux soins de Cerani : on tailla une esplanade dans le coteau voisin de la ville, on éleva un piédestal de trente-quatre pieds sur cette esplanade, et sur ce piédestal on dressa la statue du saint : cette statue est haute de quatre-vingt-seize pieds.

Le sacristain avait garde de ne point me conduire à cette merveille, et moi, de mon côté, je n'avais garde de passer sans la visiter. Nous nous mîmes en route, et de loin nous aperçûmes le saint évêque dominant le lac, portant un livre sous un bras et donnant de l'autre main la bénédiction épiscopale à la ville où il était né.

Les proportions de cette statue sont si bien en harmonie avec les montagnes gigantesques sur lesquelles elle se détache, qu'elle semble, au premier aspect et à une certaine distance, être de taille naturelle : ce n'est qu'en approchant qu'elle grandit démesurément, et que toutes ses parties prennent des proportions réelles et arrêtées. Pendant que j'étais occupé d'examiner le colosse, sur l'un des doigts duquel venait de se poser un corbeau, qui semblait à peine gros comme un moineau franc, le

sacristain dressa une immense échelle contre le piédestal, et, montant les trois ou quatre premiers échelons, il m'invita à le suivre.

Le lecteur sait mon peu de prédilection pour les ascensions aériennes ; il ne s'étonnera donc point qu'avant de me hasarder à sa suite je lui aie demandé où il allait ; il allait dans la tête de saint Charles.

Quelque curieuse que me parût cette visite intérieure, j'éprouvais fort peu d'entrain à l'accomplir : cette échelle longue et pliante, qui devait me conduire d'abord sur un piédestal sans parapet, me paraissait un chemin assez hasardeux pour un voyageur aussi sujet aux vertiges que je le suis ; d'ailleurs, arrivé sur le piédestal, je n'étais qu'au quart de mon ascension, et je ne voyais nullement à l'aide de quelle machine je parviendrais au terme indiqué ; j'en fis l'observation à mon sacristain, qui me montra, sous un pli de la robe de la statue, une espèce de couloir qui conduisait à l'intérieur. Là, me dit-il, je trouverais un escalier parfaitement commode ; tout l'embarras était donc de gravir jusqu'à la plate-forme du piédestal ; je fis encore quelques observations sur les accidents du chemin ; mais mon guide, sentant que je faiblissais, insista avec une nouvelle force ; alors la honte me prit de reculer là où un sacristain marchait si ferme, et je lui fis signe de continuer sa route, et je me mis à le suivre de si près, que j'arrivai presque aussitôt que lui sur le piédestal. Il était temps : les montagnes, la ville et le lac commençaient à tourner d'une manière désordonnée, si bien que je n'eus que le temps de fermer les yeux, de me cramponner à un pan de la robe du saint, et de m'asseoir sur le petit doigt de son pied gauche. Grâce à cette assiette plus tranquille, je sentis bientôt se calmer le bourdonnement de mes oreilles, j'acquis la conviction de l'immobilité de la base sur laquelle je reposais, et, sentant que j'avais repris mon centre de gravité, je me hasardai à rouvrir les yeux : je retrouvai les montagnes, le lac et la ville à leur place ; il n'y avait que mon sacristain d'absent ; je tournai mes regards de tous côtés, il était complètement disparu ; je l'appelai, il ne me répondit pas : décidément cet homme avait été créé et mis au monde pour me faire damner.

Je me mis à sa recherche, présumant qu'il jouait à la cache-cache et que je le retrouverais dans quelque pli de ce bronze colossal ; je commençai en conséquence à faire le tour de la statue : c'était chose assez facile sur les côtés ; mais, en tournant, je trouvai sur mon chemin la queue de la robe du saint archevêque, et il fallut m'aventurer dans les flots de ce vêtement, qui pendaient au bord du piédestal ; enfin, tantôt me cramponnant, tantôt en marchant sur mes deux pieds, tantôt rampant à quatre pattes, je parvins à passer sans accident cette mer de bronze et à mettre le pied sur sa rive de granit. Je ne m'étais pas trompé, mon farceur m'attendait à

D.LANCELOT.

Statue de saint Charles Borromée.

moitié chemin d'une échelle de corde qui s'introduisait sous un pan de la robe du saint et conduisait dans l'intérieur de la statue ; il se mit à rire en m'apercevant, enchanté de l'espièglerie qu'il m'avait faite, et que je le soupçonne de renouveler chaque fois qu'un voyageur innocent a l'imprudence de le suivre. En effet, il aurait aussi bien pu placer tout de suite l'échelle de bois en face de l'échelle de corde; mais il tenait, à ce qu'il paraît, à me faire dans les plus grands détails les honneurs de son archevêque; je n'ai jamais vu d'homme d'église si frétillant et si peu préoccupé de la dignité de son costume.

Au reste, je ne fis pas mine de garder rancune de sa gentillesse; je m'approchai de lui d'un air dégagé, et, prenant mon temps, je l'empoignai par le bas de la jambe.

Alors commença notre seconde ascension, qui, quoique de huit ou dix pieds seulement, n'était pas la plus commode; cependant je m'en tirai à mon honneur, grâce au point d'appui que je m'étais créé, et, au bout de quelques instants, je me trouvai dans l'intérieur du saint.

Mon premier soin fut de chercher de tous côtés, à la lueur de la lumière qui venait du haut, l'escalier promis; mais ce fut là que je reconnus dans quel guet-apens j'avais été attiré : le seul et unique moyen d'ascension qui existât était une espèce d'échelle formée par une multitude de barres de fer, posées en travers comme les bâtons d'une cage, et destinées à soutenir cette masse énorme. Mon étonnement me fit lâcher prise : à peine eus-je commis cette imprudence, que mon sacristain sauta sur la première traverse et grimpa de barre en barre comme un écureuil aux branches d'un arbre. Alors une rage me prit d'avoir été joué ainsi par une espèce de rat d'église : j'oubliai tournoiement et vertiges, et je me mis à sa poursuite, avec moins d'adresse mais plus de force; j'allais l'atteindre lorsqu'il disparut une seconde fois dans une espèce de caverne, qui ouvrait sur notre route une gueule sombre de vingt pieds de hauteur sur cinq ou six de large. Comme je ne savais pas où elle conduisait, je m'arrêtai court, et me mis à cheval sur ma barre de fer pour en garder l'entrée, décidé à le rattraper à sa sortie et à ne plus le lâcher.

A force de regarder dans ce gouffre, mes yeux s'habituèrent à son obscurité. Alors j'aperçus mon guide, auquel je ne savais plus quel nom donner, et que j'étais parfois tenté de croire quelqu'un de ces êtres fantastiques comme en a connu Hoffmann, se promenant tranquillement dans une espèce de corridor en pente, et s'éventant voluptueusement avec son mouchoir. Dès qu'il vit que je l'avais découvert :
— Eh bien ! me dit-il, ne venez-vous pas pour vous reposer un instant? nous sommes à moitié chemin.

Il m'offrait à la fois une bonne chose, et m'apprenait une excellente nouvelle : aussi je sentis ma colère s'évanouir pour faire place à la curiosité. Notre voyage, à part ses difficultés, qui commençaient à me paraître moins insurmontables, ne manquait pas d'une certaine originalité. Je pris donc le parti de le considérer sous son point de vue instructif et pittoresque; en conséquence, je m'accrochai à la barre de fer supérieure, je mis le pied gauche sur celle qui me servait de cheval, et je sautai du pied droit dans l'enfoncement où m'attendait mon compagnon de gymnastique.

— Où diable sommes-nous donc? lui dis-je après avoir cherché vainement à me rendre compte des localités.

— Où nous sommes?

— Oui.

— Nous sommes dans le livre de saint Charles.

— Tiens, tiens, tiens !

En effet, ce missel, qui d'en bas m'avait paru un in-folio ordinaire, avait vingt pieds de haut, dix pieds de long et cinq pieds de large.

Je repris un instant haleine, appuyé contre sa reliure de bronze; puis, poussé par la curiosité, ce fut moi qui à mon tour demandai à mon guide de continuer le voyage.

Comme je l'ai dit, je commençais à me faire aux difficultés de la route; aussi arrivai-je bientôt à l'ouverture pratiquée dans le flos du saint, et qui offre la dimension d'une fenêtre ordinaire. Elle s'ouvrait sur le chemin que j'avais parcouru le matin même en venant de Baveno; je ne m'arrêtai donc qu'un instant à considérer le paysage, puis je me remis en chemin. Quant à mon sacristain, il était arrivé depuis longtemps,, et, comme les ramoneurs au haut des cheminées, je l'entendais sans le voir chanter son cantique d'action de grâces; ce qui m'empêchait de le découvrir, c'était le rétrécissement de la route; il était produit par le cou de la statue; ce détroit franchi, je me trouvai au sortir du larynx dans une immense coupole éclairée par deux lucarnes; au milieu de ces deux lucarnes, qui sont les trous des oreilles, mon sacristain, les jambes pendantes, était irrégulièrement assis dans le nez de saint Charles.

Au reste, je dois lui rendre cette justice, c'est qu'aussitôt que je parus il m'offrit sa place; mais, comme je suis plus respectueux des choses saintes que beaucoup de ceux qui en vivent, je refusai, sans lui dire la cause de mon refus, qu'il n'aurait certes pas comprise.

Alors il me raconta je ne sais quel dîner de douze couverts qui avait été donné dans la tête de l'archevêque : les cuisiniers étaient dans le livre, et l'office dans le bras droit; cela ressemblait beaucoup à l'histoire de Gulliver dans le pays des géants.

Voyant que je refusais obstinément de m'asseoir dans le nez de saint Charles, il m'invita à regarder par son oreille gauche : c'était une autre affaire, et qui ne flairait aucunement le sacrilège; aussi ne fis-je aucune difficulté de passer ma tête par le *vas ist das*.

Mon sacristain avait raison, car de là on découvrait une vue magnifique : au premier plan, le lac bleu comme le ciel et uni comme un miroir; au second plan, les collines couvertes de vignes et le petit château crénelé d'Angera, puis au delà, se prolongeant entre les Apennins et les Alpes, les riches plaines de la Lombardie, qui s'étendent jusqu'à Venise et vont mourir sur les sables du Lido. Je restai véritablement émerveillé et comme en extase.

Je redescendis au bout d'une heure, sans penser au danger du chemin; arrivé au bas du piédestal, le sacristain me demanda si je lui en voulais encore; je lui répondis en lui mettant une piastre dans la main.

Moyennant cette rétribution, il se chargea de me procurer un bateau, de sorte que le même soir j'arrivai à Sesto-Calende, qui est, je crois, le premier bourg du royaume lombard-vénitien.

Je trouvai toute l'auberge sens dessus dessous : il y avait huit jours qu'un voyageur français était arrivé en poste avec une jeune dame si souffrante, qu'elle n'avait pu aller jusqu'à Milan : force leur avait donc été de s'arrêter à Sesto. Aussitôt le jeune homme avait envoyé un courrier à Pavie, avec ordre de ramener, à quelque prix que ce fût, le docteur Scarpa; malheureusement le docteur Scarpa était mourant lui-même : en conséquence, il avait délégué un de ses confrères; le médecin était arrivé, mais avait trouvé la malade sans espoir. Deux jours après, elle était morte d'une affection chronique de l'estomac, et le matin même elle avait été enterrée; quant au jeune homme, après lui avoir rendu les derniers devoirs, il était reparti à l'instant même pour la France.

Une circonstance bizarre s'était présentée : en Italie, on enterre les cadavres dans les églises et dans une fosse commune, dont on descelle la pierre à chaque nouveau voyageur que la mort envoie à son hôtellerie : cette coutume avait répugné au mari, au frère ou à l'amant de la trépassée, car on ne savait pas à quel titre il lui appartenait. En conséquence, il avait acheté une maison et le jardin qui en dépendait; il avait fait bénir ce jardin et y avait enseveli, au milieu des fleurs et à l'ombre des orangers et des lauriers-roses, sa mystérieuse compagne; quant à son tombeau, c'était une simple pierre de marbre avec un nom dessus.

La soirée était charmante; je demandai si l'on ne pouvait pas me conduire à ce jardin; l'aubergiste me donna un guide; il marcha devant moi, et je le suivis.

La maison achetée par mon compatriote était située hors du village, sur une petite colline d'où l'on découvre une partie du lac; les anciens propriétaires, qui s'étaient réservé trois mois pour faire leur déménagement, m'introduisirent sans difficulté dans ce jardin, qui était devenu un cimetière; je fis signe de la main que je désirais qu'on me laissât seul; je n'avais pas l'air d'un profanateur de tombes, on y consentit.

J'allai d'abord au hasard dans ce petit enclos tout embaumé, puis j'aperçus un massif de citronniers, et me dirigeai de son côté : à mesure que j'avançais, je voyais sous son ombre blanchir une pierre; bientôt je reconnus que la forme de cette pierre était celle d'une tombe : je m'en approchai, et, m'inclinant vers elle, à la lueur d'un rayon de la lune qui glissait à travers le massif qui l'ombrageait, je lus ce seul mot : *Pauline*.

Le lendemain, le garçon de l'hôtel, que j'avais envoyé à la poste avec mon passe-port, me rapporta une lettre qui me força de partir à l'instant pour la France. Cinq jours après, j'étais à Paris.

Comme je ne connaissais de l'Italie que ce que j'en avais vu par l'oreille de saint Charles Borromée, je fis en la quittant le vœu d'y retourner : c'est ce vœu que je viens d'accomplir.

Ceci soit dit en passant pour ceux de mes lecteurs qui auront le courage de me suivre dans un nouveau pèlerinage.

Je lus ce seul mot : *Pauline.* — Page 140.

ÉPILOGUE.

ers la fin de l'année 1833, mon domestique, qui probablement ne trouvait pas les mansardes de la rue Saint-Lazare à sa guise, me répéta si souvent que mon logement ne me convenait pas, que je lui dis un soir qu'il avait raison, et que je ne demandais pas mieux que de le quitter s'il se chargeait de m'en trouver un et de faire mon déménagement sans que j'eusse à m'en occuper.

Le lendemain matin, j'entendis une grande discussion dans ma salle à manger ; je passai ma robe de chambre, et j'allai voir ce que c'était. Joseph discutait avec un commissionnaire le prix du transport de mes tableaux et de quelques petits meubles. Aussitôt que ce dernier m'aperçut, il fit un appel à ma conscience en me demandant si c'était trop de vingt-cinq francs pour transporter mes tableaux, mes livres et mes curiosités, rue Bleu, n° 50.

— Il paraît, dis-je à Joseph, que je préfère la rue Bleu à la rue Saint-Lazare?

— Oui, monsieur, me répondit-il, et vous y avez loué ce matin un logement au premier, qui ne coûte que cent francs de plus que celui-ci, qui est au troisième.

— C'est bien; seulement vous vous informerez pourquoi on écrit la rue Bleu sans e.

— Oui, monsieur.

Je rentrai dans ma chambre et me remis au lit.

— Vous voyez, reprit François, que monsieur ne trouve pas que ce soit trop cher.

— C'est bien, tu auras tes vingt-cinq francs, mais tu te chargeras de savoir pourquoi on écrit la rue Bleu sans e.

— Et à qui faut-il que je demande cela?

— C'est ton affaire.

— Alors, on verra à s'informer, dit François.

La fin de ce dialogue me confirma dans une idée qui m'était déjà venue il y avait longtemps : c'est que Joseph faisait cirer mes bottes par le concierge et faire ses courses par François, et que la seule peine que cette partie de mon service lui coûtait était d'ajouter à ma note mensuelle quinze francs de ports de lettres que je n'avais pas reçues.

C'est chose déplaisante d'être volé par son valet de chambre, d'autant plus qu'il vous prend pour un imbécile, ce qui l'entraîne tout naturellement à vous manquer de respect; mais c'est chose plus désagréable encore de changer une figure à laquelle on est habitué pour une figure à laquelle on ne s'habituera peut-être pas; il faut un an au moins pour lever le masque qui couvre un nouveau visage, et encore faut-il supposer qu'on n'ait guère que cela à faire.

Malheureusement pour ma bourse et heureusement pour Joseph, j'avais en ce moment autre chose à faire, *Angèle*, je crois. Je décidai donc que je continuerais à me laisser voler.

Je venais de prendre cette détermination lorsqu'une nouvelle discussion s'éleva dans l'antichambre.

— Monsieur n'y est pas, dit Joseph.

— Oh! je sais bien, — répondit une voix qui ne m'était pas inconnue, — on m'avait prévenu qu'à Paris on n'y était jamais.

— Monsieur est sorti.

— Sorti à huit heures, c'est bon dans nos montagnes, là; mais dans la grande ville, quand on est sorti de si bon matin, c'est qu'on n'est pas rentré.

— Monsieur ne découche jamais, dit sèchement Joseph, qui tenait à me conserver une réputation virginale.

— Je ne dis pas cela pour vous offenser; mais

ça n'empêche pas que, s'il savait que je suis là, il me ferait joliment entrer.

— Si vous voulez laisser votre nom, continua Joseph, je le remettrai à monsieur quand il rentrera.

— Oh! oui, que je le laisserai mon nom, et, quand il saura que je suis à Paris, qu'il m'enverra chercher un peu vite encore!

— Et où demeurez-vous? dit Joseph, qui commençait à prendre peur.

— A la barrière de la Villette, vu que ça coûte moins cher que dans l'intérieur.

— Et comment vous appelez-vous? ajouta Joseph de plus en plus inquiet.

— Gabriel Payot.

— Gabriel Payot, de Chamouny? criai-je de mon lit.

— Hein! farceur, que je savais bien qu'il y était moi! — Oui, oui, de Chamouny, et qui vient vous voir encore, et qui vous apporte une lettre de Jacques Balmat, dit Mont-Blanc.

— Entrez, mon brave, entrez!

— Ah!... fit Payot.

Joseph ouvrit la porte, et annonça monsieur Gabriel Payot, de Chamouny.

Payot le regarda de côté pour voir s'il ne se moquait pas de lui; mais, voyant que Joseph fermait la porte en gardant son sérieux, il chercha où j'étais, et m'aperçut dans mon lit.

— Oh! pardon, excuse, me dit-il.

— C'est bien, c'est bien, mon enfant. Et par quel hasard?

— Oh! je vais vous conter tout cela.

— Asseyez-vous d'abord.

— Je ne suis pas fatigué, merci.

— Asseyez-vous toujours, c'est l'habitude à Paris.

— Puisque vous le voulez absolument.

— Là, là. Je lui montrai une chaise auprès de mon lit. Connaissez-vous cette montre, Payot (1)?

— Si je la connais! je le crois bien; elle a donné plus de tourment à mon cousin Pierre qu'elle n'est grosse. Elle va toujours?

— Mais oui, quand je n'oublie pas de la remonter.

— Eh bien! j'en avais une aussi, moi, oh! mais qui en faisait quatre comme celle-là; une montre de Genève; un jour que j'étais en ribote, je lui ai donné un tour de clef de trop, ça a décroché le grand ressort; je l'ai portée, sans rien dire à ma femme, au maréchal ferrant de Chamouny, qu'est adroit comme un singe, il fait des tournebroches; eh bien! c'est égal! elle n'a jamais été fameuse depuis.

— Et qu'est-ce qui vous amène à Paris, mon bon Payot?

— A Paris! ah bah! je viens de Londres.

(1) Voir le premier volume des *Impressions de Voyage*.

— De Londres ! et que diable avez-vous été faire à Londres ?

— Il faut d'abord vous dire qu'il est venu l'année dernière, derrière vous, un Anglais à Chamouny ; il en vient un sort, vous savez ; tant mieux pour le village, parce qu'ils payent bien. Ce n'est pas que les Français ne payent pas, oh ! ils payent aussi : c'est le même prix pour tout le monde d'ailleurs ; mais nous aimons mieux les Français, nous autres, ils parlent savoyard ; si bien qu'il est venu et qu'il a fait la même tournée que vous, si ce n'est qu'il a été au jardin où vous n'avez pas voulu aller, vous, et vous avez eu tort, parce que, quand on y a été, on peut dire : J'y ai été. Si bien qu'il me dit : — Quelle est la dernière personne que vous avez menée ? — Ah ! ma foi, je lui dis, c'est un bon garçon ; je vous demande pardon, monsieur, vous n'étiez pas là ; moi, j'ai dit ce que je pensais ; d'ailleurs vous savez comme tout le monde vous aime chez nous. Voilà ses certificats ; vous vous rappelez que vous m'en avez donné trois, un en anglais, un en italien et un en français.

— Oui, très-bien.

— Oh ! mais voilà la farce, vous allez voir ; si bien qu'il me dit : — Si tu veux me donner un de ces certificats-là pour vingt francs, je te l'achète.

— Est-ce que vous voulez vous faire guide ? que je lui dis ; c'est un vilain métier, allez ; vaut mieux être milord. — Non, qu'il me répond ; mais je fais une collection d'*orthographes*. — Oh ! quant à l'orthographe, elle y est, c'est d'un auteur ; si bien qu'il me tira les vingt francs de sa poche ; je les prends, moi ; j'ai bien fait, n'est-ce pas ? ça ne valait pas plus de vingt francs, ce chiffon de papier ?

— Ça ne valait pas vingt sous.

— Je l'ai pensé ; mais ils sont si bêtes, ces Anglais ! Si bien qu'arrivés au jardin, voilà qu'il nous part deux chamois ; un hasard ; mais c'est égal, l'Anglais était très content. — Pardieu ! dit-il, voilà deux petites bêtes que je payerais bien mille francs la pièce, rendues à mon parc. — On peut vous en conduire deux à moins que ça. — Vraiment ? dit-il. — Parole d'honneur ! — Eh bien ! voilà mon adresse à Londres ; si tu m'amènes deux chamois vivants, je ne me dédis pas.

— Tope ! que je lui réponds. — Veux-tu que je te fasse un engagement ? — Tapez dans la main, ça suffit. Effectivement, voilà tout ce qui a été dit ; seulement, en me quittant au bout de trois jours, il me donna cent francs au lieu de vingt-sept. Vous savez, neuf francs par jour, c'est le prix pour un homme et un mulet ; à propos de mulet, vous vous rappelez Dur-au-trot ? il est ici.

— Bah ! je vous plains si vous êtes venu dessus.

— Ah ! je le loue aux voyageurs ; mais je ne le monte jamais ; je ne m'en sers qu'à la voiture. Si bien qu'à ce printemps je me suis souvenu de mon Anglais, et, comme je connais à peu près tous les repaires, je n'ai pas été longtemps à mettre la main sur deux chamosseaux superbes, un mâle et une femelle : ils étaient gros comme le poing ; ils ne voyaient pas clair, on leur a donné à teter avec un biberon, comme à des enfants ; c'est offenser Dieu, ma parole ! C'est ma fille qui les a nourris. À propos, vous savez bien ma fille, elle était grosse ; elle est accouchée, on m'attend pour faire le baptême. Si bien que, quand mes chamois ont eu trois mois, j'avais toujours l'adresse de mon Anglais, je dis à ma femme : — Faut que j'aille à Londres. Je vous demande un peu si elle était saisie ! — Qu'est-ce que tu vas faire à Londres ? — Livrer ma marchandise, ces deux bêtes-là, ça vaut deux mille francs ! — Tu laisse dire ; je m'en vas dans la cour, j'arrange une vieille cage, je tire la charrette du hangar, j'entre dans l'écurie ; je dis à Dur-au-trot : — En voilà un bout de chemin que nous allons faire ! Je mets mes chamois dans la cage, la cage dans la charrette, la charrette au derrière de Dur-au-trot ; je demande au maître d'école le chemin de Londres. Il me dit que, quand je serais à Sallanche, je n'ai qu'à tourner à droite ; quand je serais à Lyon, qu'à prendre à gauche, et qu'à Paris, le premier *commissionnaire* venu m'indiquera ma route. Effectivement, à Paris, on me dit : — Vous voyez bien la Seine ? Eh bien ! suivez-la toujours, et vous trouverez le Havre.

— Et vous êtes parti comme cela, sans autre convention avec votre Anglais ?

— Tout était convenu, il m'avait tapé dans la main ; mais voilà le plus beau de l'histoire. J'arrive au Havre, il faisait nuit fermée ; l'aubergiste me demande où je vas, je lui dis que je vas à Londres. Le lendemain matin, j'étais en train d'atteler quand il entre dans la cour un jeune homme avec un chapeau ciré, une veste bleue et un pantalon blanc ; il vient à moi, je mettais ma rouillère ; il me dit : — C'est vous qui allez à Londres ? — Oui. — Eh bien ! voulez-vous que je vous passe ? — Quoi ? — La Manche. — Farceur !... Je boucle la sous-ventrière à Dur-au-trot, et en avant, marche. — La route de Londres, mon ami ? — Tout droit. — Le chapeau ciré me suivait par derrière. Au bout de cinq minutes, plus de chemin ; je demande où je suis, on me répond : — Sur le port... — Et Londres donc ? — Eh bien ! de l'autre côté de la mer. — Et pas de pont ! — Le chapeau ciré se met à rire. — Ah ! mais, je dis, nous ne sommes pas convenus de cela ; il ne m'avait pas dit qu'il y avait la mer, l'autre. Je ne suis pas marin, moi... J'étais vexé de ne plus pouvoir passer ; enfin je dis à Dur-au-trot : — Faut retourner, quoi ! ça ne nous connaît pas. Nous retournons ; le gredin d'aubergiste était sur sa porte. — Tiens, il me dit : — Vous voilà ? — Oui, me voilà ; vous êtes gentil, vous ne me dites pas qu'il faut traverser la mer pour aller à Londres. — Il se met à rire. — Brigand ! — Dame ! dit-il, je vous ai vu partir avec un matelot du vapeur.

Vue du Havre.

— Le chapeau ciré? — Oui, un paroissien bien ai-
mable encore : comme vous. — Allons, venez boire
un verre de cidre, dit l'aubergiste. Faut vous dire
que, dans ce pays-là, on fait du vin avec des pommes.

— Oui, je sais. Enfin, comment êtes-vous parti?
— Oh! il m'a fallu en passer par où ils ont voulu;
j'ai laissé Dur-au-trot et la charrette chez l'aubergiste, et le lendemain matin, au petit jour, je me suis
embarqué avec mes bêtes. Croiriez-vous qu'ils ont eu
l'infamie de me faire payer leurs places? Quand je

dis que je les ai payées, c'est un milord qui les a
payées, parce que mes chamois ont amusé sa fille.
Imaginez-vous une pauvre jeune fille qui était poi-
trinaire... dix-huit ans! Oh! mais belle! On disait
comme ça sur le vapeur qu'elle était condamnée;
elle venait du Midi; mais le mal du pays lui avait
pris. Moi, ce n'était pas le mal du pays, c'était le
mal de mer qui me tenait. Avez-vous jamais eu le
mal de mer, vous?

— Oui.
— Eh bien! vous savez ce que c'est, alors. J'ai-

—Non, non, je resterai tout droit, merci. — Page 147.

merais mieux, voyez-vous, que ma femme accouche que de repasser par là; d'ailleurs, je n'étais pas le seul; ils étaient tous dans des états!... Je crois que c'est ce gredin de cidre qui me tournait sur le cœur. Le chapeau ciré me disait : — Faut manger, faut manger. — Ah! oui, manger! au contraire. Au bout de six heures de route, nous étions tous sur le flanc. Il n'y avait que la jeune Anglaise qui n'éprouvait rien. Elle passait au milieu de nous tous, légère comme une ombre, pour venir jouer avec mes chamois. Elle aurait pu leur ouvrir la cage et les lâcher que je n'aurais pas couru après, je vous en réponds.

Vers le soir, le temps devint gros, comme ils disent. On entendit quelques coups de tonnerre, et la mer se mit à danser. Ce n'était pas le moyen de nous soulager. Aussi je donnais mon âme à Dieu et mon corps au diable. Avec cela il venait une gredine d'odeur de côtelettes, pouah!... c'était le chapeau ciré qui faisait cuire son souper. L'orage allait son train; je disais : — Bon! si ça continue, il y a l'espoir que nous ferons naufrage, au moins. On donnerait sa vie pour deux sous quand on est comme cela. Tout tournait, voyez-vous, comme quand on est ivre. La nuit était venue, le pont avait l'air d'être vide, le paquebot semblait marcher à la grâce de Dieu : la jeune fille alla s'appuyer contre le mât et y resta debout. A chaque éclair, je la revoyais blanche et pâle comme une sainte, avec ses grands cheveux blonds qui flottaient au vent, et ses yeux que brûlait la fièvre ; puis je l'entendais tousser, que ça me déchirait la poitrine. Pendant un éclair, je lui vis porter un mouchoir à sa bouche, elle le retira plein de sang. Alors elle se mit à sourire, mais d'un sourire si triste, que c'était à fendre l'âme ; en ce moment, il passa un éclair, que le ciel sembla s'ouvrir, et la pauvre enfant fit un signe de la tête comme pour dire : — Oui, j'y vais. Quant à moi, je fermai les yeux, tant mon cœur se retournait, et je ne sais plus ce qui se passa : je me rappelle qu'il fit du vent et qu'il tomba de la pluie, voilà tout. Puis j'entendis des voix, je crus voir la lueur de torches à travers mes paupières ; enfin on me prit par dessous les épaules : j'espérais que c'était pour me jeter à la mer.

Au bout d'une demi-heure à peu près, je me trouvai mieux, je sentis quelque chose de tiède et de doux qui me passait sur les mains ; j'ouvris les yeux et je regardai : c'étaient mes petites bêtes qui me léchaient. J'étais dans une chambre, couché sur un lit, avec un bon feu dans la cheminée : nous étions à Brighton.

J'en eus pour dix minutes au moins avant d'être bien sûr que nous étions sur la terre ferme ; il me semblait toujours sentir ce maudit roulis ; enfin, petit à petit, ça se passa, et mon estomac commença à me tirailler. C'était pas étonnant, je n'avais rien pris depuis la veille, au contraire, et puis il venait de la cuisine une fine odeur de côtelettes ; je dis : — Bon! on s'occupe du souper, à ce qu'il paraît. En ce moment, le garçon entra et me baragouina trois ou quatre paroles en anglais ; comme il avait une serviette devant lui, et qu'il me fit signe en portant sa main à sa bouche, je compris que cela voulait dire que le potage était servi. Je ne me le fis pas dire deux fois, et je descendis.

Arrivé en bas, on me demanda si j'étais des premières ou des secondes. — Des secondes, je dis ; car je ne suis pas fier, moi. La porte de la salle à manger des premières était ouverte ; j'y jetai un coup d'œil en passant ; tout le monde était déjà en fonctions, excepté la jeune Anglaise et son père, qui n'étaient pas à table. Je trouvai mon chenapan de chapeau ciré qu'avait devant lui une pièce de bœuf!... — Ah! je lui dis, sans rancune, je vas me mettre en face de vous, hein?... — Faites, qu'il me répond. C'était un brave garçon, foncièrement... — Ah! je lui dis : — Un verre de vin ; vite, ça me fera du bien. — Du vin! qu'il me répond, êtes-vous assez en fonds pour en consommer? ça coûte douze

francs la bouteille, ici. — Douze sous, vous voulez dire? — Douze francs! — Excusez du peu! Qu'est-ce que c'est donc que ça que vous avez dans une cruche? — De l'ale. — De?... — De la bière, si vous l'entendez mieux ; l'aimez-vous? — Dame, ça n'est pas fameux, mais ça vaut toujours mieux que de l'eau ; versez. — A votre santé! — A la vôtre pareillement! — A propos de santé, que j'ajoutai quand j'eus reposé mon verre, et notre jeune fille? — Laquelle? — Du vapeur? — Oh! ça va de travers. Elle se meurt. — Bah! elle n'était pas malade. — Non de votre maladie, qui n'était rien ; mais elle en avait une autre, qui était quelque chose. C'est mauvais signe, voyez-vous, quand un chrétien n'éprouve pas ce qu'éprouvent les autres, et je me suis douté de ce qui arrive, la maladie a vaincu le mal : c'était la mort qui la soutenait. Quand vous étiez sur le vaisseau, n'est-ce pas? elle était seule debout ; maintenant nous sommes sur la terre, elle est seule couchée, et elle ne se relèvera pas. — Ah! que je lui répondis, vous m'avez donné à souper, je ne mangerai plus. Pauvre enfant!

Le lendemain matin, au petit jour, comme j'allais partir dans une carriole de retour, toujours avec mes bêtes, je vis son père ; il était assis dans la cour sur une borne, il avait l'air de ne songer à rien. Sans cœur! que je pensai ; il ne bougeait pas plus qu'une statue. Quand vous êtes sur la terre, il est assis sur une borne... Ah! ces Anglais, ça n'a pas d'âme ; si j'avais une fille comme ça, moi, malade, 'mourante, je me casserais la tête contre les murs. Gros bouledogue, va!... Je tournais autour de lui pour lui donner un coup de poing, ma parole d'honneur! Il ne faisait pas plus attention à moi qu'à rien du tout, quand en passant près de sa figure!... Pauvre cher homme, il avait deux grosses larmes qui lui coulaient des yeux et qui lui roulaient sur les mains. — Pardon, que je lui dis, je vous demande pardon. — Elle est morte! me répondit-il. En effet, un vaisseau s'était brisé dans sa poitrine, et le sang l'avait étouffée pendant la nuit.

Je mis deux jours pour aller à Londres. C'est bien long deux jours, quand on est 'tout seul avec un farceur qui chante tout le long de la route, et qu'on a une pensée triste. Je voyais toujours cette pauvre fille sur le pont du bâtiment, et le gros Anglais sur la borne ; enfin, n'en parlons plus.

Si bien que j'arrivai enfin. Je demande si on connaît mon adresse ; on m'indique la maison. A la porte, je demande si l'on connaît mon homme ; on me dit que c'est ici. J'entre avec mes bêtes ; toute la maison était autour de la carriole. Un monsieur se met à la fenêtre et demande en anglais ce qu'il y a. Je reconnais mon voyageur : C'est Gabriel Payot, de Chamouny, que je lui dis, et je vous amène vos chamois. — Ah! — Vous savez que vous m'avez dit... — Oui, oui. — Il m'avait reconnu. C'est comme vous. Ah! voilà un brave milord. C'était une joie dans la maison! On conduisit les chamois dans une chambre superbe. Bon! je dis, si on les loge comme ça, où me mettra-t-on, moi? dans un palais.

Je ne m'étais pas trompé : un grand laquais me dit de le suivre; je montai deux étages. On m'ouvrit un appartement où il y avait des tapis partout, des rideaux de soie, des chaises de velours, un luxe, quoi! Ma foi, je ne fis ni une ni deux; je laissai mes souliers à la porte, et j'entrai comme chez moi. Cinq minutes après, le domestique m'apporta des pantoufles, et me demanda si j'aimais mieux déjeuner avec milord ou être servi dans ma chambre. Je répondis que c'était comme milord voudrait. Alors il me demanda si j'avais l'habitude de me faire la barbe moi-même; je lui répondis qu'à Chamouny le maître d'école venait me raser dans ses moments perdus; mais que, depuis que j'étais en route, j'étais obligé de me faire la chose moi-même. — Oui, cela se voit, qu'il me dit. Effectivement, j'avais deux ou trois balafres, parce que j'ai la main lourde, moi, l'habitude de m'appuyer sur le bâton ferré, voyez-vous... — On vous enverra le valet de chambre de milord. — Envoyez. Cinq minutes après, il entra un monsieur en habit bleu, en culotte blanche et en bas de soie. Devinez qui c'était?

— Le valet de chambre.

— Tiens!... eh bien! moi, je le pris pour le maire, je me levai et je lui fis un salut .. Il dit qu'il venait pour me faire la barbe, je ne voulais pas le croire; il tira des rasoirs, une savonnette, enfin tout ce qu'il fallait; il m'avança un fauteuil, je me fis beaucoup prier pour m'asseoir, je voulais lui montrer que je savais vivre. Je lui disais : — Non, non, je resterai tout droit, merci. Mais il me répondit que cela le gênerait : je m'assis, il me frotta le menton avec du savon qui sentait le musc, et puis alors il me passa sur la figure un rasoir, ce n'était pas un rasoir, c'était un velours; puis il me dit :

— C'est fait. Je ne l'avais pas senti. Maintenant, monsieur veut-il que je l'habille?

— Merci; j'ai l'habitude de m'habiller tout seul.

— Monsieur veut-il du linge?

— Oh! j'ai mon affaire dans mon paquet; est-ce que vous croyez que je suis venu ici comme un sansculotte? Faites-moi monter le porte-manteau; il est garni, allez!

— Et quand monsieur sera-t-il prêt?

— Dans dix minutes.

— C'est que milord attend monsieur pour déjeuner.

— S'il est pressé, dites-lui de commencer toujours, je le rattraperai.

— Milord attendra monsieur.

— Alors, dépêchons-nous.

Je fis une toilette soignée, ce que j'avais de mieux enfin. Milord était dans la salle à manger avec sa femme et deux jolis petits enfants. Il me présenta à elle, et lui adressa quelques mots en anglais.

— Excusez, me dit-il, mais milady ne parle pas le français. (Un drôle de nom de baptême, n'est-ce pas, Milady?) — Il n'y a pas de mal, que je lui dis; ce n'est pas déshonoré pour cela. Madame Milady me fit signe de m'asseoir près d'elle. Milord me versa à boire; je saluai la société, et je portai le verre à ma bouche. — Voilà du crâne vin! que je dis à milord.

— Oui, il n'est pas trop mauvais.

— Et ce farceur de chapeau ciré, qui me disait que le vin coûtait douze francs la bouteille en Angleterre!

— Oui, le vin de Bordeaux ordinaire; mais celui-là est du Château-Margaux!

— Comment! meilleur il est, moins cher il coûte dans ce pays-ci? fameux pays!

— Vous ne m'avez pas compris : je dis que celui-là coûte, je crois, un louis.

Je pris la bouteille pour y verser ce qui restait dans mon verre.

— Que faites-vous? dit milord en m'arrêtant le bras.

— Je ne bois pas de vin à un louis, moi, c'est offenser Dieu : gardez-le pour quand le roi viendra dîner chez vous, c'est bien.

— Est-ce que vous ne le trouvez pas bon?

— Je serais difficile!

— Eh bien! alors ne vous en faites pas faute, mon brave, je vous en donnerai une vingtaine de bouteilles pour faire la route.

Tant qu'il n'y a eu qu'à boire du vin de Bordeaux et à manger des beefsteaks, ça alla bien; mais, à la fin du déjeuner, voilà un grand escogriffe qui apporte un plateau avec des tasses, une cafetière d'argent et une fontaine de bronze dans laquelle il y avait de l'eau et du feu. On met tout cela devant la maîtresse de la maison; elle jette plein sa main de vulnéraire dans la cafetière, elle ouvre le robinet, l'eau coule dessus : au bout de cinq minutes, on verse l'infusion dans les tasses. Milord en prend une, milady une autre; on m'en passe une troisième; je dis : — Non, merci; je ne me suis pas donné de coups à la tête, je ne crains pas de dépôt; buvez votre médecine, moi, je m'en prive. — Ce n'est pas pour les coups à la tête, dit milord, c'est pour la digestion de l'estomac. Je n'ose pas refuser deux fois, je prends la tasse. J'avale trois gorgées sans goûter; à la quatrième, impossible; c'était mauvais! je repose la tasse. — Eh bien! dit milord, — Peuh! heu! — C'est de l'excellent thé, qui vient directement de la Chine. Est-ce bien loin de la Chine? que je lui dis. — Mais à cinq mille lieues de Londres, à peu près. — Eh bien! ce n'est pas moi qui irai en chercher là, s'il en manque ici. Madame Milady lui souffla deux mots en anglais : — alors milord se retourne de mon côté et me dit : — Est-ce que vous n'avez pas mis de sucre dans votre tasse? — Non, je réponds, je ne savais pas, moi! — Mais cela doit être exécrable. — Le fait est que ça n'est pas bon, avec ça que vous ne m'avez pas dit de prendre garde, je me suis brûlé la langue : voyez. — Pauvre homme! — Et puis ce n'est pas le tout; oh! là, là! il me semble que le mal de mer me reprend : c'est l'eau chaude, voyez-vous. Je ne peux pas sentir l'eau chaude, moi, la froide me fait déjà mal. — Qu'est-ce que vous voulez prendre, Payot? il faudrait prendre quelque chose. — Voulez-vous me permettre de me traiter moi-même? — Sans doute. — Eh bien! faites moi donner un verre d'eau-de-vie, de la vieille.

— Au fait, je me rappelle, dis-je à Payot enchanté de trouver une occasion d'interrompre son récit, qui commençait à traîner en longueur, que vous ne détestez pas le cognac. — Joseph!...

Mon domestique entra.

— Apportez la cave.

— Oh! il n'y a besoin de toute la cave, une bouteille suffira.

— Soyez tranquille. Ainsi donc, vous avez été très-bien reçu à Londres? Combien de jours y êtes-vous resté?

— Trois jours ; le premier, milord me conduisit à la campagne. Nous avons lâché les chamois dans le parc, devant la femme et les enfants, ç'a été une fête. Le second, nous avons été au spectacle, tout ça dans la voiture de milord. Le troisième, il m'a conduit chez un marchand d'habits, où il y en avait plus de cent cinquante complets tout faits, et il m'a dit : — Choisissez-en un complet, complet. Alors je ne me suis pas embêté, vous comprenez; j'ai pris un velours qui se tenait tout seul, je l'essayai, il m'allait comme un gant; d'ailleurs c'est celui-là, voyez! — Payot se leva et fit deux tours sur lui-même. — Maintenant, me dit milord, il faut quelque chose dans les poches pour les empêcher de ballotter, voilà cent guinées.

— Qu'est-ce que ça fait, cent guinées?

— Deux mille sept cents francs à peu près.

— Mais vous ne me devez que deux mille francs!

— Pour les chamois, c'est vrai; les sept cents seront pour le voyage.

— Enfin, que je lui dis, je ne sais pas comment vous remercier, moi.

— Ça n'en vaut pas la peine; maintenant, tant que vous voudrez rester, vous me ferez plaisir.

— Merci; mais, voyez-vous, il faut que je retourne au pays : ma fille est accouchée, et on m'attend pour le baptême; ah! sans ça, je resterais ici, j'y suis bien.

— Alors je vous ferai reconduire demain à Brighton; le paquebot part après-demain pour le Havre, j'y ferai retenir votre place.

— Tenez, milord, j'aimerais mieux m'en aller par un autre chemin et payer la voiture.

— Cela ne se peut pas, mon ami, l'Angleterre est une île comme le jardin où nous avons été, vous savez? seulement, au lieu de glace, c'est de l'eau qu'il y a tout autour.

— Enfin, puisque c'est comme ça et que nous n'y pouvons rien faire, il ne faut pas nous désoler, je partirai demain.

Le lendemain, au moment de monter en voiture, madame Milady me donna une petite boîte. — C'est un cadeau pour votre fille, me dit milord. — Oh! madame Milady! que je lui dis, vous êtes trop bonne.

— Vous pouvez appeler ma femme Milady tout court.

— Oh! jamais.

— Je vous le permets.

Il n'y a pas eu moyen de refuser, je lui ai dit : — Adieu, Milady, comme j'aurais dit : — Adieu, Charlotte, et me voilà.

— Soyez le bienvenu, Payot; vous dînez avec moi, n'est-ce pas?

— Merci, vous êtes trop bon.

— C'est bien ; à quelle heure dînez-vous ordinairement?

— Mais je mange la soupe à midi.

— Cela me va parfaitement, c'est l'heure où je déjeune. C'est dit, je vous attends.

— Mais, dit Payot retournant son chapeau entre ses doigts, c'est que, moi, je suis ici, voyez-vous, comme vous étiez à Chamouny, et je ne me reconnais pas plus dans vos rues que vous ne vous reconnaissiez dans nos glaciers ; de sorte que j'ai pris un guide, un pays, un bon enfant, et que je lui ai dit de venir dîner avec moi pour la peine.

— Eh bien! amenez-le.

— Ça ne vous dérangera pas?

— Pas le moins du monde; nous serons trois au lieu de deux, voilà tout; nous parlerons du mont Blanc.

— C'est dit.

— A propos du mont Blanc, vous avez pour moi une lettre de Balmat?

— Oh! c'est vrai.

— Que fait-il?

— Eh bien! il cherche toujours sa mine d'or.

— Il est fou.

— Que voulez-vous? c'est son idée; il serait riche sans ça, il a gagné de l'argent gros comme lui; mais tout ça s'en va dans les fourneaux. Ah! il vous en parle dans sa lettre, j'en suis sûr.

— C'est bien, je vais la lire, à midi!

— A midi!

Payot sortit. J'appelai Joseph et lui ordonnai d'aller commander à déjeuner pour trois personnes au Rocher de Cancale; puis je décachetai la lettre de Balmat. La voici dans toute sa simplicité :

« Par l'occasion de Gabriel Payot, qui va à Londres et qui passe par Paris, je vous dirai que deux messieurs, avocats à Chambéry, ont voulu faire l'ascension du mont Blanc, le 18 août dernier, mais qu'ils n'ont pu réussir à cause du mauvais temps, vu que ces messieurs m'avaient bien fait visite avant de partir, mais qu'ils n'avaient pas demandé mon conseil pour la sûreté du ciel; alors ils ont été pris par un brouillard neigeux, et ensuite par une bourrasque de grêle épouvantable, de sorte qu'ils ont pu monter jusqu'au pré du Petit-Mulet; mais là ils ont été renversés sur la neige à cause du gros vent, et forcés de redescendre bien mal contents de n'avoir pas monté à la cime. Ce n'est pas ma faute, car, en passant devant ma maison, je leur avais prédit qu'ils auraient le brouillard; mais les guides leur ont dit que j'étais un vieux radoteur. C'est eux qui sont trop jeunes; ils sont avides de gagner de l'argent, et voilà tout; ils ne connaissent pas assez le temps pour faire de pareilles courses. Aujourd'hui un jeune Anglais m'a fait une visite chez moi, et m'a dit que l'année prochaine il avait le projet de gravir le mont Blanc. J'aimerais pourtant bien à entendre que des Français y aient monté aussi, vu que les Anglais sont toujours les vainqueurs et bavardent les Français.

« Je vous remercie infiniment de votre bon souvenir, et de m'avoir fait parvenir votre premier volume des *Impressions de Voyage*. Un Parisien m'a dit que vous allez mettre le second volume à l'impression; s'il ne coûtait pas trop cher, j'aimerais bien l'avoir, ainsi que les deux volumes de la *Minéralogie de Beudant*, attendu qu'à force de chercher je crois que j'ai trouvé un filon de mine d'or.

« En attendant de vos nouvelles, je vous salue bien et suis votre dévoué serviteur.

« JACQUES BALMAT, dit MONT-BLANC. »

« *P. S.* Je vous écris à la hâte, et ne sais trop si vous pourrez déchiffrer la lettre. L'écriture n'étant pas mon fort, attendu que je n'ai pris que dix-sept leçons à un sou la leçon, et que mon père m'a interrompu à la dix-huitième, en me disant que c'était trop cher. »

Je sortis pour aller chercher le deuxième volume des *Impressions de Voyage* et la *Minéralogie de Beudant*, admirant la force de volonté de cet homme. A vingt-cinq ans, une lettre de Saussure lui avait donné l'idée de gravir le mont Blanc; et, après cinq ou six tentatives infructueuses, dans lesquelles il avait risqué sa vie contre une mort inconnue et sans gloire, puisqu'il n'avait confié son secret à personne, il était parvenu à la cime de la montagne la plus élevée d'Europe. Plus tard, en se penchant pour boire l'eau glacée des bords de l'Aveyron, il avait remarqué des parcelles d'or dans le sable de la

rive; dès ce moment il avait pensé à chercher la mine d'où l'eau détachait ces parcelles, et voilà qu'il l'avait trouvée peut-être, après avoir employé trente ans à cette recherche. Qu'aurait donc fait cet homme au milieu de nos villes, s'il avait reçu une éducation en harmonie avec cette force de caractère?

Midi sonna, Payot fut exact.

— Vous venez seul? lui dis-je.

— Le camarade n'a pas osé monter.

— Et pourquoi cela?

— Eh! parce qu'il dit qu'il n'est qu'un pauvre diable, et qu'il croit que vous ne voudrez pas dîner avec lui.

— Il est fou, allons le chercher... Au bas de l'escalier je rencontrai François. — Et le déménagement? lui dis-je.

— C'est fini, monsieur.

— C'est bien, alors montez; Joseph vous payera.

— Oh! ce n'est pas pressé.

— Montez toujours. — François obéit. — Eh bien! dis-je à Payot, où est votre homme?

— Eh mais, c'est lui!

— Qui, lui?

— François.

— François! Il est de Chamouny, François?

— Né natif.

— Attendons-le alors... Cinq minutes après, il redescendit; j'allai à lui. — François, lui dis-je, j'espère que vous ne refuserez pas de dîner avec moi et Payot, quand je vous inviterai moi-même?

— Comment, monsieur! vous voulez!...

— Je vous en prie.

— Oh! monsieur sait bien que je n'ai rien à lui refuser.

— Alors, partons, mon cher Payot; je n'ai pas une voiture comme milord, mais nous allons trouver un fiacre à la porte; je n'ai pas de bordeaux chez moi, mais je sais où on en trouve et du très-bon, soyez tranquille; quant au thé...

— Merci, si ça vous est égal, j'aime mieux autre chose.

— Eh bien! nous le remplacerons par le café.

— A la bonne heure, voilà une boisson de chrétien; mais l'autre, je ne m'en dédis pas, c'est une drogue.

Je tins parole à Payot; je lui fis boire le meilleur vin de Borel et prendre le meilleur café de Lamblin; puis, quand je le vis dans cette heureuse et douce disposition d'esprit qui suit un bon déjeuner, je lui proposai de le reconduire en un quart d'heure à Chamouny.

— Monsieur plaisante?

— Pas le moins du monde; dans un quart d'heure, si vous le voulez, nous serons à la porte de l'auberge.

— Chez Jean Terraz?

Nous avons lâché les chamois dans le parc devant la femme et les enfants. — Page 148.

— Et nous verrons le mont Blanc comme je vous vois.

— Dame! ça se peut, dit Payot, je crois tout maintenant, j'en ai tant éprouvé de diverses.

— C'est décidé?

— Ma foi, oui.

— Allons.

Nous remontâmes en fiacre; le cocher s'arrêta à la porte du Diorama, nous entrâmes.

— Où sommes-nous? dit Payot.

— À la douane de la frontière, et je vais payer deux francs cinquante centimes pour chacun de nous. — Je lui remis sa carte d'entrée. — Voici votre feuille de route. — Nous fûmes bientôt dans une obscurité complète.

— Vous reconnaissez-vous, Payot?

— Non, ma foi.

— Nous sommes aux Échelles.

— À la grotte?

— Vous voyez bien qu'il ne fait pas clair.

— Alors nous approchons? dit Payot.

— Oh! mon Dieu! dans cinq minutes, et même

— Oh! que vous m'avez fait mal! — Page 152.

plus tôt, tenez. — En effet, nous arrivions au moment même où la forêt Noire disparaissait pour faire place à la vue du mont Blanc ; dans le coin du tableau qui commençait à paraître , on distinguait de la neige et des sapins Je plaçai Payot de manière que sa vue pût plonger dans l'ouverture à mesure qu'elle s'agrandissait ; il regarda un instant, les yeux fixes, sans souffle, étendant les bras, selon que le tableau magique se déroulait ; enfin il jeta un cri et voulut s'élancer, je le retins.

— Oh ! s'écria-t-il, laissez-moi aller, laisser-moi aller ! voilà le mont Blanc, voilà le glacier de Taconnay, voilà le village de la Côte, Chamouny est derrière nous !... Il se retourna. — Laissez-moi aller embrasser ma femme et ma fille, je vous en prie, je reviendrai vous trouver tout de suite.

Tous les spectateurs s'étaient retournés de notre côté, et je commençais à être assez embarrassé de ma contenance ; je pensai qu'il était temps de finir cette comédie ; et, comme Payot insistait toujours, je lui dis que ce qu'il voyait n'était pas la nature, mais un tableau. Il tomba sur un banc.

— Oh! que vous m'avez fait de mal! me dit-il; et il se mit à pleurer.

Les spectateurs nous entouraient. — Quel est cet homme? et qu'a-t-il? me demanda-t-on.

— Cet homme, c'est un guide de Chamouny, il a cru revoir son pays, et il pleure; voilà tout.

— Je vous demande pardon, dit Payot en se relevant; mais cela a été plus fort que moi. Il tourna de nouveau les yeux vers le tableau. Oh! que voilà bien ma vallée! dit-il; et il croisa les bras, et regarda en silence, abîmé dans une contemplation muette et avide, cette toile qui lui rappelait tous les souvenirs de la jeunesse, tous les bonheurs de la famille, toutes les émotions de la patrie.

Je profitai de sa distraction pour sortir; j'avais peur qu'on ne me prît pour un compère.

Le lendemain, à sept heures du matin, Payot était chez moi, rue Bleu.

— Pourquoi donc vous êtes-vous en allé? me dit-il.

— Je croyais vous faire plaisir, et je vous avais fait peine, j'étais désolé.

— Oh! peine! au contraire, c'est toujours bon de revoir son pays, même en peinture. Vous autres Parisiens, vous n'avez pas de pays; vous avez une rue, et ce n'est pas votre faute si vous ne savez pas cela. Il faut être né dans un village, voyez-vous, pour comprendre ce que c'est; à Chamouny, il n'y a pas une maison que je ne voie de loin comme de près; dans cette maison, pas un homme qui me soit étranger, et dans le cimetière, pas une tombe que je ne connaisse; je n'ai qu'à fermer les yeux, et je revois tout, tandis qu'à Paris la vie de dix hommes, mise à la suite l'une de l'autre, ne suffirait pas même à apprendre le nom des rues.

— Oui, c'est vrai, vous avez raison, mon ami; mais qu'êtes-vous devenu après mon départ?

— Eh bien! il y avait là un monsieur qui avait été à Chamouny et même au jardin où vous n'avez pas voulu aller, vous; alors il m'a fallu expliquer la chose à tout le monde, comment on avait besoin de trois jours pour faire l'ascension, que la première nuit on couchait au sommet de la côte, enfin tout.

— Et alors ils ont été contents?

— Il paraît que oui, car ils se sont réunis, et m'ont donné cinquante francs pour boire à leur santé.

— Ah çà! Payot, si vous restiez seulement deux ans en France et en Angleterre, vous retourneriez à Chamouny millionnaire.

— Il y paraît; mais, dans tous les cas, je ne prendrai pas le temps de le devenir; je viens vous dire adieu, je pars.

— Aujourd'hui?

— À l'instant... Oh! voyez-vous, vous m'avez montré le pays, faut que j'y retourne. Je tendis la main à Payot.

— Est-ce que vous ne direz pas un petit bonjour à Dur-au-trot? il est en bas avec sa carriole.

— Si fait, et avec empressement; il m'a laissé des souvenirs que je n'oublierai pas.

— Eh bien! allons donc.

— Et la goutte?

— C'est juste.

Je passai un pantalon à pied et ma robe de chambre, et je reconduisis Payot. Dur-au-trot l'attendait effectivement à la porte, je le reconnus parfaitement.

Payot me demanda la permission de m'embrasser, je serrai son brave cœur contre le mien; il essuya deux larmes, sauta dans sa carriole, fouetta son mulet, et partit.

Il n'avait pas fait dix pas qu'il arrêta sa bête, se retourna, et, voyant que je le suivais des yeux : — Vous pouvez dire, si vous revenez à Chamouny, que vous y serez le bienvenu, me dit-il. — Allons, en route!

Cinq minutes après, il tourna le coin du faubourg Poissonnière et disparut. Je remontai.

— Eh bien! dis-je à Joseph, savez-vous pourquoi on écrit la rue Bleu sans *s*?

— Personne n'a pu me le dire; mais si monsieur veut s'adresser au fils de M. Bleu, qui a fait bâtir la rue, il demeure à quatre maisons d'ici.

— Merci, je sais ce que je voulais savoir.

J'avais gagné un pari sur le premier philologue de France, qui avait pris un nom propre pour une épithète.

Il y a quelques jours qu'en décachetant les milliers de lettres qui m'avaient été adressées par ceux qui s'obstinaient à me croire fort confortablement à Montmorency, tandis que je mourais à peu près de faim à Syracuse, j'en vis une portant le timbre de Sallanche, je reconnus l'écriture de Balmat, et je l'ouvris. Voici ce qu'elle contenait :

« Je profite de l'occasion d'un monsieur, docteur de Paris, qui vous connaît parfaitement, pour vous écrire cette lettre et pour vous remercier de votre volume d'*Impressions de Voyage* et de la *Minéralogie de Beudant*, que vous m'avez envoyés par Gabriel Payot. Ce dernier ouvrage me sera bien utile, vu que j'ai trouvé, comme je le disais, un filon d'or, qui doit me conduire à une mine; et, comme le temps est beau, je pars demain à sa recherche.

« J'ai l'honneur de vous saluer avec mille remerciments.

JACQUES BALMAT, dit MONT-BLANC. »

« *P. S.* À propos, j'oubliais de vous dire qu'en arrivant à Chamouny Gabriel Payot avait fait une chute et s'était tué. »

La lettre me tomba des mains. Voilà donc pourquoi il était si pressé de retourner au pays, cet homme!... Je poussai du pied la corbeille où était toute ma correspondance, et je dis à un ami qui était là de continuer pour moi. Au bout de cinq minutes, il me donna une seconde lettre; elle était, comme la première, au timbre de Sallanche; je l'ouvris et je lus :

« Monsieur,

« Je vous dirai avec bien du chagrin que c'est moi qui ai reçu la lettre que vous aviez écrite à mon père, attendu que le digne homme n'était plus de ce monde quand elle est arrivée à Chamouny; comme je sais l'intérêt que vous lui portiez, je vous adresse tous les détails que nous avons pu recueillir

« Le 14 septembre de l'année dernière, et le lendemain du jour où il vous avait écrit, il est parti avec un homme du pays pour aller faire une course aux environs de Chamouny, à la recherche d'une mine d'or, dans un endroit où il y a de grands précipices. Mon cher père était si passionné, comme vous le savez, pour les mines, que, malgré les défenses réitérées que nous lui avons faites, il a voulu partir. Mon père et son compagnon sont allés jusqu'au bord du précipice; mais là, comme le chemin était étroit et glissant, ce dernier n'a pas voulu aller plus loin. Mon père, qui, vous le savez bien, était un intrépide, quoiqu'il eût soixante-dix-huit ans, a continué son chemin malgré les cris de son compagnon, qui a fait tout ce qu'il a pu pour l'arrêter. Mon père n'a voulu entendre à rien; alors l'autre est revenu chez lui, sans oser me faire connaître que mon père était resté dans la montagne Au premier moment où je sus son arrivée, j'allai chez lui, il y avait déjà trois jours qu'il était revenu; pressé par mes questions, il me dit qu'il n'avait pas bonne idée de mon père. Sur ce mot, je courus chez moi prendre un bâton ferré, et je revins lui dire de me conduire où il l'avait quitté. Il me mena jusqu'au sentier où ils s'étaient séparés, et je pris la route qu'avait prise mon père; mais, pendant deux jours et deux nuits, je l'ai cherché et appelé en vain, et je n'ai aucune trace de lui, ni vivant ni mort. Sans doute il aura été entraîné par une avalanche, ou précipité dans un glacier... »

Je laissai tomber la seconde lettre auprès de la première, et je fis brûler les autres sans les décacheter.

FIN.

TABLE DES MATIÈRES

DE LA TROISIÈME PARTIE.

—◦◦—

PLACEMENT DES GRAVURES

PARIS. — IMPRIMERIE SIMON RAÇON ET COMP., RUE D'ERFURTH, 1.

www.ingramcontent.com/pod-product-compliance
Lightning Source LLC
Chambersburg PA
CBHW072058080426
42733CB00010B/2153